STEPHAN HEBEL

DEUTSCHLAND IM TIEFSCHLAF

WIE WIR UNSERE ZUKUNFT VERSPIELEN

WESTEND

Mehr über unsere Autoren und Bücher:
www.westendverlag.de

Die Deutsche Nationalbibliothek verzeichnet diese Publikation in
der Deutschen Nationalbibliografie; detaillierte bibliografische Daten
sind im Internet über http://dnb.d-nb.de abrufbar.

Das Werk einschließlich aller seiner Teile ist urheberrechtlich geschützt.
Jede Verwertung ist ohne Zustimmung des Verlags unzulässig. Das gilt
insbesondere für Vervielfältigungen, Übersetzungen, Mikroverfilmungen
und die Einspeicherung und Verarbeitung in elektronischen Systemen.

ISBN 978-3-86489-067-3
© Westend Verlag GmbH, Frankfurt/Main 2014
Satz: Publikations Atelier, Dreieich
Druck und Bindung: CPI – Clausen & Bosse, Leck
Printed in Germany

Inhalt

Für die Frau, die mich geweckt hat: Tanja

Vorwort

Wie geht es Ihnen? Statistisch betrachtet, ganz gut. Sie leben wahrscheinlich in Deutschland, einem der politisch stabilsten und wirtschaftlich stärksten Staaten der Welt, Europas sowieso. Die Wahrscheinlichkeit, dass Sie über ein auskömmliches Einkommen verfügen, ist höher als in den meisten anderen Ländern. Einen Krieg im eigenen Land müssen Sie so wenig fürchten wie böse Folgen einer heilbaren Krankheit, denn Krieg und Terror sind ziemlich weit weg und das Krankenhaus ist nah. Wie sagt doch unsere Bundeskanzlerin so gern? »Deutschland geht es gut.«

Sicher, es gibt hier und da Grund zum Ärgern, und manchmal auch zum Fürchten: Die Steuerlast drückt, und trotzdem hat die Gemeinde kein Geld, um die Schultoiletten zu reparieren. Was Sie sparen, bringt so niedrige Zinsen, dass es in Wahrheit immer weniger wird. Wie viel irgendwann von der Lebensversicherung bleibt, malen Sie sich lieber erst gar nicht aus. Der Strompreis steigt, aber selbst wenn das nicht so wäre, könnten Sie sich von dem Geld, das Sie jeden Monat nach Hause bringen, gerade so viel kaufen wie vor zwanzig Jahren, denn der Reallohn ist in dieser Zeit eher gesunken – es sei denn, Sie sind Spitzenverdiener, dann ist er gestiegen. Wenn Sie normal oder wenig verdienen und heute trotzdem mehr Geld im Portemonnaie haben als vor zwei Jahrzehnten, dann liegt das nur daran, dass Sie sich die Karriereleiter hochgearbeitet haben und dadurch den Reallohnverlust wieder wettmachen konnten. Sie machen sich außerdem Sorgen über den Klimawandel und die Folgen. Und wenn Sie aus Europa und dem Rest der Welt von all den Krisen und Beinah-Kriegen und Kriegen hören, dann fragen Sie sich vielleicht manchmal doch, wie lange das noch gutgehen kann mit der Wohlstandsinsel Deutschland.

Dieses Buch habe ich geschrieben, weil ich glaube, dass es sich hier nicht nur um kleine Ärgernisse handelt. Ich fürchte, dass es tatsächlich nicht gutgehen kann, wenn Deutschland weiter die Augen verschließt. Ich bin überzeugt, dass dieses Land seine Stärken verlieren wird, wenn es die Aufgaben, vor denen wir stehen, verschläft.

Ich widerspreche nicht denen, die sagen, dass wir, verglichen mit dem Rest der Welt, einen ziemlich hohen Wohlstand genießen. Ich widerspreche aber denen, die behaupten, das würde so bleiben, wenn wir weitermachen wie bisher. Ich kann das nicht glauben, weil ich sehe, dass das deutsche Haus zwar hinter seiner hübschen Fassade noch ganz wohnlich eingerichtet ist – für viele, keineswegs für alle! –, dass aber die Fundamente längst Risse haben. Ich widerspreche der Schönfärberei, weil ich sehe, dass eine höchst ungerechte Verteilung des Reichtums, die Erosion der sozialen Sicherungssysteme, die Ignoranz gegenüber benachteiligten Gesellschaftsschichten und das fortgesetzte Armsparen des Staates auch für eine relativ stabile Gesellschaft auf Dauer nicht zu verkraften sind. Weil ich es für gefährlich halte, dass sowohl die herrschende Politik als auch viele Medien all das nicht wahrhaben wollen. Und die meisten von uns, wenn wir ehrlich sind, auch nicht.

Ich bin mir allerdings sicher, dass es weder ein Mangel an Möglichkeiten ist, der uns lähmt, noch der teure Sozialstaat oder der ach so schreckliche »Kostendruck« der Unternehmen. Erst recht nicht bedrohen uns »die Ausländer«, die »faulen Griechen« oder die fehlenden traditionellen Werte, wie es uns die Seehofers und Sarrazins mehr oder weniger offen einzureden versuchen.

Was uns auf Dauer bedroht, das ist das Handeln beziehungsweise Nichthandeln derjenigen Politiker, die so tun, als hielten sie uns die Konflikte und Risiken dieser Welt vom Leibe. Es ist die Untätigkeit der Politik, aber es ist auch die weitgehende Untätigkeit einer Gesellschaft, die sich über die Gefahren der »Weiter so«-Politik ganz gern belügen lässt. Für beide, Politik und Gesellschaft, soll dieses Buch ein Weckruf sein.

Ich bin überzeugt, dass wir, die Bürgerinnen und Bürger, genau dies tun: uns belügen lassen. Nicht, weil wir ein Volk von Vollidioten wären. Wir haben, denke ich, gute Gründe, uns vor Veränderungen zu fürchten. Wir ahnen alle, dass Kriege und Wirtschaftskrisen, Finanzspekulation und ungerechte Güterverteilung, Klimawandel, Flucht und Vertreibung auf Dauer nicht ohne Folgen für unser Leben bleiben werden. Und gerade weil wir das ahnen, tun wir das – auf den ersten Blick – Natürlichste der Welt: Wir klammern uns an die Hoffnung, auch in Zukunft verschont zu bleiben. Vielleicht mit ein paar Abstrichen hier, ein paar Opfern da, aber doch so, dass wir im Großen und Ganzen weiterleben können wie bisher. Ich fürchte nur, dass diese Hoffnung trügt. Wir werden vieles verändern müssen, wenn wir unseren Wohlstand erhalten und die Welt ein bisschen schöner machen wollen.

In meinem Buch über Angela Merkel (*Mutter Blamage*) habe ich zu beschreiben versucht, wie verfehlt die Politik dieser Kanzlerin ist und wie geschickt sie den wahren Charakter ihres Handelns verschleiert. Damals, vor der Bundestagswahl 2013, gab es zumindest noch die theoretische Möglichkeit, den Stillstand durch ein Reformbündnis aus SPD, Grünen und Linkspartei zu überwinden. Und nach der Wahl eröffnete sich sogar die rechnerische Mehrheit dafür im Parlament. Aber mit dem Eintritt der SPD in die große Koalition wurde die Politik der Reformverweigerung bis auf weiteres besiegelt. Eine Alternative zum »Weiter so« ist auf lange Zeit nicht in Sicht, zumal auch die Grünen mit der Rolle der Mehrheitsbeschaffer für die Union liebäugeln. Aber an der Notwendigkeit einer anderen Politik hat sich nichts geändert, nur weil ehemalige »Reformparteien« sich von dem Anspruch verabschiedet haben, die Wende in die Wege zu leiten.

Dieses Land bräuchte einen Aufbruch in allen wichtigen Bereichen, von der Wirtschafts- und Finanzpolitik über Soziales und Energie bis hin zur Gesellschafts- und zur Außenpolitik. Die Politik muss handeln. Aber damit sie das tut, müssen wir, die Bürgerinnen und Bürger, endlich aufwachen und Druck erzeugen, statt uns durch die Märchen vom segensreichen »Weiter so« einschläfern zu lassen. Wenn nämlich Politik und Gesellschaft so weitermachen wie bisher, dann werden die Dinge sich – und uns – verändern, ohne dass wir die Richtung bestimmen können. Wir müssen die Augen öffnen für die Tatsache, dass Deutschland wieder eine Wende braucht.

Wieso das? Ist nicht mit dem Wiedereintritt der SPD in die Bundesregierung, mit Mindestlohn und Mütterrente und anderen »Reformen« für die notwendigen Veränderungen gesorgt? Nein. Ich halte diese verbreitete Vorstellung für einen der Träume, aus denen wir schnellstens erwachen sollten. Ich möchte anhand der Versprechungen und der realen Politik der großen Koalition zeigen, dass sie keineswegs willens und geeignet ist, den politischen Tiefschlaf zu beenden und die notwendigen Veränderungen in Angriff zu nehmen. Das gilt auch dann, wenn diese Regierung punktuell für Verbesserungen sorgt. Denn was sie tut, bleibt weit hinter dem Notwendigen zurück. Und selbst die Wahlversprechen der SPD sind zum größten Teil unerfüllt.

Dieses Buch will allerdings nicht nur analysieren, kritisieren und an die Politik appellieren. Es will anhand von Beispielen auch zeigen, dass es nicht nur nottut, sondern auch sehr befriedigend sein kann, die Augen zu öffnen und etwas gegen den Stillstand zu unternehmen. Ich habe bei Recherchen und Gesprächen immer wieder die Erfahrung gemacht, dass es denjenigen, die aktiv geworden sind, am Ende besser geht als zuvor. Mit dem Engagement ist es nämlich wie mit dem Joggen oder dem Fitnessstudio: Erst möchten wir lieber sitzen bleiben und die Beine hochlegen, denn Anstrengung haben wir im Leben schon genug. Aber wenn wir uns erst mal aufgerafft haben, dann stellen wir fest, wie gut Bewegung uns tut.

Fragen Sie mal die Bürger des Schwarzwald-Städtchens Schönau, die aus einer Bürgerinitiative gegen Atomkraft eine bundesweit vorbildliche Energiegenossenschaft gemacht haben. Fragen Sie die europäischen Gewerkschafter, die der ersten europäischen Bürgerinitiative mit einer Million Unterschriften zum Erfolg verhalfen und die Europäische Union daran hinderten, die Wasserversorgung den Interessen kapitalistischer Unternehmen zu unterwerfen. Fragen Sie die Initiatoren der Berliner Bürgerinitiative »100 Prozent Tempelhofer Feld«, die den ehemaligen Flughafen gegen den Willen aller Parlamentsparteien vollständig als Freifläche erhalten möchten und genau das mit einem Volksentscheid erzwungen haben. Fragen Sie die Bewohnerinnen und Bewohner der vielen Gemeinden in Deutschland, die sich von abgelegenen Einkaufszentren unabhängig gemacht und eigene Dorfläden gegründet haben. Diese und andere Initiativen werden Ihnen am Ende dieses Buches wieder begegnen.

Es geht also um ein Engagement, das nicht nur die Welt, sondern auch die Beteiligten und ihr Leben verändert – selbst wenn sie nicht immer alle Ziele erreichen. Dieses Engagement überwindet die Vorstellung, »Politik« sei so etwas wie ein misslungener Teil der Unterhaltungsbranche, mit dem wir nichts zu tun haben, wenn wir nicht wollen. Es holt sich die Herrschaft über »die Politik«, die unser Schicksal ja in Wahrheit entscheidend mitbestimmt, zurück, indem es sie zu Entscheidungen zu zwingen versucht, die zu unserem Leben passen.

Daraus entsteht noch lange keine große Bewegung für eine vollends andere, bessere Politik. Diese Bewegung zeichnet sich nach meinem Eindruck derzeit in Deutschland leider nicht ab, vielleicht *noch* nicht. Das Ziel einer solidarischen Gesellschaft, die allen den gleichen Zugang zu den wichtigsten Gemeingütern sichert – von der Bildung bis zur Energie –, hat bisher keine mächtige politische Ausdrucksform gefunden. Aber ich bin überzeugt: Wer erst einmal aufgewacht ist und die Augen geöffnet hat für die vielen Möglichkeiten, etwas zu ändern, dem wird es leichtfallen aufzustehen. Und sei es zunächst nur, um der verbreiteten Reformmüdigkeit die Herrschaft über die öffentliche Meinung streitig zu machen: in Gesprächen, in Internetforen, Leserbriefen, Petitionen oder klassischen Bürgerinitiativen. Und natürlich, die leichteste Übung, die Politik des Stillstands so schnell wie möglich abzuwählen. Zumindest dazu soll dieses Buch ermutigen. Sie werden sehen: Hinterher geht es Ihnen besser.

Das gilt im Übrigen auch für mich, nachdem ich die Arbeit an diesem Buch beendet habe. Für Unterstützung, ohne die das nicht möglich gewesen wäre, danke ich stellvertretend für viele andere:

meiner Frau Tanja Kokoska, die mir auf liebevollste Weise immer wieder Mut, Kraft und Spaß an der Arbeit spendet – und ein glückliches Leben in einer oft glücksfeindlichen Welt;

meinem Sohn Jakob, der mir immer wieder zeigt, wie man wach und zugleich entspannt durchs Leben geht;

Lia Venn und Thomas Stillbauer, die mich mit tiefer Freundschaft und wundervollen Gesprächen beschenken;

Thomas Gebauer, der mich auf freundschaftliche Weise von seinem fundierten Wissen und seiner intellektuellen Kraft profitieren lässt, und seiner Frau Susanne für fröhliche und anregende Abende;

Karin Ceballos Betancur, Dieter Hummel, Jürgen Metkemeyer und Andreas Werner, die mich mit ihren besonderen Blicken auf die Welt immer wieder bereichern;

meinen Eltern und meinen Geschwistern für unermüdliches Interesse und familiäre Geborgenheit;

den vielen Kolleginnen und Kollegen, die meine Arbeit mit positivem Interesse und Bestärkung begleiten;

und last but not least den Machern des Westend Verlages, die meine Projekte auf unnachahmliche Weise fördern: Rüdiger Grünhagen, dem einfühlsamen und aufmerksamen Lektor, sowie Markus J. Karsten und Bernd Spamer.

Stephan Hebel
Frankfurt am Main, im August 2014

Wie wir uns in den Schlaf wiegen lassen

Eine Gesellschaft im Stillstand

Das Verhältnis zwischen Gesellschaft und Politik in Deutschland lässt sich als eine stabile, aber erstarrte Liebesbeziehung beschreiben. Die Gewohnheiten, die Gemeinsamkeiten, auch die kleinen Streitereien werden routiniert gelebt, aber mit ehrlichem Interesse aneinander, mit Leidenschaft gar, hat das nur (noch) wenig zu tun. Beide Partner ahnen oder wissen, dass das auf Dauer nicht reichen wird, um gemeinsam in die Zukunft zu gehen. Beide wissen, dass sie einiges ändern müssten, um das Gemeinwesen stabil zu erhalten. Aber sie wehren sich gegen diese Erkenntnis, denn es ist bequemer, im Gewohnten weiterzuleben und die Augen vor der Tatsache zu verschließen, dass es ohne Erneuerung auf Dauer nur ein Scheitern geben kann. Und dann ist da noch die gute Freundin, die immer wieder sagt: »Macht so weiter, euch geht's doch gut, nur Träumer fordern mehr, und denjenigen, die alles besser machen wollen, werde ich schon die Meinung geigen.« Diese »gute Freundin« trägt in der politischen Wirklichkeit Deutschlands den Namen Angela Merkel. Niemand kann uns so gut wie sie den Eindruck vermitteln, der Stillstand sei unser größtes Glück.[1]

Und tatsächlich: Wir Deutsche, jedenfalls viele von uns, verwechseln das Schlaflied, das die herrschende Politik und ihre Förderer in der Wirtschaft singen, mit der Wirklichkeit. Wir verschließen die Augen vor der Tatsache, dass die Welt uns verändern wird, wenn wir die Welt nicht verändern. Wir lassen uns in Sicherheit wiegen von denjenigen, die keinen Wandel wollen, weil sie vom jetzigen Zustand der Welt profitieren. Wir tun das nicht aus Dummheit oder Faulheit. Wir tun es, weil die Übermacht der »Weiter so«-Ideologie längst das Denken und das Lebensgefühl der Gesellschaft prägt.

Jene, die aus dem politischen Zustand in Deutschland Nutzen ziehen, haben in Angela Merkel ihre ideale Kanzlerin gefunden: Unternehmen und Vermögende, die von der zunehmend ungerechten Verteilung des Reichtums in Deutschland profitieren, können sich vor echten Reformen sicher fühlen. Bei allen Veränderungen, die die wechselnden Koalitionen unter Merkel vollzogen haben – Kinderbetreuung, Energiewende, Mindestlohn, Rente – bleibt ein Grundsatz immer unangetastet: Die Reformpolitik endet dort, wo sie nur mit dem Geld der Privilegierten zu bezahlen wäre. Keine Steuererhöhungen am oberen Ende, keine gerechtere Verteilung der Beitragslasten in den Sozialversicherungen, keine angemessene Beteiligung der Industrie an den Kosten der Energiewende. Und weil dadurch das nötige Geld fehlt, bedeutet das: keine ausreichenden Investitionen in Bildung, Verkehr oder Pflege, keine Erhöhung der Hartz-IV-Sätze, damit sie für echte Beteiligung am gesellschaftlichen Leben reichen, keine Entlastung von Gering- und Normalverdienern zum Beispiel bei den Kosten für Strom. Und spätestens seit die SPD wieder mit in der Regierung sitzt, ist der Widerspruch der auf Miniaturformat geschrumpften Opposition nur noch sehr leise zu hören – soweit sich die Opposition überhaupt dazu aufrafft.

Es liegt auf der Hand, dass die Bilanz des Stillstands aus dem allgemeinen Bewusstsein verdrängt werden muss, will man sich die »Uns geht's gut«-Stimmung nicht verderben. Und genau darin ist Angela Merkel eine Meisterin: Mit ihren Einschlafgeschichten vom friedlichen und gerechten Deutschland versetzt sie das Land in süße Träume, die mit der Wirklichkeit wenig gemeinsam haben. Der Schriftsteller Roger Willemsen, der sich ein Jahr lang die Sitzungen des Deutschen Bundestages angeschaut hat[2], beschreibt es treffend: »Wenn sie spricht, breitet sie Betäubungszonen aus. Sie chloroformiert das Land, indem sie unablässig jene Felder benennt, für die es keine Erregung gibt. (…) Wo Reibung entstehen könnte, wird sich die Kanzlerin zuerst fragen, ob sie nicht besser dazu schweigt.«[3]

Leider spielen auch Medien oft die passende Melodie zu Merkels Schlafgesängen und schreiben freundlichste Kanzlerinnenporträts mit der Behauptung, »die Bürger« lebten lieber »ohne zu viel Politik«[4], statt die von der Politik verantworteten Missstände zu kritisieren. Diese Art von Journalismus macht den Erfolg der Einschläferungsstrategie erst komplett – dazu später im Kapitel »Schlafmittel Medien« mehr. Schaut man sich aber die Lage im Land etwas genauer an, dann zeigt sich: Es gibt für die Mehrheit der Deutschen eigentlich keinen Grund, sich der herrschenden Politik weiter schweigend zu unterwerfen. Denn es ist diese Mehrheit, die mit Lohnverzicht, Zukunftsunsicherheit und Stress dafür bezahlt.

Hinter der einschläfernden Rhetorik der »Eliten« in Politik, Wirtschaft und Medien scheint eine ganz andere Wirklichkeit auf: Das deutsche Wohlstandsmodell ist nicht nur ungerecht, was die Verteilung des Reichtums im nationalen, europäischen und globalen Rahmen betrifft. Es ist vor allem so, wie es seit der Wende von 1989 entwickelt wurde, auch nicht zu halten. Denn es basiert auf Grundlagen, die in dieser Form keine Zukunft haben, und untergräbt das ökonomische wie auch das soziale Gleichgewicht auf Dauer in gefährlicher Weise. Die Umverteilung gesellschaftlichen Reichtums zugunsten einer kleinen Schicht von Vermögensbesitzern und ihren Banken; die weitgehende Verschonung der Profiteure der Finanzindustrie von den Kosten ihres Versagens in der Krise; die Vernachlässigung der sozialen wie technischen Infrastruktur durch die Politik – all das kann auf Dauer nur in die nächste, vielleicht noch folgenschwerere Krise führen. Und die wachsende Kluft zwischen Arm und Reich – national wie international – wird ganz sicher zu Konflikten führen, die sich mit Aufrüstung nach innen und außen auf Dauer nicht niederhalten lassen.

Der Stillstand in Deutschland hat viele Gesichter, das möchte ich in den folgenden Kapiteln zeigen. An dieser Stelle soll eine kurze Übersicht von Themenfeldern schon einmal Hinweise geben, wo sich die Unbeweglichkeit besonders breitgemacht hat.

Erstens: Die deutschen Sozialsysteme (Rente, Arbeitslosenversicherung, Gesundheit) sind hoffnungslos veraltet. Sie waren für eine Arbeitswelt geschaffen, die es so schlicht nicht mehr gibt. Die fortgeschrittene Privatisierung von Sicherungssystemen wie Rente und Krankenversicherung, mit denen die Politik darauf reagiert, schließt jedoch die ärmsten Schichten von der Vorsorge weitgehend aus.

Zweitens: Deutschlands wirtschaftlicher Erfolg kann sich bald als Blase erweisen, weil er immer noch zu stark auf Exporten beruht, für die andere sich verschulden, während die für die Binnennach-frage wichtigen Masseneinkommen höchstens bescheiden steigen. Fatal ist außerdem, dass die Regulierung der Finanzmärkte hinter dem Notwendigen zurückbleibt.

Drittens: Trotz Energiewende hat Deutschland seine Rolle als Vorreiter im Klimaschutz verloren. Eklatante Fehlentscheidungen gefährden den Umstieg auf erneuerbare Energien und seine Akzeptanz. Zu nennen sind vor allem eine Kostensenkungspolitik, die das Wachstum der Erneuerbaren schlicht ausbremst, sowie die Entlastung zahlreicher Unternehmen zulasten kleiner Verbraucher.

Viertens: Der inzwischen einigermaßen verbreiteten Erkenntnis, dass Einwanderung und Einwanderer zu Deutschland gehören, folgt keine konsequente Gesellschaftspolitik. Abwehr und Ausgrenzung sind die Folge – mit allen Konflikten, die daraus noch entstehen können.

Fünftens: Den Gefahren, die von Monopolkonzernen betriebene »soziale« Netzwerke und staatliche Überwachung im Internet für die Bürgerrechte bedeuten, stellt sich die Politik nur inkonsequent – wenn überhaupt.

Sechstens: Deutschlands Rolle in der Welt beschränkt sich weitgehend auf eine Außenpolitik, die Konflikte so lange ignoriert, bis ihr nichts mehr anderes einfällt, als sich an Militäreinsätzen in aller Welt zu beteiligen.

Es bedürfte keines revolutionären Umsturzes, wollte die Politik endlich damit beginnen, sich vom Diktat der interessierten Wirtschaft zu befreien. Als erste Schritte zur Wiedergewinnung staatlicher und gesellschaftlicher Handlungsfähigkeit sowie zum Erhalt des inneren und äußeren Friedens wären nur einige Reformen notwendig. Auch von ihnen wird in den folgenden Kapiteln die Rede sein, sie sollen hier nur kurz angerissen werden.

Erstens: Die Sicherung sozialer Grundrechte wie Gesundheit, Rente oder Schutz bei Arbeitslosigkeit muss neu organisiert werden, indem alle Einkünfte je nach Leistungsfähigkeit zur Finanzierung herangezogen werden. Notwendig ist also die Einführung einer Bürgerversicherung und die Aufhebung der Beitragsbemessungsgrenzen, die mit steigendem Einkommen die relative Beitragsbelastung immer weiter sinken lassen. Ergänzend muss der Spitzensteuersatz wieder auf mindestens 53 Prozent (den Satz aus der Regierungszeit von Helmut Kohl) angehoben werden, um soziale (etwa die Grundsicherung im Alter) und andere Infrastrukturmaßnahmen (Schulen, Verkehr) finanzieren zu können.

Zweitens: Die deutsche Exportabhängigkeit sollte durch konsequente Stärkung der Binnennachfrage verringert werden. Dazu könnten unter anderem ein Mindestlohn über der Niedriglohnschwelle von gut 9,50 Euro, höhere Hartz-IV-Sätze und maßvolle Steuersenkungen für niedrigere Einkommen sorgen. Die von Deutschland erzwungene Sparpolitik in den südlichen Euro-Ländern, die dort die sozialen Grundrechte und zugleich die Massenkaufkraft gefährdet, muss durch gezielte Investitionen (»europäischer Marshallplan«) für den wirtschaftlichen Wiederaufbau abgelöst werden, begleitet von konsequenter Korruptionsbekämpfung. Zur solidarischen Finanzierung muss ein Teil der Staatsschulden vergemeinschaftet werden (Eurobonds). Die Finanztransaktionssteuer darf nicht weiter hinausgeschoben, die Bankenregulierung muss konsequenter durchgesetzt werden.

Drittens: Die Energiewende muss endlich sozial-ökologisch organisiert werden, statt weiter zur Subventionsmaschine für stromfressende Unternehmen zu verkommen.

Viertens: In städtischen Konfliktgebieten mit hohem Migrantenanteil muss massiv investiert werden, vor allem in (frühkindliche) Bildung. Die von Deutschland inspirierte, menschenverachtende und tödliche Abschottung gegen Flüchtlinge an den EU-Außengrenzen muss durch eine Asylpolitik ersetzt werden, die dem humanitären Anspruch und der wirtschaftlichen Stärke Europas endlich gerecht wird. Das bedeutet unter anderem ein Ende der Praxis, Flüchtlinge (und mit ihnen den humanitären Anspruch Europas) in sogenannte »sichere Drittländer« abzuschieben. Die doppelte Staatsbürgerschaft muss in Deutschland bedingungslos gewährt werden.

Fünftens: Das Kuschen der deutschen Regierung(en) vor der Ausforschungspraxis sowohl der eigenen als auch »befreundeter« Geheimdienste muss beendet werden. Vorher dürfen Verträge, die im

Interesse der Partner liegen (wie das europäisch-amerikanische Freihandelsabkommen TTIP) nicht weiter vorangetrieben werden. Das Monopol von Konzernen, die die Kommunikation in »sozialen Netzwerken« kontrollieren und Nutzerdaten zur Profitmaximierung missbrauchen, muss möglichst durch die Förderung von Alternativen gebrochen werden. Zumindest bedarf es einer wesentlich konsequenteren Durchsetzung von Datenschutz als bisher.

Sechstens: Deutschland muss sich dafür einsetzen, dass statt militärischer Interessenwahrnehmung Konfliktvorbeugung an erster Stelle steht, etwa durch Verzicht der NATO auf eine Ausdehnung bis an die russische Grenze und Wiederaufnahme der Bemühungen um ein gesamteuropäisches Sicherheitssystem unter Einschluss Russlands. Rüstungsexporte müssen massiv beschränkt werden, unter anderem auch bei Kleinwaffen.

Das wären erste Schritte, wohlgemerkt. Jenseits solcher Reparaturen geht es auf längere Sicht zum Beispiel auch darum, die Gewährleistung von Grundbedürfnissen – Wasser, Energie, saubere Umwelt, ökologisch verträgliche Mobilität, Wohnen, Bildung, Gesundheit, Altersvorsorge, auch Information und Kultur – der Logik des Marktes zu entziehen und als Gemeingüter öffentlich zu verwalten beziehungsweise, soweit private Organisationsformen sinnvoll erscheinen, zu kontrollieren. Und zwar nicht einfach in Form staatlich-zentraler Bürokratien, sondern unter demokratischer, sozusagen »öffentlich-rechtlicher« Aufsicht durch die Gesellschaft, der all diese Güter ja angeblich dienen sollen. Um Missverständnissen vorzubeugen: Mit »öffentlich-rechtlich« ist nicht das bewegungsarme Parteien- und Verbändewesen gemeint, das wir vom öffentlich-rechtlichen Fernsehen kennen, sondern neue, noch zu entwickelnde Beteiligungsformen.

Das alles bedeutet nichts weniger, als den Kapitalismus in seiner heutigen Form zu überwinden. Aber selbst wenn man die notwendigen Veränderungen fürs erste außer Acht lässt und die reale Politik nur an den zuvor genannten ersten Schritten misst, schon dann muss man feststellen: Die gegenwärtige Politik – und mit ihr große Teile der Gesellschaft – verschläft selbst die notwendigsten Reformen.

Und das, obwohl die damalige Opposition vor der Bundestagswahl 2013 das genaue Gegenteil versprochen hatte: Viele der genannten Reformschritte fanden sich damals in den Programmen von SPD, Linken und Grünen wieder. Revolutionär waren sie alle nicht, aber selbst nach den eher bescheidenen Maßstäben dieser Wahlversprechen wird der Vergleich mit den realen Projekten und Ergebnissen deutscher Regierungspolitik zeigen: Von den notwendigen Veränderungen ist das Land auch unter der großen Koalition Lichtjahre entfernt.

Ruhe im Land

Doch zunächst geht es um die Frage: Warum führt dieser Stillstand nicht zu spürbarem, jedenfalls nicht zu massenhaftem Widerstand aus einer Gesellschaft, die ja nach allen Umfragen bei vielen Themen (Soziales, Ökologie, militärische Zurückhaltung) Reformen zu befürworten scheint? Warum gelingt es der Politik, durch ein paar punktuelle Veränderungen (Mindestlohn, Rente) eine Reformbereitschaft zu simulieren, die sie nicht besitzt? Wie schafft es selbst Angela Merkel, sich durch punktuelle Verbesserungen bei Kinderbetreuung oder Mindestlohn als Modernisiererin zu verkaufen – und dabei die offensichtliche Tatsache zu verschleiern, dass sie Unternehmen, Vermögende und Spitzenverdiener konsequent vor jeder Umverteilung zugunsten der Mehrheit, vor jeder zusätzlichen Belastung etwa durch Steuern bewahrt?

Wer sich diesen Fragen stellt, stößt schnell auf diejenige Instanz, die das »Vermitteln« zwischen Gesellschaft und Politik ja eigentlich schon im Namen trägt: die Medien. Auf ihre oft unrühmliche Rolle wird weiter unten noch einzugehen sein. Aber es wäre zu kurz gegriffen, für die erstaunliche Schläfrigkeit in großen Teilen der Gesellschaft die Medien allein verantwortlich zu machen. Es tut sich in der Gesellschaft Erfreuliches, keine Frage, dazu mehr im letzten Kapitel. Aber warum führen Ungerechtigkeit und Stillstand nicht zu einer breiten Bewegung, die eine andere Politik erzwingen könnte?

Sinkende Wahlbeteiligung und das Fehlen einflussreicher Protestbewegungen deuten auf die Spuren hin, die die politische Vorherrschaft des Neoliberalismus in den Köpfen vieler Menschen hinterlassen hat. Die politisch propagierte und praktizierte Geringschätzung des Sozialen, der Vorrang von Konkurrenz und Selbstbehauptung am Markt haben sie zur Abkehr von der Vorstellung »erzogen«, dass es sinnvoll sein könnte, sich um mehr zu kümmern als die eigenen Angelegenheiten. Das gilt in besonderem Maße dort, wo die soziale Spaltung ihre tiefsten Spuren hinterlassen hat. Die Bewohner der Armutsviertel in unseren Städten haben sich angesichts der für sie sehr spürbaren Folgen der herrschenden Politik offensichtlich in weiten Teilen von der Teilnahme am demokratischen Prozess verabschiedet – selbst von der Minimalform dieser Teilnahme, dem Wählen.

Der Kölner Politikwissenschaftler Christoph Butterwegge hat nach der Bundestagswahl 2013 die Beteiligung in den Stadtteilen Chorweiler und Hahnwald verglichen. In Chorweiler, »einer Hochhaussiedlung mit ganz wenigen Einfamilienhäusern«, gingen knapp 42,5 Prozent der deutschen Staatsbürger wählen, während sich in Hahnwald, »einem noblen Villenviertel«, 89 Prozent beteiligten. Seit der Wahl 2009, als in Chorweiler 43 und in Hahnwald 87 Prozent ihre Stimme abgegeben hatten, hat sich diese Diskrepanz sogar noch leicht verschärft.[5]

Butterwegge beschreibt die »Repräsentationskrise«, auf die solche Stichproben schließen lassen, so: »Da sich die deutsche Gesellschaft sozialstrukturell tiefer (in Arm und Reich) spaltet und auch sozialräumlich immer mehr (in Elends- und Luxusquartiere) zerfällt, nehmen auch politische Erosions-, Polarisierungs- und Fragmentierungstendenzen zu. (…) Arme fühlen sich als Fremde im eigenen Land. Wie den meisten Zuwanderern bleibt ihnen eine politische Repräsentation, die den Namen verdient, verwehrt. Auch fehlt es ihnen aufgrund des Ressourcenmangels an wirksamen Partizipationsmöglichkeiten. (…) Arme werden nicht bloß sozial ausgegrenzt, sondern auch politisch ins Abseits gedrängt. Sie kommen bei der politischen Teilhabe ebenso zu kurz wie bei der Verteilung von materiellen Ressourcen, Finanzmitteln und begehrten Gütern. Wenn eine Steuerpolitik zugunsten Wohlhabender und Reicher gemacht und der Sozialstaat zerstört wird, verlieren die Armen das Vertrauen in die Institutionen der parlamentarischen Demokratie. Die daraus resultierende Neigung, sich nicht mehr (regelmäßig) an Wahlen und Abstimmungen zu beteiligen, stärkt wiederum jene politischen Kräfte, die um eine Sicherung der Privilegien kapitalkräftiger Interessengruppen bemüht sind. So entsteht ein Teufelskreis sich wechselseitig verstärkender Wahlabstinenz sozial Benachteiligter und einer deren Interessen vernachlässigenden Regierungspraxis.«[6]

Selbst die Bertelsmann Stiftung, die sich bei ihrer notorischen Einflussnahme auf Politik und Öffentlichkeit eher »den Prinzipien unternehmerischen Handelns« als der Überwindung sozialer Spaltungen verpflichtet fühlt[7], hat das Problem erkannt: »Unstrittig ist inzwischen, was Forscher die ›soziale Selektivität‹ der Wählerschaft nennen. Das Wahlverhalten differenziert sich nach Einkommensklasse, Bildungshintergrund und Schichtzugehörigkeit. Nach wie vor relativ hoch liegt die Wahlbeteiligung bei den Besserverdienenden, den gut Ausgebildeten mit Abitur und Studium, die sich auch selbst der oberen Mittelschicht oder der Oberschicht zurechnen. Dramatisch geringer ist die Wahlbeteiligung bei Geringverdienern mit niedrigeren Bildungsabschlüssen, die sich selbst der unteren Schicht der Gesellschaft zurechnen«, schreiben die Bertelsmann-Forscher Robert Vehrkamp und Dominik Hierlemann.[8] Gleiches gilt übrigens erst recht, wenn es nicht nur ums Wählen geht, sondern um weitergehende Formen politischen Engagements: »Wer nicht wählt, beteiligt sich typischerweise auch nicht an Bürgerinitiativen und Volksabstimmungen. Er geht auch nicht als Demonstrant auf die Straße.«[9]

Die beiden Wissenschaftler kommen zum gleichen Schluss wie Butterwegge: »Der typische Nichtwähler in Deutschland ist damit kein unbekanntes Wesen, er ist kein lauter Nichtwähler aus Protest und auch kein Demokratieverdrossener, vor allem aber ist er kein intellektuell bekennender Wahlboykotteur. Der typische Nichtwähler ist Geringverdiener, bildungsschwach, wohnt häufig in sozialen Brennpunkten und ist nach gängigen sozio-ökonomischen Kriterien Angehöriger der sogenannten Unterschicht.«[10]

Der Skandal, der sich hinter diesen Befunden verbirgt, ist nicht nur ein sozialpolitischer im Sinne der ungleichen Verteilung materieller Mittel. Die Abstinenz der Unterschichten ist auch Ergebnis einer Politik, die bis heute zum Ausschluss der ohnehin Benachteiligten von der wichtigsten Aufstiegsvoraussetzung führt: nämlich Bildung. Das beginnt im Kleinkindalter, wo nach Angaben der Organisation für wirtschaftliche Zusammenarbeit und Entwicklung (OECD) die Betreuungsquote bei einkommensschwachen Haushalten und Familien mit Migrationshintergrund deutlich niedriger ist als sonst. Und das, obwohl Kinder in Betreuungseinrichtungen »erhebliche zusätzliche und nichtkognitive Fähigkeiten« erwerben. Die OECD macht deshalb deutlich, dass der seit 2013 geltende Rechtsanspruch auf einen Kindergartenplatz nicht ausreicht und dass noch deutlich mehr »gute und erschwingliche Betreuungsmöglichkeiten« notwendig wären.[11] Und insgesamt, so die OECD, ist trotz eines im Durchschnitt relativ hohen Wohlstandsniveaus »der Zusammenhang zwischen sozioökonomischem Hintergrund und Bildungsniveau (…) vergleichsweise stark ausgeprägt«[12]. Um das zu ändern, seien »zusätzliche öffentliche Finanzierungsmittel erforderlich«, so die OECD.[13] Dennoch weigert sich auch die schwarzrote Bundesregierung, die Länder bei der Finanzierung von Schulen zu unterstützen.

Wahrlich ein Armutszeugnis für eines der reichsten Länder der Welt. »Deutschland ist längst auf dem Weg in eine sozial gespaltene Demokratie. Die politische Ungleichheit wächst, die Inklusion bricht. Das demokratische Versprechen der Gleichheit aller bleibt uneingelöst. (…) Die sozial schwachen Schichten verabschieden sich aus der demokratischen Teilhabe, weil die Demokratie ihr Gleichheitsversprechen nicht (mehr) einlöst. Soziale Ungleichheit schadet dann der Demokratie«, fasst die Bertelsmann Stiftung zusammen.[14]

Es verwundert nicht, dass die Bertelsmann-Forscher aus diesen richtigen Erkenntnissen nicht etwa auf die Notwendigkeit einer anderen Politik schließen, sondern nur effizientere Wählerwerbung empfehlen: »Gerade den Parteien kommt eine entscheidende Rolle zu, die sich vielfach aus diesen Stadtteilen zurückgezogen haben. Sie bieten ihre Parteiarbeit und Wahlkampfaktivitäten lieber nur dort an, wo sie auf Nachfrage stoßen. Gebraucht wird dagegen eine Gesamtstrategie zur politischen Aktivierung und Integration politisch prekärer Stadtteile.«[15] Aber immerhin könnte es ja sein, dass mehr Bemühungen um »politische Aktivierung« auch zu mehr Druck auf die Parteien führen könnten, ihre Politik zu ändern.

Allerdings kann die faktische Ausgrenzung großer Teile der Unterschicht, so alarmierend sie ist, die verträumte Ruhe im Land nur zum Teil erklären. Auch diejenigen, die von der sozialen Spaltung weniger, aber doch von Flexibilisierung, Stress und Lohnstagnation betroffen sind, fühlen sich in ihrer großen Mehrheit offensichtlich nicht motiviert, an den Verhältnissen etwas Grundlegendes zu ändern. Schenkt man Umfragen Glauben, dann gibt sich eine große Bevölkerungsmehrheit mit den begrenzten Angeboten der herrschenden Politik zufrieden.[16] Grundlegende Kritik an der Regierung scheint also auf den ersten Blick ein Minderheitenprogramm zu sein.

Wer diese demoskopisch ermittelte Mehrheit der Bevölkerung nicht für eine Ansammlung von Idioten erklären will, wird sich mit den Gründen für ihre politische Abstinenz oder Zurückhaltung auseinandersetzen müssen. Und stößt dabei schnell auf eine Erkenntnis, die der Herausgeber der *Frankfurter Allgemeinen Zeitung*, Frank Schirrmacher, zwar nicht erfunden, aber doch auf den Punkt gebracht hat. In *Ego*, dem letzten Buch vor seinem plötzlichen Tod im Juni 2014, schrieb er: »Ohne, dass wir es gemerkt haben, haben Ökonomen den Seelenhaushalt des modernen Menschen zu ihrer Sache gemacht.«[17] Mit anderen Worten: Die Ideologie der »Eliten« und die aus ihr hervorgegangene allgegenwärtige Konkurrenz haben sich unseres Denkens und Fühlens mit einigem Erfolg bemächtigt. Schirrmacher beschrieb diesen »ökonomischen Imperialismus« als »Ökonomisierung von allem und jedem«. In den zahlreichen und erfolgreichen Ratgeberbüchern von Verhaltens- und anderen Ökonomen, die Tipps für das Überleben in einer Welt des Egoismus und des ökonomischen Eigennutzes geben, erkennt er Erzählungen »von einer Alltags-Welt, die alles in Anekdoten des Eigen-Nutzes zerlegt«. Doch hinter solchen »Selbstverteidigungstheorien« stecke in Wahrheit »eine getarnte neoklassische oder – wenn man so will – neoliberale Ideologie«.[18]

Das sind vielleicht späte, aber doch treffende Erkenntnisse aus der Feder des *FAZ*-Feuilletonisten. Tatsächlich geht die reale Individualisierung und Privatisierung gesellschaftlicher Aufgaben und

Risiken mit einem Bewusstseinswandel einher, der dafür gesorgt hat, dass wir alle – die einen mehr, die anderen weniger – von der Entwicklung nicht nur betroffen, sondern durch unser Denken und Handeln auch aktiv an ihr beteiligt sind. Oft sicher unbewusst und meist ohne es zu wollen, stützen wir die Herrschaft des Eigennutzes. Wir tun das, indem wir die Zerstörung solidarischer Vorsorgesysteme wie Renten- und Krankenversicherung widerstandslos hinnehmen und – jeder für sich – in riskante und teure Modelle privater Vorsorge flüchten, von der Lebensversicherung bis zur Zahnersatzpolice. Wir tun es, indem wir unser letztes Geld für Privatschulen zusammenkratzen in der Illusion, unseren Nachwuchs wenigstens in der Jugend vor sozialen Konflikten schützen zu können. Und wir tun es schon dann, wenn wir glauben, wir hätten mit Politik, obwohl sie unser Leben mitbestimmt, nichts zu tun.

System und Seele

Dass das kapitalistische Wirtschaftssystem im »Seelenhaushalt« der Menschen seine Spuren hinterlässt, ist keine neue Erkenntnis. Schon 1931 beschrieb Erich Fromm die von den Verhältnissen geprägten Wesenszüge der Menschen als »gesellschaftlichen Charakter«. Fromms Theorien waren nie unumstritten, weder unter Sozialwissenschaftlern noch unter Psychoanalytikern.[19] Aber seine Kernthesen über den Einfluss der Machtverhältnisse auf Haltung und Verhalten von Individuen können in dem Zusammenhang, um den es in diesem Kapitel geht, auch heute noch einen entscheidenden Beitrag leisten. Fromm, der nicht nur Sozialwissenschaftler, sondern auch Psychoanalytiker war, verband seine beiden Metiers zur »Analytischen Sozialpsychologie«. Mit den Mitteln der Psychoanalyse, aber zugleich mit Blick auf das gemeinsame »Lebensschicksal«[20] der Mitglieder einer Gesellschaft lasse sich »zeigen, in welcher Weise bestimmte ökonomische Bedingungen auf den seelischen Apparat des Menschen einwirken und bestimmte ideologische Resultate erzeugen«[21].

Es versteht sich von selbst, dass es hier nicht um bewusste Prozesse geht, sondern um Verhaltensweisen und Haltungen, die wir schon als Kinder in der Familie erlernen: »Die Familie ist das Medium, durch das die Gesellschaft beziehungsweise die Klasse die ihr entsprechende, für sie spezifische Struktur dem Kind und damit dem Erwachsenen aufprägt; die Familie ist die psychologische Agentur der Gesellschaft.«[22]

Seit Fromms Forschungen zur Analytischen Sozialpsychologie hat sich natürlich viel verändert, trotzdem lässt sich auch heute noch, mit Blick auf eine gegenüber den herrschenden Machtverhältnissen »verträumte« Gesellschaft, sagen: Die erstaunlich hohe Anpassungsbereitschaft auch an offensichtlich ungerechte Verhältnisse ist selbst ein Teil dieser Machtstrukturen und stabilisiert diesen Zustand damals wie heute, indem sie wie eine Art »sozialer Kitt«[23] oder »Mörtel des Sozialgefüges«[24] funktioniert. Anders ausgedrückt: »Die sozio-ökonomische Struktur der Gesellschaft formt den Gesellschafts-Charakter ihrer Mitglieder dergestalt, dass sie tun *wollen*, was sie tun *sollen*.«[25]

Dieser Blick auf den Beitrag des Individuums zum Stillstand der Verhältnisse sollte keineswegs als Schuldzuweisung missverstanden werden. Die »subjektive Funktion« des gesellschaftlichen Charakters, schreibt Fromm, »besteht bei einem normalen Menschen darin, dass er ihn veranlasst, so zu handeln, wie dies vom praktischen Standpunkt aus für ihn notwendig ist, und dass er ihm darüber hinaus bei seiner Betätigung noch eine psychologische Befriedigung gewährt.«[26] Innerhalb der bestehenden Verhältnisse ist angepasstes Verhalten also zunächst etwas vollkommen Rationales, die aus Sicht des Einzelnen zumindest nächstliegende Form der Selbsterhaltung. Gerade wer diesen Mechanismus durchbrechen, wer den Einflüssen und Einflüsterungen, denen wir täglich ausgesetzt sind, am Ende doch etwas entgegensetzen will, der wird zunächst versuchen müssen, diese Rationalität der Anpassung zu durchschauen.

Will man das Ergebnis kurz zusammenfassen, kann man also sagen: Wir haben uns weitgehend von Bürgerinnen und Bürgern in Konsumentinnen und Konsumenten verwandelt. Rainer Funk, Herausgeber der Fromm-Gesamtausgabe, hat das anschaulich auf den Punkt gebracht: »Wenn demnach ein auf Profitmaximierung und Wachstum ausgerichtetes Wirtschaftssystem zu seinem eigenen

Funktionieren je neue Investitionen machen muss, mit denen neue Produkte geschaffen werden, dann braucht dieses System den Menschen, der leidenschaftlich gern konsumiert.«[27] Damit soll keinesfalls jede Art von Konsum verteufelt werden, auch nicht eine gewisse Lust am Konsumieren. Die Kritik richtet sich allerdings gegen die Funktion von Konsum als nahezu suchtgleichem Ersatz für Glück und Befriedigung anderer, immaterieller Art.

Thomas Gebauer, Psychologe und Geschäftsführer der Hilfs- und Menschenrechtsorganisation medico international, hat diesen Befund überzeugend auf unsere Gegenwart angewendet: »Weil also Freiheit, Autonomie und Authentizität, die großen Versprechen des Kapitalismus, letztlich unerfüllt bleiben, herrscht heute allerorten ein kaum stillbares Verlangen nach Entschädigung. Solche Entschädigung bleibt freilich illusionär; sie kann sich im rastlosen Konsum fetischisierter Waren ausdrücken, aber auch in ethnischen Überhöhungen oder einem identitätsstiftenden Fundamentalismus. In beidem, im selbstsüchtigen Genuss wie in der Abgrenzung, geht es übrigens nicht alleine um ein Opium *für* das Volk (im Sinne von ideologischer Verblendung und Manipulation), sondern vor allem um ein Opium *des* Volkes (im Sinne notwendiger Triebbefriedigung und Angstabwehr). Das zu wissen ist wichtig, weil es auf die Grenzen von Aufklärungsarbeit verweist. Ganz aktuell ist das beispielsweise im Umgang mit den skandalösen Umständen in der globalisierten Textilbranche zu beobachten. Der Konsum billiger T-Shirts ist eben nicht allein Unwissenheit geschuldet, sondern auch und gerade dem Verlangen, über Klamotten Bestätigung und Glück zu erfahren. Ein schales Glück, das nicht lange anhält und beständig nach Erneuerung ruft.«[28]

Von Erich Fromm zur Postmoderne

All das gilt zweifelsohne für das kapitalistische Wirtschaftssystem insgesamt. Aber es begegnet uns über die Jahre in unterschiedlicher Ausprägung, immer entsprechend dem jeweiligen Zustand der politischen und ökonomischen Verhältnisse. Und die haben sich, was die Verwandlung der Bürger in Konsumenten betrifft, im vergangenen Vierteljahrhundert nicht zum Besseren verändert. Vier Jahrzehnte lang hatte nicht zuletzt die Bundesrepublik Deutschland, die ja direkt an der Grenze zwischen den Systemen lag, versucht, einen anderen Weg als den des entfesselten Kapitalismus einzuschlagen. Dem Bild von der verheerenden, die Massen verarmen lassenden Herrschaft des Kapitals, das die andere Seite ihm vorhielt, setzte der Westen – erst recht der deutsche – das Modell eines sozialstaatlich gebändigten Kapitalismus entgegen.

Nicht, dass alles schön und gerecht gewesen wäre in der alten Bundesrepublik. Der Wohlstand für viele und die sozialen Errungenschaften, mit denen den Westdeutschen nach dem Krieg die Demokratie im Wortsinn »schmackhaft« gemacht worden war, blieben immer umkämpft und waren zu gering, um von einer wirklich gerechten Gesellschaft reden zu können. Und Konsum als fragwürdiges Glücksversprechen war auch damals schon ein Stabilisierungsfaktor des kapitalistischen Systems. Aber für wenigstens bescheidene Reallohnsteigerungen und für einigermaßen stabile Sozialsysteme – von Gesundheit bis Pflege – reichte es dann eben doch. Der tägliche Kampf um die Sicherung der eigenen Lebensverhältnisse und die Angst vor ihrem Verlust waren noch nicht so vorherrschend wie im aktuellen Zeitalter des Neoliberalismus.

Die Radikalisierung der Marktideologie begann bereits in den Jahren vor der Wende von 1989: Politiker wie Margaret Thatcher in Großbritannien und Ronald Reagan in den USA bliesen gemeinsam mit den gelehrten Propheten des Staatsabbaus zum Angriff auf den maßvoll umverteilenden, die Wirtschaft regulierenden, die Grundbedürfnisse seiner Bürger wenigstens einigermaßen garantierenden Sozialstaat – schon damals mit Erfolg. Es dürfte sich kaum noch jemand daran erinnern, dass der Spitzensteuersatz in den USA, einem auch damals nicht gerade kommunistischen Land, bis 1982 bei siebzig Prozent lag, ehe Präsident Ronald Reagan ihn auf 28 Prozent senkte (und sich einen Teil des Geldes bei den Niedrigstverdienern zurückholte, die nun fünfzehn statt null Prozent bezahlen mussten).[29] Damit war auch der »Kampf um die Köpfe« neu eröffnet: Auf der Tagesordnung stand die Vollendung des Projekts, den

Bürger zum Marktteilnehmer in allen Lebenslagen zu formen, der im täglichen Einzelkampf entweder gewinnt oder eben auf der Strecke bleibt – und selbst das noch widerspruchslos akzeptiert.

Als dann die Mauer fiel, setzte sich der Siegeszug des Neoliberalismus mit neuer Schubkraft fort. Verschwunden war der Systemstreit und mit ihm die Notwendigkeit, im Vergleich mit der realsozialistischen Konkurrenz wenigstens durch ein gewisses Maß an sozialer Sicherheit zu punkten. Dass die sozialen Errungenschaften im Realsozialismus durch Freiheits- und Wohlstandsverzicht erkauft worden waren, lag nun endgültig auf der Hand. Es gelang den Gefolgsleuten des angelsächsischen Neoliberalismus in der deutschen Wirtschaftswissenschaft und ihnen hörigen Politikern von Otto Graf Lambsdorff über Roman Herzog bis Gerhard Schröder, diese Tatsache in ein Argument gegen jede sozialstaatliche Steuerung zu verwandeln.[30] Und plötzlich konnte man deutsche Arbeiter mit dem Argument erpressen, sie stünden in direkter Lohnkonkurrenz zu ihren indischen Kollegen. Man konnte die Globalisierung für die Behauptung missbrauchen, das deutsche Steuersystem habe sich wenigstens tendenziell an Reagans Dumpingtarifen zu messen – und für den Erhalt der solidarischen Daseinsvorsorge fehle schon wegen der dadurch reduzierten Einnahmen das Geld.

Ein Musterbeispiel für den neoliberalen Furor der Nachwendezeit lieferte kein Geringerer als der damalige Bundespräsident Roman Herzog in seiner berühmten »Ruck-Rede« von 1997.[31] Verpackt in die üblichen Floskeln von Freiheit und Selbstverantwortung, lieferte Herzog die Blaupause für das, was ausgerechnet der sozialdemokratische Bundeskanzler Gerhard Schröder wenige Jahre später mit seiner »Agenda 2010« in Angriff nehmen sollte: »Der Staat und seine Organe sind der Komplexität des modernen Lebens – mit all seinen Grenz- und Sonderfällen – oft einfach nicht gewachsen und sie können es auch gar nicht sein«, sagte Herzog damals im Hotel Adlon am Pariser Platz unter dem Beifall der örtlichen Honoratioren. Das klang zunächst wie eine durchaus bedenkenswerte Warnung vor einer übermächtigen, die Gesellschaft einschränkenden Staatlichkeit. Aber gemeint war etwas anderes: Entsolidarisierung und Unterwerfung unter die Gesetze der kapitalistischen Ökonomie. Es folgte das kaum verklausulierte Loblied auf den Sozial-staatsabbau: »Wäre es nicht ein Ziel, eine Gesellschaft der Selbstän-digkeit anzustreben, in der der Einzelne mehr Verantwortung für sich und andere trägt, und in der er das nicht als Last, sondern als Chance begreift?« Und für die künftige Fügsamkeit der Bürger, wenn es um »Reformen« zulasten der Mehrheit geht, gab es schon mal ein vorsorgliches Lob: »Wir sollten die Vernunft- und Einsichts-fähigkeit der Bürger nicht unterschätzen. Wenn es um die großen Fragen geht, honorieren sie einen klaren Kurs.«

Allerdings, auch das sprach Herzog ziemlich unverhohlen aus, ist die »Einsicht der Bürger« wohl nicht ohne gezielte Beeinflussung im Sinne der politischen und wirtschaftlichen »Eliten« zu haben: »Wir erleben heute, dass dem Menschen ein Zuwachs an Sicherheit durch staatliche Vorsorge oft wichtiger ist als der damit einhergehende Ver-lust an Freiheit. Wir fordern Freiheit – aber was ist, wenn die Bürger ihre Freiheit als kalt empfinden und stattdessen auf die Geborgenheit staatlicher Für- und Vorsorge setzen? Diese Frage lässt sich nicht mit dem Federstrich eines Gesetzestextes beantworten. (…) Wir müssen unserer Jugend zu mehr Selbständigkeit, zu mehr Bindungsfähigkeit, zu mehr Unternehmensgeist und mehr Verantwortungsbereitschaft Mut machen. Wir sollten ihr sagen: Ihr müsst etwas leisten, sonst fallt ihr zurück. Aber: Ihr könnt auch etwas leisten.«

Das war die programmatische Formulierung dessen, was den öf-fentlichen Diskurs bis heute beherrscht. Thomas Gebauer von me-dico international resümiert treffend: »Noch immer dominiert Mar-garet Thatchers monströse Behauptung ›There is no such thing as society‹, mit der seit den 1980er Jahren eine solidarisch verfasste Gesellschaftlichkeit ausgehöhlt und Institutionen der öffentlichen Daseinsfürsorge zunehmend privatisiert worden sind. Dabei ist das Prinzip gesellschaftlicher Verantwortung durch eine neoliberal ge-wendete Idee von Eigenverantwortung ersetzt worden. Mit der Un-terwerfung von Gesellschaftlichkeit unter die Interessen von Öko-nomie und Macht entstand ein neues Menschenbild, das für die Lage der Menschen weniger die sozialen Verhältnisse verantwort-lich macht als die Menschen selbst.«[32]

Heute ist Deutschland ärmer, als die alte Bundesrepublik es war –

ärmer jedenfalls an gesellschaftlicher und politischer Solidarität. Das gilt sowohl für die Verteilung des Reichtums und der Einkommen als auch für die Steuer- und Sozialsysteme, wie im Kapitel »Verschnarcht: Politik des Stillstands« gezeigt wird.

Im Zentrum des »Kampfes um die Köpfe«, soweit er offen geführt wird, steht heute die These, Ungerechtigkeit (die natürlich nicht so genannt wird) sei die Voraussetzung für »Wettbewerbsfähigkeit« und damit für künftigen Wohlstand. Wir hätten uns also abzufinden mit scheinbar objektiven Gesetzmäßigkeiten, die allerdings in Wahrheit auf Kosten der Mehrheit gehen. Dieses Denken ist nicht nur unter Gerechtigkeitsaspekten fragwürdig, sondern auch ökonomisch falsch: Die alte, an Thatcher und Reagan angelehnte Politik – weltweite Konkurrenz um »Wettbewerbsfähigkeit« durch Senkung der Lohn- und Steuerkosten für Unternehmen und eine entsprechend restriktive Haushaltspolitik – sorgt international für derart starke Ungleichgewichte, dass sie auf Dauer nicht funktionieren kann. Vereinfacht ausgedrückt: Wenn die Griechen, die mit der Senkung ihres Lebensstandards für sogenannte »Reformen« bezahlen, weniger deutsche Autos kaufen können, und wenn die Chinesen ihre eigenen Limousinen bauen, kann auf Dauer auch eine starke Exportwirtschaft nicht von den Schulden der anderen leben. Daran ändert sich auch nichts, wenn man uns eine Stabilisierung auf niedrigstem Niveau in Griechenland lauthals als Ende der Krise verkauft und verschweigt, dass dort Studenten, Rentner, Kranke und Arbeitslose für den »Erfolg« bezahlen.

Aber solche Tatsachen konnten der Vorherrschaft der neoliberalen Ideologie, also des Schlafliedes von der vermeintlich »alternativlosen« Entsolidarisierung, bisher keinen Abbruch tun. Die große Mehrheit der Meinungsführer in Politik, Wissenschaft und Medien hat es geschafft, das Denken in Markt- und Konkurrenzkategorien zum kaum noch hinterfragten Allgemeingut zu machen. Wer heute erwachsen wird, der kennt keine Alternative zu dem Zustand, dass Arbeitslosigkeit schon nach einem Jahr zum Absturz auf das absolute Existenzminimum führen kann. Er oder sie hat schlicht keine Vorstellung von einer Welt, in der eine auskömmliche Rente durch eine solidarische Versicherung gewährleistet werden kann, notfalls auch ohne eine private Lebensversicherung, die von den Turbulenzen der Finanzmärkte abhängig ist. Dass Finanzmarktspekulationen auf Kosten ganzer Bevölkerungen einmal etwas anderes waren als normal, das weiß ein 18- oder 20-Jähriger höchstens aus dem Geschichtsunterricht. Und seine Kommilitonin dürfte sich kaum erinnern, dass die Kosten für den Arzt einst gedeckt waren von einem Beitrag, den tatsächlich Arbeitgeber und Arbeitnehmer zu gleichen Teilen bezahlten – und zwar ohne zusätzliche Eigenleistung der Patienten für alles Mögliche vom Zahnersatz bis zur Brille.

Die Ver-Marktung des Lebens

Der bereits erwähnte Psychoanalytiker und Nachlassverwalter Erich Fromms, Rainer Funk, hat die auf fast alle Lebensbereiche ausgeweitete Ver-Marktung am Beispiel des Gesundheitswesens wie folgt illustriert: »Noch vor fünfzig Jahren wäre es als unsinnig erachtet worden, die Nachfrage für Medikamente, Altersheime oder Psychotherapien steigern zu wollen. Mit Recht waren deshalb weite Bereiche des Dienstleistungssektors dem Wettbewerb des Marktes entzogen und kannten keine Werbung.« So war zum Beispiel Krankheit »ein Übel, (…) auf dessen Beseitigung mit Hilfe der Krankenkasse man einen Anspruch hatte. Zu verkaufen hatte die Krankenkasse nichts. Heute wirbt sie für sich und gibt vor, Gesundheit zu verkaufen.«[33]

Diese Hinweise aus der Vergangenheit mögen Jüngeren – und auch vielen Älteren, die sich angesichts der inzwischen eingetretenen Veränderungen nicht erinnern – wie eine utopische Erzählung erscheinen. Dabei handelte es sich keineswegs um das Paradies, sondern um nichts anderes als die Praxis eines halbwegs eingehegten Kapitalismus. Eine Praxis, die sich – den politischen Willen vorausgesetzt – in ähnlicher Weise durchaus wieder aufnehmen ließe. Mindestens.

Aber diese Alternative zur herrschenden Politik hat – erst recht unter der erdrückenden Mehrheit einer großen Koalition – so gut wie keinen Raum in der öffentlichen Debatte. Und so ist es kein Wunder, dass die massive Entsolidarisierung von oben in den Köpfen der Menschen ihren Niederschlag findet. Der Wiener Jugendsoziologe Bernd Hainzelmaier fasste den »gesellschaftlichen Charakter«, wie Fromm ihn nannte, mit Blick auf die heute junge Generation so zusammen: »Die gesellschaftlichen Umstände, unter denen die Jugendlichen leben, machen es ihnen zur Pflicht, egozentrisch zu sein. Denn nur wer in der Konkurrenz- und Leistungsgesellschaft egozentrisch ist, der kann letztendlich auch bestehen.«[34] Klaus Farin, Autor und langjähriger Leiter des Berliner Archivs der Jugendkulturen, wurde im gleichen Radiobeitrag wie folgt zitiert: »›Sie interessieren sich nicht mehr für die Gesellschaft, denn da haben sie keinen Einfluss drauf. Auch Politisches interessiert sie nicht‹, so Farin. Solidarität beziehe sich auf das eigene Umfeld, auf die Familienangehörigen, den Freundeskreis. ›Insofern kann man von einem gewissen Egoismus sprechen oder eben Pragmatismus. Da wo ich Einfluss habe, darauf konzentriere ich mich.‹«[35]

Einen weiteren Aspekt, der die Folgen der Merkel'schen »Uns geht's gut«-Rhetorik treffend illustriert, fügte der Konfliktforscher Klaus Hurrelmann hinzu: »Wenn Jugendliche in Deutschland sehen, wie dreckig es ihren Altersgenossen in Spanien oder Griechenland geht, sagen sie sich: ›Da sind wir noch gut dran.‹ Und schon zerbröselt – trotz aller Unklarheit über die eigene Zukunft und die Zukunft der Gesellschaft – ein Motiv für kollektiven Protest.«[36]

Solche Feststellungen sind, wie erwähnt, keineswegs als Vorwürfe misszuverstehen. Aus der Sicht des Individuums – und nicht nur des jungen – spricht ja unter den herrschenden Bedingungen tatsächlich vieles dafür, sich angesichts unübersichtlicher Konkurrenzverhältnisse und täglichen Zwangs zur Selbstbehauptung auf den Kampf um individuelle Startvorteile zu konzentrieren. Das entspricht den gesellschaftlich herrschenden Erwartungen, wie sie junge Menschen schon mit der Muttermilch eingesogen haben. Der Einsatz für politische Veränderungen scheint hingegen im »gesellschaftlichen Charakter« keinen Raum zu haben. Wenn etwas erstaunt, dann ist es die Tatsache, dass sich trotz allem zahlreiche Menschen für Veränderung engagieren – auch wenn daraus noch keine große, politisch durchschlagende Bewegung entstanden ist. Schließlich haben wir alle genug damit zu tun, unser Leben – unseren Wohlstand, unsere Familie, unsere Freundschaften – in anstrengenden Zeiten zu erhalten und zu beschützen. Unsere nur begrenzten Kräfte sind zumeist durch Beruf und Familie schon über Bedarf gefordert. Es tut daher gut zu glauben, dass das auf Dauer genügen wird, es ist ja schon anstrengend genug. Und es erscheint zudem realistischer, als für eine ganz andere Politik zu kämpfen, für eine insgesamt bessere, aber eben auch ungewisse Zukunft.

Allerdings verdrängen solche Einstellungen einen entscheidenden Punkt, und das kommt den Akteuren in Politik und Wirtschaft gerade recht: dass nämlich dieselbe Politik, der wir die Sicherung unserer persönlichen Lebensverhältnisse stillschweigend anvertrauen, gleichzeitig auch für die Bedrohung ebendieser Lebensverhältnisse die Verantwortung trägt, indem sie sich den meisten der notwendigen Reformen verweigert. Nichts dient der Aufrechterhaltung der bestehenden Verhältnisse so sehr wie eine Gesellschaft, die sich ruhigstellen lässt in dem Traum, es könne so weitergehen wie bisher, wenn nur jeder sich um seine eigenen Angelegenheiten kümmert. Je mehr die Gesellschaft sich darauf einlässt, desto mehr hat sie sich dem neoliberalen Gebot der Ent-Gesellschaftung und Ent-Solidarisierung bereits unterworfen. Und das dient – siehe nur die ungleiche Vermögensverteilung und die Reallohnentwicklung (siehe Seite 142 ff.) – oft nicht einmal dem eigenen Vorteil.

Hinzu kommt in der aktuellen Lage eine besondere Pointe, vor allem seit der Bundestagswahl 2013: Selbst die (noch) vorhandenen Bedürfnisse nach besserer Sicherung der sozialen Grundbedürfnisse werden nun für die im Kern neoliberale Politik in Anspruch genommen. Veränderungen, die man gemessen am Notwendigen nur als absolut unzureichend bezeichnen kann, werden großspurig als Rückkehr zur »Wertschätzung der Arbeit« (Mindestlohn) oder als »Reformpakete« (Rente) verkauft. Und das Kalkül, damit die teils noch nicht erloschenen Wünsche nach einer grundlegend anderen Politik ruhigzustellen, geht möglicherweise sogar vorerst auf.

Es ist allerdings auch heute, wie schon zu Erich Fromms Zeiten, nicht allein die Vorherrschaft des Neoliberalismus im öffentlichen Diskurs, die für diese Verdrängungsleistungen sorgt. Es sind auch die realen Verhältnisse, die in dieser Ideologie ja nur ihren Ausdruck finden. Der Soziologe Alfred Krovoza weist darauf hin, dass selbst potenzielle Schutzräume autonomen Denkens, die es einmal gegeben haben mag, zu verschwinden drohen. So würden zum Beispiel von der Schule heute »ganz offiziell Sozialisationsleistungen erwartet, die von der Familie oder von ihren Bruchstücken nicht mehr in jedem Fall zu erbringen sind. Darüber hinaus hat sie ihre relative Schutzfunktion gegen die unmittelbare Einwirkung von gesellschaftlichen Tendenzen, vor allem auf die neue Generation, fast vollständig eingebüßt, ja sie kommt sogar selbst als deren Verstärker ins Bild.«[37]

Ähnliches stellt Krovoza auch für die Arbeitswelt fest: »Mit der Zerstückelung von Arbeitsbiografien, den prekären Beschäftigungsverhältnissen, der Subjektivierung der Arbeit, den Anforderungen der Mobilität, Flexibilität, zeitlichen Verdichtung und Beschleunigung an die Arbeitskraft sowie mit der Medialisierung und Digitalisierung von Arbeitsprozessen und Verkehrsformen bis in den Privat- und Intimbereich hinein spielt die personenbezogene, quasifamiliale Über- und Unterordnung (…) keine, jedenfalls keine zentrale Rolle mehr.« Das bringe, so Krovoza, zwangsläufig »veränderte Subjektverfassungen« hervor, und die wiederum drohten »zu anderen, ungewohnten Anfälligkeiten für Ideologien und destruktive Politik zu führen«[38].

Den grundlegenden Wandel, der diese »veränderten Subjektverfassungen« hervorbringt und dazu ein Übermaß an politischer Enthaltsamkeit, hat besonders überzeugend wiederum Rainer Funk beschrieben. Er leitet prägende Eigenschaften des »postmodernen Menschen« aus dem Epochenwandel von der Industrie- zur digitalen Dienstleistungsgesellschaft ab: »Die gravierende Veränderung, die vor allem mit dem Einsatz digitaler Technik und elektronischer Medien einhergeht, ist unter psychologischer Perspektive darin zu sehen, dass sämtliche Dimensionen des menschlichen Vermögens, Wirklichkeit aus eigenen Kräften und Kompetenzen zu gestalten, durch die digitalen und medialen Möglichkeiten ausgebootet werden können.«[39]

Mit anderen Worten: Nicht nur körperliche Kräfte werden, wie im Industriezeitalter, durch überlegene technische Werkzeuge ersetzt. Nun delegieren wir auch die Phantasie, unser Lebensumfeld oder auch die Gesellschaft zu gestalten und zu verändern, an die Anbieter von »Wirklichkeit«. Das sind, von Hollywood über RTL bis

Facebook[40], in aller Regel kapitalistische Unternehmen. Und selbstverständlich »lässt die von der Produktion von Wirklichkeiten lebende Wirtschaft keine Gelegenheit aus, dem Menschen zu suggerieren, dass (…) die Aneignung von produzierter Wirklichkeit um vieles wertvoller und sinnvoller ist als der Rückgriff auf menschliche Fähigkeiten.«[41] Allerdings stellt dies »eine nachhaltige Entwertung dessen dar, was der Mensch aus eigenem Vermögen kann«, was wiederum »Gefühle akuter Ohnmacht, Hilflosigkeit und Schwäche erzeugt«. Nicht gerade blendende Voraussetzungen für eine Haltung, sich selbstbewusst den öffentlichen Angelegenheiten zu stellen oder sie gar mit zu formen.

Die Kritik zielt allerdings weniger auf neue technische Möglichkeiten selbst und schon gar nicht auf deren Nutzung zur Erweiterung des eigenen Horizonts. Sie richtet sich vielmehr dagegen, »dass man die neuen Techniken dazu missbraucht, der eigenen Realität zu entkommen, indem man auf seine menschlichen Möglichkeiten verzichtet«[42]. Nicht wenige Wissenschaftler sehen in der digitalisierten Kommunikation sogar mehr als einen Verzicht auf die »menschlichen Möglichkeiten«. So beschreibt zum Beispiel der US-amerikanische Wirtschaftshistoriker Philip Mirowski die Praxis von Facebook & Co. als Technik zur Schaffung und ständigen Rekonstruktion von simulierten Identitäten: »Es grassieren Horrorgeschichten über Leute, die sich im Netz eine falsche Identität zulegen. Aber man darf sich nicht mit simplem Moralisieren aufhalten; dann entdeckt man, dass das Internet zum Testgelände geworden ist, wo das moderne fragmentierte Selbst das Simulieren einstudiert. (…) Wenn man mit schlichten Chatsites beginnt und dann weitergeht, zu Facebook, Twitter, LinkedIn und dem Rest, dann kann man erleben, wie spannend und wie gefährlich es ist, die eigene Identität ständig an die wechselnden Anforderungen des Augenblicks anzupassen.«[43]

Am Beispiel von Facebook erläutert Mirowski: »Facebook ist (…) ein äußerst erfolgreiches Geschäft, das denen, die mitmachen, beibringt, wie man sich selbst in eine biegsame, anpassungsfähige unternehmerische Identität verwandelt. Obwohl Facebook einen Großteil der geposteten Informationen verkauft, behauptet das Unternehmen strikt, die Verantwortung für alles, was mit und auf so einer Facebook-Pinnwand passiere, liege ausschließlich bei den Nutzern. Man drängt die Teilnehmer, aus einem begrenzten Repertoire relativ stereotypen Materials ein ›Profil‹ zu konstruieren und irgendwie ›Freunde‹ zu gewinnen, indem sie ihr Angebot so ausrichten, dass es aus dem großen Einerlei herausragt.« Mit subtilen Algorithmen dränge man die Teilnehmer, ihre Profile ständig zu verändern und folglich ihre »Identität« zu destabilisieren. Das geschieht durch eine Echtzeitmetrik, die die Zahl der »Freunde« und der Zugriffe auf die eigenen Seiten unablässig kontrolliere. »So wird aus unbegründeten Geschmacksurteilen und unerklärten Allianzen eine Person destilliert.«

Schließlich gibt der Ökonom Mirowski allen, die glauben, sie beteiligten sich nur an einer Spielerei, diese Antwort: »Facebook-Profile wirken dann zurück ins ›reale Leben‹: Arbeitgeber scannen Facebook-Seiten nach angehenden Mitarbeitern, Eltern überprüfen die Seiten ihrer Kinder, Liebhaber durchsuchen Facebook-Seiten nach eventuellen Flirts.« Um sich gegen diese Formen der Kontrolle zu wappnen, so Mirowski, »basteln« die Nutzer erst recht an veränderten Identitäten. »Wenn Ihnen das von Ihnen erstellte Profil nicht gefällt, können Sie versuchen, es zu löschen, allerdings nur mit mittelmäßigem Erfolg. Es ist ein verkleinertes Modell des neoliberalen Selbst, und – höchst aufschlussreich – es sorgt für Profit.«

Noch einmal: Es geht bei der Analyse des »gesellschaftlichen Charakters« oder der »simulierten Identitäten« keineswegs um ein Werturteil gegenüber Individuen. Rainer Funk weist ausdrücklich darauf hin, dass es »trotz der zugrunde liegenden Ich-Orientierung auch beim postmodernen Menschen ein hohes Maß an Sozialität, Solidarität und Verantwortungsgefühl geben kann, das sich in entsprechenden sozialen und politischen Engagements widerspiegelt«. Allerdings hingen die Aktivitäten heute zunehmend von ihrem »Erlebniswert« ab, sie müssten also »dem eigenen Wohlfühlen, der Selbstentfaltung und dem Bedürfnis nach Geselligkeit, Spaß und Vergnügen dienen«. Auch wenn man das nicht negativ bewertet: »Diese Abhängigkeit vom Erlebniswert erklärt auch, warum Engagements – etwa in politischen Parteien oder Bürgerinitiativen – häufig in frustrierten Rückzügen enden, weil die Veränderungsmöglichkeiten so minimal sind, dass der Erlebniswert auf der Strecke bleibt.«[44]

Wege zum Handeln

Allerdings würde auch Rainer Funk der von seinem Lehrmeister Erich Fromm mitbegründeten Tradition nicht gerecht, hielte er sich bei der ernüchternden Diagnose auf, ohne im aktuellen Zustand des »gesellschaftlichen Charakters« ein positives Potenzial wenigstens zu vermuten. Die neuen Techniken zur Herstellung von »Wirklichkeiten«, schreibt Funk, könnten sehr wohl auch produktiv genutzt werden, ohne das »menschliche Vermögen« zu »entwerten«[45]. Er nennt zahlreiche Möglichkeiten, die helfen können, die Eigenkräfte gegenüber der Einwirkung der frei Haus gelieferten (Schein-)Wirklichkeiten zu stärken – vom Sport über kreatives Handeln bis hin zur Therapie. Ein erster Schritt zur Wiedergewinnung von Handlungsmacht kann es also schon sein, die »körperlichen, seelischen und geistig-intellektuellen Eigenkräfte zu praktizieren und mit ihnen auf dem Boden einer bedrückenden und faszinierenden Realität zu bleiben«[46].

Von dieser »kritischen Realitätstauglichkeit«, wie man sie nennen könnte, ist auch der Weg zum aktiven Handeln, zum Formen und Verändern von »Wirklichkeiten« nicht mehr allzu weit. Deshalb betont auch Alfred Krovoza zwar einerseits, dass die »veränderten Subjektverfassungen« »ungewohnten Anfälligkeiten für Ideologien und destruktive Politik« Vorschub leisten – die Europawahl im Mai 2014, bei der populistische, nationalistische und mehr oder weniger offen rassistische Parteien starke Gewinne verbuchten[47], gab ihm auf traurige Weise Recht. Ein Beleg übrigens dafür, dass es die Rechtspopulisten nicht schwächt, sondern stärkt, wenn die EU selbst eine Politik der Ausgrenzung betreibt, wie sie das etwa mit ihrer skandalösen Abschottung gegen Flüchtlinge tut.

Krovoza sieht aber andererseits durchaus die Chance, dass die neuen »Subjektverfassungen« auch »zu anderen, vielleicht als solche schwer zu erkennenden, emanzipativen Vorstellungen und Impulsen (führen). Die derart veränderten Subjekte werden schließlich die Subjekte der Veränderung sein.«[48]

Die jüngsten gesellschaftlichen Entwicklungen, besonders die Erosion teils beschützender, teils aber auch beengender Instanzen wie der klassischen Familie, haben so nicht nur einen negativen, sondern einen zumindest ambivalenten Charakter. Der Sozialpsychologe Heiner Keupp sagt es so: »ArchitektIn und BaumeisterIn des eigenen Lebensgehäuses zu werden ist allerdings nicht nur Kür, sondern in einer grundlegend veränderten Gesellschaft zunehmend Pflicht. Es hat sich ein tiefgreifender Wandel von geschlossenen und verbindlichen zu offenen und zu gestaltenden sozialen Systemen vollzogen. Nur noch in Restbeständen existieren Lebenswelten mit geschlossener weltanschaulich-religiöser Sinngebung, klaren Autoritätsverhältnissen und Pflichtkatalogen.

Die Möglichkeitsräume haben sich in pluralistischen Gesellschaften explosiv erweitert. In diesem Prozess stecken enorme Chancen und Freiheiten, aber auch zunehmende Gefühle des Kontrollverlustes und wachsende Risiken des Misslingens. (…) Nichts ist mehr selbstverständlich so wie es ist, es könnte auch anders sein; was ich tue und wofür ich mich entscheide, erfolgt im Bewusstsein, dass es auch anders sein könnte und dass es meine Entscheidung ist, es so zu tun. (…) Es ist meine Entscheidung, ob ich mich in einer Gewerkschaft, in einer Kirchengemeinde oder in beiden engagiere oder es lasse.«[49]

Schon Erich Fromm hatte mit einem guten Schuss Optimismus bemerkt: »Es stimmt zwar, dass der Mensch sich an beinahe alle Lebensbedingungen gewöhnen kann, trotzdem ist er kein leeres Blatt Papier, auf welches die Kultur ihren Text schreibt. Die seiner Natur eingeborenen Bedürfnisse wie das Streben nach Glück, Harmonie, Liebe und Freiheit sind dynamische Faktoren im Geschichtsprozess, die psychische Reaktionen hervorrufen, wenn sie auf Versagung stoßen. Mit der Zeit suchen diese Reaktionen neue Bedingungen zu schaffen, die den menschlichen Grundbedürfnissen besser entsprechen.«[50] Im letzten Teil dieses Buches, »Aufgewacht: Protest und Widerstand«, wird es um Beispiele dafür gehen, dass sich trotz aller Schläfrigkeit auch heute in Deutschland derart »dynamische Faktoren« zeigen – auch wenn sie die Form einer großen und machtvollen Bewegung (noch) nicht angenommen haben.

Schlafmittel Medien

Wie immer es auch bestellt ist um die Bereitschaft zum Engagement – ohne eine funktionierende Öffentlichkeit ist politische Aktivität von vornherein zum Scheitern verurteilt. Wer gesellschaftliche Zustimmung oder gar politische Erfolge erreichen will, muss seine Ideen, seine Interessen und Initiativen öffentlich zur Debatte stellen können, und das geht nicht ohne die Werkzeuge politischer Öffentlichkeit: die Medien. Eine Binsenweisheit eigentlich. Aber der folgende Blick auf den Zustand des Journalismus wird zeigen: Die Medien sind in Gefahr, in ihrer Rolle als Werkzeug zur Herstellung einer demokratischen Öffentlichkeit zu versagen.

Wenn Öffentlichkeit als der zentrale Ort politischer Aushandlungsprozesse in der Demokratie funktionieren soll, dann muss für sie gelten, was der Sozialphilosoph Jürgen Habermas so zusammenfasst: »Die bürgerliche Öffentlichkeit steht und fällt mit dem Prinzip des allgemeinen Zugangs.«[51] Dieses Ideal hat das aufstrebende Bürgertum auf dem Weg ins 20. Jahrhundert zwar selbst nie verwirklicht. Aber wer heute daran festhält – und etwas anderes kommt unter demokratischen Verhältnissen nicht infrage –, der muss das »Prinzip des allgemeinen Zugangs« auf die ganze Gesellschaft anwenden. Wo nicht die Interessen einer Klasse über alle anderen herrschen sollen, kann die Maxime nur lauten: Kein Mensch, keine gesellschaftliche Gruppe darf von der Möglichkeit ausgeschlossen sein, die Angelegenheiten des Gemeinwesens zu beraten und mitzubestimmen. Öffentlichkeit ist, von ihrem Ideal her betrachtet, klassenlos, und so haben sie auch ihre bürgerlichen Erfinder verstanden. Sie lebten schließlich in der Überzeugung, ihre Interessen seien mit dem Fortschrittsinteresse der ganzen Menschheit identisch. Und das Ideal wird nicht dadurch falsch, dass das Bürgertum selbst es in der Praxis von Anfang an missachtete.

De facto waren nämlich vom öffentlichen Räsonnement die nichtbürgerlichen, heute würden wir sagen: die bildungsfernen Schichten ausgeschlossen. Der Anspruch des chancengleichen Zugangs für alle zur medialen Debatte blieb in der »bürgerlichen Öffentlichkeit« von Anfang an uneingelöst. Die Verwirklichung des Ideals scheiterte zum einen am Ausschluss des Proletariats von höherer Bildung: Zwar war, nicht zuletzt durch die Schulpflicht, der Analphabetismus in Deutschland am Übergang vom 19. zum 20. Jahrhundert so gut wie verschwunden.[52] Dass aber ein Arbeiter, der mit vierzehn Jahren die Schule verlassen hatte, komplexere Texte lesen konnte, war keineswegs selbstverständlich. Und zum anderen scheiterte die Einbeziehung der unteren Schichten an der schlichten Tatsache, dass die Herausgeber mit ihren Zeitungen ihre Interessen als Mitglieder der bürgerlichen Klasse vertraten. Linke Parteiblätter oder Arbeiterbildungsvereine reichten als Gegengewicht nicht aus, um diese Machtverhältnisse im öffentlichen Diskurs entscheidend zu korrigieren.

Der Anspruch der Zugangsfreiheit, der zur Öffentlichkeit zwingend gehört, wurde also zunächst doppelt verletzt: Auf der Seite der Produktion waren es die auch für Zeitungen und Zeitschriften geltenden kapitalistischen Eigentumsverhältnisse, die sich auf deren Inhalte niederschlugen; auf der Seite der Rezeption war es der Ausschluss der nicht-bürgerlichen Schichten von den notwendigen Bildungsvoraussetzungen, der ihnen die Teilnahme an politischen Debatten erschwerte. Daran hat sich bis heute nur wenig, *zu* wenig geändert, auch wenn die gesellschaftlichen Verhältnisse mit denjenigen vor hundert Jahren natürlich nicht mehr vergleichbar sind.

Schon im Zeitalter des aufsteigenden Bürgertums erhielten die unteren und ungebildeten Schichten also kaum Zugang zu relevanter Information. Sie wurden allerdings anderweitig »versorgt«. Die leicht konsumierbaren Stilformen, die im 19. Jahrhundert in England und den USA mit dem Aufkommen der Massenpresse entstanden (»die Techniken des cartoon, des news picture, der human interest story«[53]), beschreibt Jürgen Habermas als »psychologische Erleichterung« des Zugangs zur Lektüre. Allerdings stellt diese Erleichterung nur auf den ersten Blick einen Fortschritt dar. In Wahrheit ging und geht sie auf Kosten der zentralen Eigenschaft einer politischen Öffentlichkeit: »Ihren politischen Charakter büßt indessen diese erweiterte Öffentlichkeit in dem Maße ein, in dem die Mittel der ›psychologischen Erleichterung‹ zum Selbstzweck einer kommerziell fixierten Verbraucherhaltung werden konnten. Schon an jener frühen Penny-Presse lässt sich beobachten, wie sie für die Maximierung ihres Absatzes mit einer Entpolitisierung des Inhaltes zahlt (…). Die journalistischen Grundsätze der *Bildzeitung* haben eine ehrwürdige Tradition.«[54]

Bürgerzeitung und Unterschicht-TV

Die Medien, wie wir sie heute kennen, setzen diese Praxis leider in einer neuen, »zeitgemäßen« Weise fort – und das gilt keineswegs nur für Boulevardzeitungen und private Fernsehsender (und natürlich die entsprechenden Angebote im Internet), sondern auch für die sogenannten seriösen Medien. Erstere beziehen zwar die sogenannten bildungsfernen Schichten gezielt mit ein. Sie sprechen sie allerdings, wenn sie das tun, bis heute fast ausschließlich als Konsumenten an; Konsumenten sowohl ihrer unterhaltenden Inhalte als auch der bei ihnen beworbenen Produkte. Als ernstzunehmende Akteure, die mit den für gesellschaftliche Teilhabe notwendigen Informationen zu versorgen wären, sehen sie ihre Nutzer nicht. Mit anderen Worten: Die »Öffentlichkeit«, die diese Medien herstellen, schließt zwar niemanden aus, jedenfalls nicht von der Rezeption. Mit Öffentlichkeit als Diskursraum hat das allerdings nichts zu tun. Das Publikum wird lediglich mit jenen virtuellen »Wirklichkeiten« versorgt, die als Ablenkung von der Konfrontation mit gesellschaftlicher Wirklichkeit dienen.

Chris Hedges, der US-amerikanische Journalist und Pulitzer-Preisträger, sieht für sein Land heute so etwas wie das »end of literacy«[55], im Deutschen ließe sich von einer »Analphabetisierung der Öffentlichkeit« reden. »In dem Geschwätz, das als Nachricht durchgeht, (…) in dem Lärm, der jeden rationalen Diskurs übertönt, in der Furchtsamkeit und Feigheit der verbliebenen Zeitungsindustrie spiegelt sich unsere kollektive Flucht in den Irrsinn«, schreibt Hedges unter dem Titel »Süchtig nach Unsinn«[56].

Das mag übertrieben klingen. Aber die wirksamsten Strukturen der sogenannten Meinungs- und Willensbildung dürfte Hedges richtig beschrieben haben. Wer gelegentlich *Bild* liest und RTL schaut, der weiß, was gemeint ist.

Diese Kritik richtet sich keineswegs gegen Unterhaltung an sich: Niemand postuliert das Ideal eines Bürgers, der sich von morgens bis abends mit Sorgenfalten auf der Stirn ausschließlich den komplexen Zusammenhängen von Politik und Gesellschaft widmet. Es mag sie zwar geben, die lust- und genussfeindlichen Bittermienen einiger Weltuntergangspropheten. Aber diejenigen, die die Welt nicht nur genießen, sondern auch verändern wollen, pauschal als graugesichtige »Gutmenschen« zu diffamieren – das verzerrt nicht nur die Wirklichkeit, sondern es zielt darauf ab, grundlegende Kritik an den politischen Verhältnissen zu delegitimieren.[57]

Nun besteht ja nicht die ganze Medienwelt aus Boulevardzeitungen, Unterhaltungssendern und Promi-Blogs. Es gibt sie auch heute noch, die Inseln des Qualitätsjournalismus. Allerdings wäre es naiv zu glauben, sie seien von der Boulevardisierung, die sich zunächst durch die »Penny Press«, dann durch das Privatfernsehen und schließlich im Internet immer weiter verbreiten konnte, unberührt geblieben. Auch das hat Jürgen Habermas, der große Theoretiker der demokratischen Öffentlichkeit, erkannt, lange bevor der Begriff »Unterschichtenfernsehen« erfunden war: »Nachrichten und Berichte, selbst Stellungnahmen werden mit dem Inventar der Unterhaltungsliteratur ausgestattet. (…) Auf dem gemeinsamen Nenner des sogenannten human interest entsteht das mixtum compositum eines angenehmen und zugleich annehmlichen Unterhaltungsstoffs, der tendenziell Realitätsgerechtigkeit durch Konsumreife ersetzt und eher zum unpersönlichen Verbrauch von Entspannungsreizen verleitet als zum öffentlichen Gebrauch der Vernunft anleitet.«[58]

Anleitung zum Gebrauch der Vernunft statt zum Verbrauch von Entspannungsreizen: Das wäre die Aufgabe der »seriösen« Medien.

Zum Teil werden sie ihr sicher gerecht. Aber zugleich leisten auch sie ihren Beitrag zur Entwertung einer kritischen Öffentlichkeit. Sie tun das nicht immer auf die gleiche Weise wie *Bild* oder RTL, die uns mit Geschichten über Starlets und Skandale »süchtig nach Unsinn« machen. Die medialen Leitinstanzen befassen sich durchaus ernsthaft mit politischen Themen. Aber sie tun das zu häufig auf eine Weise, die ihrer Aufgabe als aufklärende Vermittlungsinstanz zwischen Politik und Gesellschaft keineswegs gerecht wird.

Vor-»Bild« Boulevard

Da ist zum einen die allseits bekannte Tendenz, sich der journalistischen Techniken des Boulevards zu bedienen, vor allem der Personalisierung und der Skandalisierung politischer Themen. Hier sei als eines von vielen Beispielen nur der Umgang mit der Linken-Politikerin Sahra Wagenknecht genannt: »Immer wieder mittwochs sitzt ein gediegener Herr in Raum 2732 des Jakob-Kaiser-Hauses, den man auch den goldenen Saal nennt, und gibt Auskunft über die politische Lage in Deutschland. Der Mann ist 66 Jahre alt, eloquent, humorvoll und auch sonst so, wie man ihn aus dem Fernsehen kennt. Der da regelmäßig in einem der Abgeordneten-Gebäude des Deutschen Bundestages zu den Journalisten spricht, ist Linksfraktionschef Gregor Gysi. Die Person, die an diesem Mittwoch um 9.30 Uhr zum Pressefrühstück begrüßte, trug hinten zusammengebundene lange Haare, ein rotes Kostüm, Strumpfhosen und schwarze Pumps. Es handelte sich um Sahra Wagenknecht.«[59] Dieser in der *Frankfurter Rundschau* erschienene Passus inspirierte einen Leser zu folgendem Kommentar, dem nichts hinzuzufügen ist: »Leider ließ Herr Decker die Leserschaft nicht wissen, mit welcher Garderobe denn Herr Gysi (…) erschienen war. Womöglich trug er auch eine schwarze Strumpfhose unter dem Anzug. (…) P.S.: Ich trage aktuell ein weißes T-Shirt, blaue Jeans, schwarze Boxershorts, grüne Socken und dunkelbraune Raulederstiefel.«[60]

Aber die Überschneidungen mit den bunten Medien gehen noch weiter. Sie reichen hinein bis in die Strukturen und Organisationsformen des Journalismus.

Am Beispiel der Affäre um den schließlich zurückgetretenen Bundespräsidenten Christian Wulff haben die Publizisten Hans-Jürgen Arlt und Wolfgang Storz in einer Studie die Anpassung »seriöser« Medien an den Boulevard nachgezeichnet. Sie schildern darin nicht nur die zunächst enge Kumpanei zwischen dem niedersächsischen Landespolitiker Wulff und *Bild* sowie den späteren Schwenk des Blattes zur Skandalrecherche, sondern sie widmen sich auch der problematischen Vorreiterrolle des Blattes für den politischen Journalismus insgesamt. Arlt und Storz widersprechen der These, dass *Bild* mit den – in der Sache tatsächlich unanfechtbaren – Wulff-Recherchen seine Methoden in Richtung eines seriösen Politikjournalismus verändert habe: »Wie *Bild* im Fall Wulff gearbeitet hat, wird von der herrschenden Meinung der Medienbranche als Ausnahme eingeordnet und in einen Gegensatz gebracht zu dem, wie *Bild* normalerweise funktioniert. Wir halten diese Sichtweise für falsch. Eine solche Deutung hat nach unserer Analyse nicht verstanden, wie *Bild* arbeitet. Im Fall Wulff haben die *Bild*-Medienarbeiter gemacht, was sie immer machen: ›ziemlich erfolgreichste‹ Massenkommunikation im Zeitungsformat plus Öffentlichkeitsarbeit in eigener Sache. Die Wulff-Enthüllung war nicht eine auszeichnungswürdige Ausnahme, sondern eine Nebentätigkeit der *Bild*-Praxis.«[61]

Diese Praxis beschreiben Arlt und Storz wie folgt: »In der Tradition des Selbstverständnisses journalistischer Arbeit liegt es, (…) sich mit nichts zu beschäftigen, was außerhalb der journalistischen Aufgabe liegt. Jede Redaktion bekommt jedoch zu spüren, dass sie Teil einer Organisation ist, die ihre Existenz behaupten muss, in der Regel wirtschaftlich, im Fall des öffentlich-rechtlichen Rundfunks vor allem politisch. Das journalistische Selbstverständnis will davon möglichst wenig wissen. Es sieht in der Redaktion eine unabhängige Trutzburg der Pressefreiheit, die es gegen jedes Ansinnen des Vertriebs, des Marketings, der Technik, der Anzeigen- und Werbeabteilung, des Controllings etc. zu verteidigen gilt.«[62]

Damit ist zunächst nur das seit langem bestehende Dilemma von Journalistinnen und Journalisten beschrieben, die sich zwischen dem Anspruch der Wahrhaftigkeit und den Zwängen zu behaupten haben, die sich aus der privatwirtschaftlichen Organisation, also letztlich dem Profitinteresse von Verlegern, ergeben. Dieses Dilemma verschärft sich noch in einer existenziellen Krise, wie die klassischen Printmedien sie durch den Verlust ihrer Kleinanzeigen ans Internet erleben. Auf diese Krise reagieren die meisten Verlage vor allem mit Einsparungen, was zu Arbeitsverdichtung und damit zur Gefährdung von hochwertigem Journalismus führt, womit sich wiederum die Widerstandskraft der Redaktionen gegen nicht-journalistische Zumutungen verringert. Und das genau in dem Moment, in dem die schlechte Ertragslage häufig den Druck auf die Redaktionen zunehmen lässt, ihren journalistischen Kriterien betriebswirtschaftliche Überlegungen (zum Beispiel Rücksicht auf Anzeigenkunden) zumindest zur Seite zu stellen. Ähnliches gilt, wenn auch in anderer Form, für öffentlich-rechtliche Fernsehsender, deren Redaktionen sich einerseits Sparzwängen und andererseits dem Zwang zur Rücksicht auf politisch besetzte Aufsichtsgremien ausgesetzt sehen.

Bei *Bild* hat man sich, wie Arlt und Storz überzeugend darlegen, aus dem Konflikt zwischen journalistischem Anspruch und Gewinninteresse »befreit«. Systematisch hat man sich gegen den Journalismus und für die reine Profitpublizistik entschieden: »Das *Bild*-Konzept besteht darin, diese Grenzen zwischen Journalismus, Unterhaltung, Werbung und eigener Öffentlichkeitsarbeit buchstäblich zu ignorieren sowie offensiv und permanent zu verletzen.«[63] Was immer *Bild* tut, ist dem Marketing mindestens ebenso verpflichtet wie der Wahrheit.

Genau hier allerdings wird – und das bedroht den politischen Journalismus insgesamt – das Springerblatt zum schlechten Vor-*Bild*: »Alle großen Verlage und Sender machen dies in ihrem Alltag bisher nur ein bisschen (…). Sie wagen es also nicht, diese Grenzen so konsequent und rücksichtslos zu überschreiten wie die *Bild*-Medienarbeiter.«[64] Auf subtilere Weise aber werden Selbstvermarktung als Medienmarke oder auch ein »werbe-affiner« Journalismus praktisch überall betrieben – die aggressive Art, wie Zeitungen selbst belanglose »Exklusivgeschichten« vermarkten, spricht hier ebenso Bände wie ein »Sonderheft Mode« im Magazin einer großen Zeitung.

Arlt und Storz folgern überzeugend: »Weil alle anderen sich heimlich und halbherzig auf den Weg dorthin machen, wo *Bild* sich schon befindet, deshalb wirkt *Bild* oft als Antreiber und die anderen als Getriebene. Weil die anderen teils versteckt, teils leicht erkennbar *Bild* nacheifern, können die *Bild*-Macher daraus Bestätigung, Selbstbewusstsein, ja Überlegenheitsgefühle beziehen. (…) In der Wulff-Affäre wird die zunehmende Ablösung des Typs Journalismus durch aufmerksamkeitsheischende Massenkommunikation plus Eigenwerbung sehr deutlich.«[65]

Wer es noch nicht glaubte, musste sich gerade in der Wulff-Affäre eines Schlechteren belehren lassen: Der damalige Präsident hatte bekanntlich versucht, *Bild*-Chefredakteur Kai Diekmann telefonisch an der Veröffentlichung von Informationen über einen privaten Kredit zu hindern – und hinterließ das als Nachricht auf Diekmanns Mailbox. In vermeintlich vornehmer Zurückhaltung und nach einer Entschuldigung Wulffs verzichtete *Bild* auf die Veröffentlichung des Inhalts, gab ihn aber flugs an Kollegen der *Frankfurter Allgemeinen Sonntagszeitung* und der *Süddeutschen Zeitung* weiter – angeblich, um sich Rat zu holen. Die beiden Flaggschiffe des »seriösen« Journalismus allerdings hatten nichts Besseres zu tun, als den Inhalt zu veröffentlichen, was wiederum durchaus in Diekmanns Interesse lag. Das ist nicht etwa deshalb unseriös, weil es zum Sturz des Präsidenten beitrug – Wulff hatte schließlich dem niedersächsischen Landtag die Wahrheit über den Kredit verschwiegen, das war politisch schwerwiegend genug. Skandalös in unserem Zusammenhang war das Spiel über Bande zwischen *Bild* einerseits sowie *SZ* und *FAS* andererseits, weil »die Qualitätszeitungen des Landes (…) damit für einen langen Moment zu Außenredaktionen der *Bild*[66] geworden waren.

Hauptsache privat?

Es liegt angesichts dieser Fehlentwicklungen nahe, über andere als klassisch unternehmerische Organisationsformen nachzudenken – etwa Genossenschaften wie bei der *taz*. Hier hat sich in jüngster Zeit immerhin punktuell etwas getan. So sammelten zum Beispiel drei junge Journalisten per Crowd-Funding genug Startkapital ein, um im Internet ein neues und werbefreies Informationsportal zu gründen.[67]

Wenn es allerdings um öffentliche Unterstützung geht, herrscht in den Redaktionen der kapitalistisch organisierten Zeitungen das große Schweigen. Es wirkt, als drücke sich die Vorherrschaft marktliberalen Denkens auch in den Reaktionen der Beschäftigten dort aus: Selbst noch nach Jahren der Krise und des Personalabbaus fragt niemand, wie die Abhängigkeit von der Gewinnorientierung der Verlage durch öffentliche beziehungsweise staatliche Alimentierung gemildert oder gar überwunden werden könnte. Gerne wird auf die in der Tat kritikwürdige Organisations- und Aufsichtsstruktur der öffentlich-rechtlichen Rundfunkanstalten verwiesen. Eine Diskussion, wie öffentlich-rechtliche Modelle funktionieren könnten, ohne die redaktionelle Unabhängigkeit einzuschränken, findet jedoch praktisch nicht statt.

Heribert Prantl von der *Süddeutschen Zeitung* setzt sich mit dieser Frage zwar immerhin auseinander, aber er tut das keineswegs positiv. In einem Vortrag forderte er vor einigen Jahren zunächst mit Recht die Medienleute auf, »die Phantasielosigkeit des eigenen Verlagsmanagements zu beklagen und als überzogene Renditeerwartungen der eigenen Verleger anzuprangern«[68]. Aber der brillante Redner und Leitartikler, der staatliche Intervention etwa im Sozialbereich durchaus wertzuschätzen weiß, winkte in eigener Sache gleich ab: »Die deutschen Zeitungen brauchen kein Staatsgeld. Sie brauchen aber Journalisten und Verleger, die ihre Arbeit ordentlich machen.«

Dass genau diese »ordentliche Arbeit« an die strukturellen Grenzen der Marktabhängigkeit stößt, gilt nach Prantls Auffassung offenbar nur für die USA: »Das US-Zeitungswesen fällt jener Wall-Street-Theorie zum Opfer, wonach man Profite dadurch maximiert, dass man das Produkt minimiert. Die US-Zeitungen sind an die Börse gegangen und dann an der Börse heruntergewirtschaftet worden. Ihr Wert wurde von der Wertschätzung nicht der Leser, sondern der Aktionäre abhängig gemacht.« Dass es allerdings auch ohne Börsengang zur »Minimierung des Produkts« kommen kann, wenn Profite maximiert oder wenigstens Verluste vermieden werden müssen; dass also Qualitätsjournalismus auf privatwirtschaftlicher Grundlage vielleicht dauerhaft überhaupt nicht mehr zu finanzieren ist – das mögen Prantl und die meisten seiner Kolleginnen und Kollegen nicht glauben. Jedenfalls diejenigen nicht, die ihren Job (noch) nicht verloren haben, weil sie sich nicht mehr rechnen.

Als Arlt und Storz im Juni 2014 eine neue *Bild*-Studie vorlegten – diesmal zur einseitigen Einmischung des Blattes in den Bundestagswahlkampf 2013 pro Angela Merkel[69] –, eiferte *Süddeutsche*-Kollegin Claudia Tieschky ihrem berühmten Kollegen Prantl entsprechend nach: »So ist es weltfremd, wenn die Autoren Rentabilität als Faktor verdammen – Journalismus ohne Geschäftsmodell funktioniert halt leider nicht gut, bei Springer so wenig wie bei allen anderen Medien.«[70] Als wären die Zwänge der bestehenden Organisationsform kein Markt-, sondern ein Naturgesetz.

Die Antwort lässt sich wiederum bei Jürgen Habermas finden, und zwar gleich zweimal im Abstand von fast einem halben Jahrhundert. 1962 schrieb er, im Zeitalter der bürgerlichen Emanzipation seien zwar »die Einrichtungen des räsonnierenden Publikums gegenüber Eingriffen der öffentlichen Gewalt dadurch gesichert (gewesen), dass sie sich in der Hand von Privatleuten befanden. Im Maße ihrer Kommerzialisierung und der ökonomischen, technologischen wie organisatorischen Konzentration sind sie aber während der letzten hundert Jahre zu Komplexen gesellschaftlicher Macht geronnen, so dass gerade der Verbleib in privater Hand die kritischen Funktionen der Publizistik vielfach bedrohte.«[71]

45 Jahre später benannte der Philosoph, der sich dem politischen Diskurs nie entzogen hatte, einige mögliche Formen öffentlicher Intervention: »Einmalige Subventionen sind nur ein Mittel. Andere Wege sind Stiftungsmodelle mit öffentlicher Beteiligung oder Steuervergünstigungen für Familieneigentum in dieser Branche.« Und Habermas ordnete die öffentliche Meinungsbildung eben jenen Gemeingütern zu, die eine Reformpolitik, verdiente sie diesen Namen, dem Markt zu entziehen hätte und die der Staat schon jetzt immerhin im Grundsatz garantiert: »Wenn es um Gas, Elektrizität oder Wasser geht, ist der Staat verpflichtet, die Energieversorgung der Bevölkerung sicherzustellen. Sollte er dazu nicht ebenso verpflichtet sein, wenn es um jene andere Art von ›Energie‹ geht, ohne deren Zufluss Störungen auftreten, die den demokratischen Staat selbst beschädigen?«[72]

Vielleicht sollten konservative und ewig staatsskeptische Zweifler, vor allem diejenigen in den Feuilletons, noch einmal bei Frank Schirrmacher nachlesen. Im Jahr 2011 berichtete die *Süddeutsche Zeitung* über einen Vortrag des *FAZ*-Herausgebers: »Unter streng marktwirtschaftlichen Gesichtspunkten, erklärt er, hätte man bei den großen Zeitungen schon immer auf ein Feuilleton verzichten müssen.«[73]

Journalismus von oben

Nun bedeuten all die strukturellen Ursachen für die gefährdete Rolle der Medien nicht, dass Journalistinnen und Journalisten sich dahinter verstecken und warten sollten, bis irgendjemand den Schutz der Meinungsbildung vor ihrer »Ver-Marktung« organisiert. Auch innerhalb der bestehenden Verhältnisse gibt es Freiräume und Handlungsalternativen, die im Journalismus zwar immer wieder, aber leider nicht durchgehend genutzt werden.

Allzu häufig gerät etwa die Tatsache in Vergessenheit, dass sich die Aufgabe politischer Medien nicht darin erschöpft, der breiten Öffentlichkeit das Funktionieren und die Entscheidungen von Regierung und Parlament auf verständliche Weise nahezubringen. Das gehört natürlich dazu, denn wo das Handeln der Politik nicht öffentlich wird, bleibt jede demokratische Kontrolle eine Illusion. Wer sich aber auf diese Funktion – also sozusagen auf die Vermittlung von oben nach unten – beschränkt, hat von den Notwendigkeiten einer funktionierenden Öffentlichkeit höchstens die Hälfte zur Kenntnis genommen. Zu dieser nämlich gehört es ebenfalls zwingend, dass gerade auch gesellschaftliche Gruppen und Ansichten hörbar werden, die (noch) nicht zum etablierten Spektrum gehören und nicht ohnehin schon über mediale Aufmerksamkeit verfügen.

Öffentlichkeit, so formuliert es der Politikwissenschaftler Ulrich Sarcinelli, erfülle »im Stimmengewirr konkurrierender Aufmerksamkeits- und Zustimmungsangebote eine Orientierungsfunktion«. Das allerdings bedeute, »nicht nur die publizistische Plattform für den Wettbewerb um politische Positionsgewinne bereitzustellen, sondern auch Informationen und Gründe für Zustimmung beziehungsweise Kritik und Ablehnung bereitzustellen«[74]. Daher dürfe demokratische Öffentlichkeit »nicht als Ort mehr oder weniger exklusiver Politikpräsentation institutionalisierter, vor allem politisch-administrativer Akteure« verstanden werden, »sondern als Forum der Inklusion und Deliberation unter Beteiligung von Sprechern der Zivilgesellschaft und von Betroffenengruppen«[75].

Genau hier hapert es im politischen Journalismus. Vor allem in der Berichterstattung aus dem politisch-medialen Komplex in Berlin, wo Politiker und Korrespondenten eng miteinander vernetzt sind, hat die Perspektive des Politikbetriebs eine eindeutige Übermacht. In allen Leitmedien – von der ARD über *Spiegel Online* bis zu *SZ*, *FAZ* und *Zeit* – wird man zwar immer wieder auch Beispiele für einen politischen Journalismus finden, der das Geschehen am Regierungssitz mit kritischen Wahrnehmungen aus der Gesellschaft konfrontiert. Aber in den Hauptnachrichten, auf den Start- und Titelseiten, in den Kommentaren und Leitartikeln dominiert die Orientierung an demjenigen Meinungsspektrum, das den Vorlieben der etablierten Akteure entspricht. Sarcinelli fasst eine Studie von netzwerk recherche so zusammen: »Kennzeichnend für den Berliner Betrieb seien massiver *Konkurrenzdruck*, zunehmende *Selbstbezogenheit der Medien* mit einer zunehmend *gleichförmigen Berichterstattung* und eine ausgeprägte Tendenz zur *Boulevardisierung*.«[76]

Die Perspektive der Macht

Im Zusammenhang mit einzelnen politischen Themen werden in diesem Buch immer wieder entsprechende Beispiele zitiert – dennoch möchte ich auch schon an dieser Stelle einige Kostproben geben. Dabei kristallisieren sich folgende Aspekte einer machtnahen und ideologisch erstaunlich gleichgerichteten Berichterstattung heraus: erstens die Beschränkung der journalistischen Perspektive auf die innere Logik des Politikbetriebes; und zweitens die unkritische Übernahme bestimmter Denkmuster, die sich in weiten Teilen der Politik durchgesetzt haben – erst recht in Zeiten einer großen Koalition.

Viele Journalisten reduzieren die eigene Perspektive auf die innere Logik des Politikbetriebes. Das wird am deutlichsten dann, wenn sich die Hauptstadtkorrespondenten die Köpfe von Politikern über den Erwerb oder den Erhalt von Macht zerbrechen. So verglich Markus Feldenkirchen im Sommer 2013 den Wahlkampf der SPD mit der erfolgreichen Kampagne von Gerhard Schröder fünfzehn Jahre davor: »1998 führte Franz Müntefering die Kampagne, ein Profi mit natürlicher Autorität (...). 2013 ist unklar, wer die Kampagne leitet (...). Fest steht nur, dass es keinen Müntefering mehr gibt, der ihn vor den Erwartungen der Funktionäre schützt.«[77] Auf Deutsch: Der Kandidat ist vor den »Funktionären« zu schützen, die mit ihren sozialdemokratischen »Erwartungen« den Wahlkampf stören. Da wird sogar Oskar Lafontaine zum Vorbild – weil er seine Überzeugungen für sich behielt. Der auch damals schon eher linke SPD-Vorsitzende, lobt Feldenkirchen, »biss sich ein halbes Jahr lang eisern auf die Zunge«[78].

Es verwundert nicht, dass Feldenkirchen der SPD schlicht Wählerbetrug empfahl: »Die große, erfolgreiche Illusion des 98er-Wahlkampfs bestand darin, dass Lafontaine und Schröder den Wählern einredeten, mit ihnen bekämen sie beides auf einmal: soziale Gerechtigkeit und Innovation, Tradition und Moderne. Steinbrück und Gabriel hätten das Spiel wiederholen können.«[79]

Es spricht, wohlgemerkt, nichts dagegen, die Mechanismen von Machtkämpfen zu untersuchen und zu benennen. Das Entscheidende ist: Der Autor nimmt keine Haltung ein, jedenfalls keine andere als die politischen Akteure, die er eigentlich mit kritischer Distanz zu analysieren hätte. Man kann als Journalist feststellen, dass es zwischen dem Kandidaten und seiner Partei inhaltliche Widersprüche gab. Man kann, wenn man will, auch Peer Steinbrücks Positionen besser finden als diejenigen eines Sigmar Gabriel oder Oskar Lafontaine. Aber es macht einen entscheidenden Unterschied, ob man diese Vorgänge von außen bewertet und beurteilt oder ob man, wie Feldenkirchen, ein bestimmtes Verhalten unhinterfragt als Selbstverständlichkeit präsentiert. Das hat mit Aufklärung wenig, aber mit dem Gestus der Macht eine Menge zu tun.

Nebenbei fällt an diesem Artikel auf, wie »soziale Gerechtigkeit« und »Innovation« quasi im Vorübergehen zu einem Widerspruch erklärt werden. Das verweist bereits auf den zweiten Aspekt: die unkritische Übernahme von vorherrschenden politischen Denkmustern. Das Problem ist nicht, dass es Journalisten gibt, die im neoliberalen Sinne soziale Gerechtigkeit für ein Innovationshindernis halten. Damit kann man sich kritisch auseinandersetzen. Das Problem ist, dass sie diese Denkmuster offensichtlich weder für begründungs- noch für kritikwürdig halten, sondern als quasi »alternativlos« immer neu reproduzieren.

Nur gelegentlich gerät bei dieser Perspektive »die Bevölkerung« in den Blick. Allerdings bei dieser Form des Politikjournalismus nicht als eine Größe, deren Haltungen und Einwände zu benennen und abzuwägen wären. Auf *Spiegel Online* schrieb Florian Gathmann zum 70. Geburtstag des Ex-Kanzlers: »Selbstbewusstsein. Das hatte einer wie Gerhard Schröder immer im Überfluss. So viel, dass es zu guten Zeiten gleich für ihn und eine ganze Volkspartei reichte. Erst jagten Schröder und die SPD 1998 Helmut Kohl nach sechzehn Jahren das Kanzleramt ab, dann machten sie sich gemeinsam mit den Grünen daran, das Land und die Gesellschaft zu verändern. Die Agenda-Politik setzte man sogar gegen massive Widerstände in der Bevölkerung durch.«[80] Das ist leider als Kompliment gemeint, und für den Autor wäre deshalb »ein bisschen Schröder genau das, was die Genossen bräuchten: Mut, manchmal vielleicht sogar ein bisschen mehr. Zu seinen Kanzlerzeiten war häufig von Chuzpe die Rede.«[81]

Gerade Schröders Agenda wird von einer erdrückenden Übermacht nicht nur in der Wirtschaft, sondern auch in der Politik zur großen Rettungsaktion Deutschlands stilisiert – das reicht von Bundespräsident Joachim Gauck über Kanzlerin Angela Merkel bis zu großen Teilen der Grünen und der SPD, auch wenn sie sich im Wahlkampf 2013 wenigstens zaghaft von einigen fatalen Folgen distanzierte. Und die gleiche Übermacht spiegelt sich in einem Großteil der Medien wider.

Man kann natürlich sagen, die große Mehrheit der Zustimmenden in Politik und Publizistik spreche erst recht für die Richtigkeit der Agenda 2010. Man könnte aber auch fragen, ob es nicht gerade die Aufgabe der Medien sei, solche vermeintlichen Gewissheiten infrage zu stellen. Wer das aber tut, darf sich der Häme der Alpha-Journalisten sicher sein: »Der Verleger und Chefredakteur Jakob Augstein, der inzwischen fast jede Talk-Runde besetzt, ohne dass man wüsste, warum, hätte gerne ein wenig über die Ungerechtigkeit der Vermögensverteilung und der Steuerbelastung in Deutschland geplaudert, also über sein Leib- und Magen-, Leber- und Milzthema«, höhnte die *Berliner Zeitung* anlässlich einer Talkshow bei Günther Jauch über den Verleger der linken Wochenzeitung *Der Freitag*.[82]

Zu den kaum hinterfragten »Gewissheiten« zählt übrigens auch die in den meisten Leitmedien verbreitete Aversion gegen die Erhöhung von Steuern auf hohe Einkommen und große Vermögen. In der *Frankfurter Allgemeinen Zeitung* pries im Mai 2014 Majid Sattar die Strategie von Sigmar Gabriel, die de facto den Abschied vom Konzept einer größeren Steuergerechtigkeit bedeutete. Sattar zitierte den SPD-Vorsitzenden mit dem Satz: »Der erste Schritt zu mehr Steuergerechtigkeit ist nicht die Erhöhung des Spitzensteuersatzes, sondern dafür zu sorgen, dass die, die in diesem Land eigentlich Steuern zahlen müssten, es auch tatsächlich tun.« Und kommentierte: »Gabriel erklärte damit die Wahlkampagne des Vorjahres für gescheitert. (...) Nunmehr heißt es: Die Forderung nach Steuererhöhungen passt nicht mehr in die Zeit.« Klar, dass Gabriel dafür den Titel eines »Modernisierers« verliehen bekommt: »So setzt Gabriel auf Modernisierungsthemen, den Doppelpass in der Gesellschaftspolitik, die Energiewende in der Wirtschaftspolitik – und auf neue finanzpolitische Töne.«[83]

Das beeindruckendste Beispiel für die Perspektive, die viele Mitglieder der Journalistenelite einnehmen, hatte allerdings bereits im Wahlkampf 2013 Giovanni di Lorenzo geliefert, der Chefredakteur der *Zeit*: »Besonders glaubhaft, auch in Konkurrenz zu den Grünen und der Linken, wollen die Sozialdemokraten dadurch sein, dass sie die sogenannten Reichen stärker belasten, jene also, die in den letzten Jahren besonders profitiert haben. Aber es gibt dabei ein Missverständnis: Eine Alleinverdienende mit Familie und einem Jahreseinkommen von 100 000 Euro hat sicherlich ein hohes Gehalt, weit über dem Durchschnitt aller Erwerbstätigen in Deutschland. Aber jeder, der in einer Großstadt wie München, Frankfurt oder Hamburg lebt oder sich mit den Lebenshaltungskosten dort auskennt, weiß auch: Reich ist sie deswegen noch lange nicht, große Sprünge sind da weder bei der Wohnung noch im Urlaub oder beim Hobby drin.«[84] Das Durchschnittseinkommen aller sozialversicherungspflichtig Beschäftigten – vom Spitzenverdiener bis zum Niedriglöhner – stellte di Lorenzo den bescheidenen 100 000 Euro seiner Beispielbürgerin leider nicht im Detail gegenüber: Es lag 2013 bei knapp über einem Drittel davon, nämlich bei 34 071 Euro.[85] Der Empfänger eines gesetzlichen Mindestlohns von 8,50 Euro pro Stunde bringt es je nach Arbeitszeit mit viel Glück auf 20 000 Euro im Jahr.

Die Grenzen des Web 2.0

Die zitierten Texte stützen den Befund, dass die klassischen Medien ihrer Rolle als Träger einer kritischen und demokratischen Öffentlichkeit nur unzureichend gerecht werden und stattdessen häufig zur Verbreitung herrschender (Irr-)Lehren beitragen. Wohlgemerkt: Jenseits der fragwürdigen Praktiken im politisch-medialen Komplex Berlins gibt es, wie oben bereits erwähnt, eine Vielzahl von Recherchen, Reportagen und Kommentaren, die sehr wohl dabei helfen, sich eine fundierte Meinung über den Zustand der Gesellschaft zu bilden. Das gilt sowohl für Zeitungen und Zeitschriften (auch die hier kritisierten) als auch für Radio- und Fernsehsender – wenn auch leider meist nicht für die reichweitenstärksten Textformate und Sendeplätze. Der Anspruch lebt noch, und schon deshalb sind professioneller Journalismus und entsprechend ausgestattete Medien trotz allem nach wie vor ein Lebenselixier der Demokratie. Es geht darum, sie besser zu machen, nicht darum, sie abzuschaffen. Und zu warnen ist vor der Illusion, das Web 2.0 als freier Kommunikationsraum könne den professionellen Journalismus nicht nur ergänzen, sondern ersetzen.

Unbestritten steckt in den technischen Voraussetzungen des Internets, also in den Möglichkeiten eines mehr oder weniger barrierefreien Meinungsaustauschs, das Potenzial für eine vollkommen neue Form von Öffentlichkeit. Das gilt nicht nur für die individuellen Nutzer. Auch die klassischen Medien sehen sich mit wesentlich schnelleren und allein durch ihre Masse oft beeindruckenderen Reaktionen ausgesetzt, als sie sich das in Zeiten postalisch verschickter Leserbriefe oder gelegentlicher Sendungen mit Hörertelefon hätten vorstellen können. Journalisten können heute schnell merken, wenn sie an breiten Strömungen in der Gesellschaft vorbeischreiben oder -senden. Und sie tun gut daran, sich damit ernsthaft auseinanderzusetzen. Das heißt nicht, sich statt nach der eigenen Überzeugung nach einer möglichen Mehrheitsstimmung zu richten. Ganz und gar nicht. Aber auch die klassischen Medien sollten die Interaktivität im Internet als Chance verstehen, den Dialog mit ihrem Publikum noch wesentlich intensiver für eine kontinuierliche Selbstkontrolle zu nutzen als bisher.

Geradezu ein Musterbeispiel für die neuen Möglichkeiten der Mediennutzer war im Frühjahr 2014 die Ukraine-Krise. Damals entstand offensichtlich in großen Teilen der Gesellschaft der Eindruck, die Medien bewegten sich einseitig auf dem von NATO, EU und USA vorgegebenen Kurs. In zahlreichen Sendungen und Artikeln stand Russland wegen der Annexion der Krim am Pranger, aber das allein hätte womöglich nicht zu besonders spürbarem Protest geführt (auch wenn ein Teil der Kritiker des Westens später sogar diese Intervention verteidigte). Es kam vielmehr in den etablierten Medien häufig eine Rhetorik hinzu, die an die schlimmsten Zeiten des Kalten Krieges erinnerte, während die Ostpolitik des Westens nur selten kritisiert wurde.

Die kaum verhohlen kriegerische Attitüde der *Bild*-Zeitung gegen den russischen Präsidenten Wladimir Putin mag zwar zugespitzter daherkommen als in anderen Medien, aber für einen Teil der Berichterstattung auch in seriösen Blättern war sie durchaus repräsentativ: »Wenn er sich an der NATO rächen kann, wird er sich diese Chance nicht nehmen lassen. Etwas anderes anzunehmen, wäre einfältig. Noch hat der Westen die Möglichkeit, Putin ernsthaft abzuschrecken. Durch harte Sanktionen gegen den russischen Energiesektor, durch gesperrte Konten und Einreiseverbote für all seine Vertrauten und durch wirklich bedeutende Verstärkung von NATO-Truppen in den baltischen Staaten. All das mag riskant und konfrontativ erscheinen. Ist es auch. Aber es ist allemal besser, als weiter ohnmächtig staunend zuzuschauen, wie Putins Truppen vorrücken. Wenn der russische Präsident nämlich erst mal im Baltikum ›russische Bürger‹ durch seine Armee beschützen lässt, bleibt der NATO nur noch eine historisch schlechte Wahl: das Ende des Verteidigungsbündnisses oder Krieg mit Russland.«[86]

Tatsächlich beschränkte sich die Debatte, ob die NATO nicht wieder massiv aufrüsten solle gegen Russland, nicht auf den Boulevard. »Experten« wie der ehemalige NATO-General Egon Ramms wurden als Zeugen für notwendige Aufrüstung zitiert: »Putin hat derzeit überhaupt kein Risiko zu tragen, denn er weiß, dass man in Europa nicht mehr willens oder in der Lage ist, eine Drohkulisse aufzubauen.«[87]

So einseitig, wie sie teilweise empfunden wurde, war die Berichterstattung zwar insgesamt nicht, und auch in den klassischen Medien regte sich Widerspruch. So schrieb zum Beispiel der Publizist Albrecht von Lucke im *Freitag* mit Blick auf *Bild*, *FAZ* und *Zeit*: »Man (…) fragt sich, ob man in den letzten fünfzehn Jahren in einer anderen Welt gelebt hat: in einer Welt von völkerrechtswidrigen Kriegen des Westens im Kosovo und im Irak, von Folter durch CIA und US-Soldaten und globaler NSA-Überwachung. Hier wird das psychologische Motiv hinter den bizarren Polarisierungen – hier der reine, gute Westen, da der böse, verderbte Osten – schlagartig deutlich: Nach all den Rissen und Sinnkrisen, die der Westen und speziell die NATO in den vergangenen Jahren erlebt haben, ist der Konflikt um die russische Annexion der Krim die willkommene Chance zu der Selbstsuggestion, dass man noch immer mit beiden Beinen im richtigen, moralisch überlegenen System steht.«[88]

Aber insgesamt dominiert seit Beginn der Krise der hohe Ton von Empörung und Rechthaberei gegenüber Russland, weit über die berechtigte Kritik an Putins Verhalten hinaus. Und das macht es verständlich, dass der Eindruck der Einseitigkeit entstand und zu einer Welle von Empörung in Online-Kommentaren, Leserbriefen und auf einer neuen Serie von Montagsdemonstrationen führte. Dass dort teils aberwitzige Verschwörungstheorien, Verharmlosungen der Putin'schen Autokratie oder auch antisemitische Hetzparolen zu lesen und zu hören waren und sind, ändert nichts daran, dass auch die Medien für den Widerspruch, den sie selbst auslösten, Verantwortung tragen.

In der *Zeit* stellte Bernd Ulrich schließlich erstaunt fest: »Wenn die Umfragen nicht täuschen, dann stehen zurzeit zwei Drittel der Bürger, Wähler, Leser gegen vier Fünftel der politischen Klasse, also gegen die Regierung, gegen die überwältigende Mehrheit des Parlaments und gegen die meisten Zeitungen und Sender. Aber was heißt stehen? Viele laufen geradezu Sturm (…). Was mich daran am meisten irritiert, das sind jedoch nicht die Mehrheitsverhältnisse, sondern die Argumente. Schließlich geht es hier nicht um das Für und Wider von Mindestlohn oder Atomkraft, es geht um den Konflikt zwischen einem aggressiven Autokraten und den westlichen Demokratien.«[89] Das ist eine beachtliche rhetorische Leistung: Dem Unbehagen und dem Ärger über die einseitig pro-westliche Berichterstattung begegnet der Berichterstatter mit der Wiederholung dessen, was die Leserinnen und Leser zu Recht ärgert: mit der einseitigen Trivialisierung des Themas zum »Konflikt zwischen einem aggressiven Autokraten und den westlichen Demokratien«. Immerhin zeigt aber dieser Leitartikel auf der Titelseite, dass selbst die *Zeit* sich genötigt sah, mit den Reaktionen ihres Publikums überhaupt öffentlich umzugehen.

Das Web 2.0 hat also durchaus das Potenzial dazu, öffentliche Debatten zu beeinflussen und zu verändern, und das ist auch gut so. Warum sollte aber dann die »Schwarmintelligenz« im Internet nicht die Arbeit eines Journalismus ersetzen, der sich doch allzu häufig als unzugänglich für Argumente aus der Gesellschaft erweist? Die Antwort: Weil erstens die Kommunikation im Netz so frei nicht ist, wie sie in der Euphorie des Anfangs erschien; und weil zweitens für die Herstellung einer demokratischen Öffentlichkeit auch solche journalistischen Arbeitsweisen benötigt werden, die ohne Ausbildung, Zeit und Geld nicht zu haben sind.

Spätestens seit den Enthüllungen über den US-Geheimdienst NSA und seine Partner hat sich die Vorstellung vom Internet als Ort der herrschaftsfreien Kommunikation als brüchig erwiesen. Der Blogger und Publizist Sascha Lobo, lange Zeit ein begeisterter Erklärer und Verteidiger der sogenannten »sozialen Medien«, vollzog Anfang des Jahres 2014 einen radikalen Schwenk: »Die Netzgemeinde agiert selbstbeauftragt, ihre Kraft und den Mut zur Lautstärke bezog sie aus der Gewissheit, die Welt verbessern zu können mit digitalen Mitteln. Und dann diese Ironie, nein, diese Verhöhnung des Schicksals: Edward Snowden, Held des Internets, bringt die Botschaft, dass mit dem geliebten Internet die gesamte Welt überwacht wird.«[90] Lobo fordert als Konsequenz aus dieser »Kränkung«, »die eigenen Positionen zu überdenken, eben einzugestehen: Wir haben uns geirrt, unser Bild vom Internet entsprach nicht der Realität, denn die heißt Totalüberwachung.«[91]

Lobo empfiehlt keineswegs Resignation, sondern die Entwicklung eines »neuen Internetoptimismus«: »Es ist nicht so, dass sich mit Snowden der Internetoptimismus läutern müsste in eine digitale Generalskepsis. Die bisherige Form der Netzbegeisterung hat sich aber als defekt erwiesen, weil sie von falschen Voraussetzungen ausgegangen ist. Nach dieser Kränkung muss ein neuer Internetoptimismus entwickelt werden. Eine positive Digitalerzählung, die auch unter erschwerten Bedingungen in feindlicher Umgebung funktioniert, denn der dauernde Bruch sicher geglaubter Grundrechte hält an.«[92] Man muss das Internet, da hat Lobo Recht, nun nicht gleich genauso pauschal verdammen, wie es einst hochgejubelt wurde. Aber ob und wie sich dort doch noch irgendwann das Ideal vom herrschaftsfreien Diskurs verwirklichen lässt, steht vorerst in den Sternen.

Das gilt erst recht in Anbetracht der Tatsache, dass die deutsche Politik angesichts der akuten Bedrohung rechtsstaatlicher Standards vollständig versagt hat. Ohne nennenswerten Widerstand aus den Reihen des Koalitionspartners SPD verweigerte die Bundeskanzlerin alles, was die als »Freundschaft« verbrämte Unterwürfigkeit gegenüber den USA auch nur ansatzweise infrage gestellt hätte. Ein Jahr, nachdem die ersten Informationen des ehemaligen US-Geheimdienstlers Edward Snowden bekanntgeworden waren, forderte die Regierung gerade mal einen CIA-Mann höflich zur Ausreise aus Deutschland auf. Snowden in Deutschland zu befragen oder die Verhandlungen über das transatlantische Freihandelsabkommen TTIP an ein Entgegenkommen der USA in der Spähaffäre zu knüpfen, wie die Opposition das verlangte – alles Fehlanzeige. Und als eine Reihe von Schriftstellern in einem offenen Brief an die Kanzlerin appellierte, dem »historischen Angriff auf unseren demokratischen Rechtsstaat« eine eigene Strategie entgegenzusetzen[93], sagte die Reaktion Merkels mehr aus als tausend Worte: Auch fast ein Jahr später ist noch immer keine Antwort erfolgt. Treffend bemerkte Günter Grass: »In diesem Schweigen drückt sich eine skandalöse Missachtung der Autoren und ihrer Unterstützer aus.«[94]

Wenn von »Totalüberwachung« die Rede ist, sind allerdings keineswegs nur staatliche Geheimdienste gemeint: »Jede Verteidigung sozialer Netzwerke etwa – auch ich habe das oft getan – muss nachträglich ergänzt werden um die Tatsache, dass soziale Netzwerke auch ein perfektes Instrument sind, um einen Sog privatester Informationen ins Internet zu erzeugen. Und damit zur Überwachung«, schreibt Sascha Lobo.[95]

Es sind bekanntlich die Beinahe-Monopolkonzerne des neuen Internets (Facebook, Twitter, Google), die unsere Kommunikation nicht nur bis ins Detail registrieren, sondern auch steuern, wie bereits erläutert. Und das hat im Zusammenhang mit der Frage nach einer demokratischen Öffentlichkeit eine ebenso große Bedeutung wie die staatliche Überwachung: Wenn mir das Netzwerk aus den Informationen, die es über meine »Freundschaften« und Vorlieben besitzt, seine Vorschläge und Werbebotschaften bastelt, wenn Google bei meiner aktuellen Suche darauf achtet, was ich sonst noch zu suchen pflege, dann versorgt mich das Netz zwar mit einer Vielfalt von mehr oder weniger erwünschten Informationen aus meinen Interessengebieten. Aber es schränkt mich auch in einem gewissen Maß auf diese Interessengebiete ein. Die Überraschungen, mit denen mich eine Zeitung oder ein journalistisches Online-Portal für Neues interessieren kann, bietet das Web 2.0 in dieser Form nicht. Ebenso wenig bietet es professionelle Recherchen, die die Relevanz eines Themas womöglich erst öffentlich sichtbar werden lassen.

In diesem Zusammenhang sieht auch Jürgen Habermas die neuen Medien zwar nicht negativ, aber doch skeptisch, was die Anforderungen an eine demokratische Öffentlichkeit betrifft: »Ich betrachte die Einführung der digitalen Kommunikation – nach den Erfindungen der Schrift und des Buchdrucks – als die dritte große Medienrevolution. Mit diesen jeweils neuen Medien haben immer mehr Personen zu immer vielfältigeren und immer dauerhafter gespeicherten Informationen einen immer leichteren Zugang gefunden. Mit dem letzten Schub hat auch eine Aktivierung stattgefunden – aus Lesern werden Autoren«, sagte er im Juni 2014 der *Frankfurter Rundschau*.[96]

Dieser positiven Bilanz stehen allerdings bedeutende Einschränkungen gegenüber: »Das Netz (...) zerstreut. Denken Sie an die spontan auftauchenden Portale, sagen wir: für hochspezialisierte Briefmarkenfreunde, Europarechtler oder anonyme Alkoholiker. Solche Kommunikationsgemeinschaften bilden im Meer der digitalen Geräusche weit verstreute Archipele – vermutlich gibt es Milliarden davon. Den in sich abgeschlossenen Kommunikationsräumen fehlt das Inklusive, die alle und alles einbeziehende Kraft einer Öffentlichkeit. Für diese Konzentration braucht man die Auswahl und kenntnisreiche Kommentierung von einschlägigen Themen, Beiträgen und Informationen. Die nach wie vor nötigen Kompetenzen des guten alten Journalismus sollten im Meer der digitalen Geräusche nicht untergehen.«[97]

Das ist ein gut begründetes Plädoyer nicht gegen das Internet, das trotz allem noch immer eine Menge an Möglichkeiten für gesellschaftliches Engagement zu bieten hat – mehr dazu im letzten Teil dieses Buches (»Aufgewacht: Protest und Widerstand«). Sehr wohl aber plädiert Habermas als Anwalt der demokratischen Öffentlichkeit für einen Journalismus, der mit der Kompetenz, der Zeit und dem Geld für professionelle Recherche und fundierte Kritik ausgestattet ist – unabhängig davon, ob die Ergebnisse analog oder digital verbreitet werden. Den besten Beweis für die Wichtigkeit eines solchen Journalismus liefern die Blogger und Facebook-Diskutanten minütlich selbst: Immer wieder beziehen sie sich auf die Recherchen und Kommentare der etablierten Medien.

Allerdings, auch das steckt in Habermas' Plädoyer, müssen die professionellen Journalisten dieser Verantwortung auch gerecht werden. Und das tun sie, wie geschildert, keineswegs immer. Wer mit Leserinnen und Lesern spricht oder Online-Kommentare liest, stößt gelegentlich sogar auf ein besonders böses Wort: »gleichgeschaltet«. Dieser Deutung ist allerdings entschieden zu widersprechen. Der Vergleich mit der von den Nationalsozialisten durchgesetzten Kontrolle und Zensur verstellt nämlich den Blick darauf, dass – trotz all der oben beschriebenen strukturellen Zwänge und Unzulänglichkeiten – jede einzelne Journalistin und jeder einzelne Journalist heute ungleich größere Freiheiten besitzt als vor achtzig Jahren, als die Nazidiktatur die Gleichschaltung einer ganzen Gesellschaft verfügte und die »Reichspressekammer« der Medienfreiheit den Garaus machte.

Auch wer den objektiven Anpassungsdruck nicht unterschätzt, der heute auf vielen Medienleuten lastet, wird sie aus der eigenen Verantwortung für die Unabhängigkeit der Medien nicht entlassen können. Diese Verantwortung wahrzunehmen, ohne sich hinter ungünstigen Rahmenbedingungen zu verstecken, und diese Rahmenbedingungen infrage zu stellen, wo sie die Möglichkeiten begrenzen: Das ist der Anspruch, an dem sich Journalistinnen und Journalisten messen lassen müssen – egal, ob sie gerade einen Artikel schreiben oder ein Buch. Um der Gesellschaft Schlaflieder zu singen, werden sie nicht gebraucht.

Verschlafen:
Vom Ende der Alternative

Das große »Weiter so«

Die weit verbreitete Gleichgültigkeit gegenüber den politischen Zuständen und die unterentwickelte Kritikfähigkeit vieler Medien erstaunen umso mehr, wenn man sich die jüngsten Entwicklungen in Regierung, Parlament und Parteiensystem der Bundesrepublik anschaut. Seit Beginn der großen Koalition Anfang 2014 gehen die beiden Volksparteien CDU/CSU und SPD, die in einer lebendigen Demokratie doch eigentlich miteinander um alternative Politikentwürfe zu ringen hätten, gemeinsam den Weg der Reformverweigerung – jedenfalls wenn man es am Reformbedarf in unserer Gesellschaft misst. Und selbst die vorherigen Versprechungen der Sozialdemokraten, die dem Notwendigen nur in Teilen gerecht geworden sind, verfehlt diese Regierung bei weitem. Zusätzlich sorgen die erdrückende schwarz-rote Mehrheit im Parlament, die ideologischen Suchbewegungen der Grünen und die inneren Kämpfe der Linkspartei für das fast vollständige Ausbleiben der notwendigen Debatte über eine grundlegend andere Politik. Wie die Politik sämtliche Alternativen verschläft, wird in diesem Kapitel genauer zu beleuchten sein.

Zehn Tage vor dem Weihnachtsfest des Jahres 2013 präsentierten CDU, CSU und SPD ihren Koalitionsvertrag. Der Titel lautete: »Deutschlands Zukunft gestalten«[1].

Von den drei Wörtern dieser Überschrift entspricht nur eines dem Inhalt des Vertrages: Unbestreitbar geht es um »Deutschland«. Wer aber den Text gelesen hat, stellt fest: Mit »Zukunft gestalten« hat das Programm der großen Koalition nur wenig zu tun. »Deutschlands Stillstand verwalten« wäre die passendere Überschrift gewesen. Zwar enthält der Vertrag einige Elemente, die aus den Konzepten des rot-rot-grünen Reformlagers stammen – das bekannteste Beispiel ist der flächendeckende gesetzliche Mindestlohn, dessen Einführung allerdings faktisch auf das Jahr 2017 verschoben wurde. Aber dem großen Reformbedarf in Deutschland wird der Text an so gut wie keiner Stelle gerecht (siehe auch den Teil »Verschnarcht: Politik des Stillstands«).

Dieser Vertrag hat eine politische Entwicklung in Deutschland besiegelt, die sich in den ersten acht Jahren der Kanzlerschaft von Angela Merkel schon abgezeichnet hatte. Das vermeintlich alternativlose »Weiter so«, für das diese Kanzlerin trotz punktueller Veränderungen stand und steht, wird nun mitvollzogen von derjenigen Partei, die in einer gut funktionierenden Demokratie für politische Alternativen zu kämpfen hätte: der SPD. Und das mit einem Parlament, in dem die Opposition gerade mal ein Fünftel der Abgeordneten stellt.

Man könnte nun fragen: Warum »großer Reformbedarf«? Geht es uns nicht gut, wie Merkel im Wahlkampf 2013 so gern und immer wieder betonte?[2] Können wir nicht in Ruhe so weitermachen wie in den vergangenen Jahren?

In weiten Teilen der Politik und leider auch in vielen Medien (siehe Seite 41 ff.) wird so getan, als seien diese Fragen längst beantwortet. Deutschland wird uns präsentiert wie eine riesige Maschine, die wie von allein immer weiter läuft, wenn man nur hier mal ein Schalterchen umlegt und da ein bisschen ölt. Im Führerstand Angela Merkel, die das reibungslose Geschehen mit Worten des Wohlgefallens begleitet und aufpasst, dass nicht von irgendwo draußen Sand hineinweht und ins Getriebe gerät. Am Ende spuckt die Maschine alles aus, was der deutsche Mensch zum Leben braucht. Für die einen mehr, für die anderen weniger, aber so ist das Leben ja schon immer gewesen. Diejenigen, für die am wenigsten übrigbleibt, sind nicht so wichtig. Sie gehen schließlich kaum noch wählen. Und an dieser lästigen Finanzkrise waren ja bekanntlich die Griechen und die Spanier und all die anderen schuld. Sie dürfen froh sein, dass wir ihnen noch mehr Kredite geben – sie sich also weiter verschulden »dürfen« –, wenn sie dafür ihre Rentner in die Armut und ihre Jugend in die Arbeitslosigkeit sparen.

Das kurze Leben der Reformpartei SPD

An der Seite von Angela Merkel nahm in jenen Vorweihnachtstagen, als der Koalitionsvertrag präsentiert wurde, Sigmar Gabriel Platz. Das war, dem Augenschein nach, derselbe Sigmar Gabriel, der die Maschine Deutschland noch ein Vierteljahr zuvor ganz anders beschrieben hatte als die Kanzlerin: Vier Oppositionsjahre und einen Wahlkampf lang hatte Gabriels SPD den wahren Zustand des Landes einigermaßen treffend dargestellt. In ihrem »Regierungsprogramm« zur Bundestagswahl 2013 hatte die SPD die Lage so zusammengefasst:

»In den vergangenen zwanzig Jahren wurde den ›Märkten‹ viel Raum gegeben, sie sollten die Regeln unseres Zusammenlebens prägen. Das Wettbewerbsprinzip der Wirtschaft wurde genauso auf Staaten und Regionen wie auf das Verhältnis der Menschen untereinander übertragen. Konkurrenz war angeblich die einzige Triebkraft gesellschaftlicher Entwicklung. Wer nicht mithalten konnte, wurde an den Rand gedrängt. Demokratisches Engagement, soziale, ökologische und wirtschaftliche Regeln galten als Hindernis in diesem Wettbewerb, wurden zu unnützen Kostentreibern erklärt, die es zu minimieren oder am besten ganz abzuschaffen galt. Die Erfolgsgeschichte der sozialen Regelsetzung für die Marktwirtschaft wurde zu einem unzeitgemäßen Hindernis im globalen Wettbewerb erklärt.

Das Ende ist bekannt. Spätestens seit der Finanz- und Eurokrise wissen wir: Diese Regellosigkeit machte aus der erfolgreichen Sozialen Marktwirtschaft eine geldgetriebene Marktgesellschaft. In ihr zählt, was schnell Geld bringt. Und in ihr hat Chancen, wer über ausreichend Geld verfügt. Volkswirtschaften, die nicht mithalten konnten, versuchten, sich Wohlstand über Schulden zu erkaufen. Nachhaltigkeit, langfristige Investitionen, Verantwortung und Vorsorge für die Zukunft zählten immer weniger. Bildung, Gesundheit, Kultur, private und öffentliche Sicherheit und Daseinsvorsorge wurden nicht mehr für alle garantiert, sondern sie wurden zum Marktprodukt, das man sich kaufen und leisten können muss.

Heute bemerken wir, dass diese Entwicklung unsere Gesellschaft gespalten hat. Sozial und kulturell. Nicht nur Besitz und Einkommen sind immer ungleicher verteilt, sondern auch Zugänge zu Bildung, Gesundheit, Mobilität und Kultur. Die Armut wächst ebenso wie der Reichtum – die Mittelschicht kommt unter Druck. Das Gleiche erleben wir in Europa.«[3]

Viel treffender lässt sich die »Vermarktung« fast aller Lebensverhältnisse und die schreiende Ungerechtigkeit, zu der sie auch im reichen Deutschland geführt hat, nicht beschreiben. Und die Tatsachen gaben den sozialdemokratischen Wahlkämpfern Recht. Um nur wenige Beispiele zu nennen: Die Reallöhne der abhängig Beschäftigten – also das, was man sich von seinem Gehalt tatsächlich kaufen kann – sanken im Jahr 2013 leicht um 0,1 Prozent. Sie lagen, trotz Steigerungen in den Jahren 2010 bis 2012, unter dem Niveau von 1992.[4] Mit anderen Worten: Wer arbeiten geht, hat vom wachsenden Reichtum Deutschlands im Durchschnitt weniger als nichts. Entsprechend ungleich verteilt sich auch der Besitz: »Innerhalb der Eurozone weist Deutschland (…) vor Österreich die höchste Vermögensungleichheit auf«, bemerkt das Deutsche Institut für Wirtschaftsforschung (DIW) trocken.[5] Während gut ein Fünftel der Bevölkerung über siebzehn Jahre überhaupt nichts besitzt – keine Immobilien, keine Lebensversicherungen, kein gespartes Geld –, hat das oberste Viertel mindestens 100 000 Euro, das reichste Zehntel mindestens 217 000 und das oberste Prozent mindestens 817 000 Euro.

An der Ungleichheit in Deutschland hat sich in den zehn Jahren zwischen 2002 und 2012, die die Wissenschaftler bilanzierten, nichts geändert.[6] Im Gegenteil: »Bei der Interpretation dieser Ergebnisse muss beachtet werden, dass eine bevölkerungsrepräsentative Stichprobe (…) das Ausmaß an Vermögensungleichheit unterschätzt. Es kann vermutet werden, dass es in den vergangenen zehn Jahren zu einem Anstieg der Vermögensungleichheit gekommen ist, da nach der Volkswirtschaftlichen Gesamtrechnung die Einkommen aus Unternehmertätigkeit und Vermögen im Vergleich zu den Arbeitnehmerentgelten überdurchschnittlich gestiegen sind.«[7]

Natürlich benannte die SPD in ihrem Wahlprogramm auch diejenigen, die für diese Entwicklung zuletzt Verantwortung getragen hatten: »Gerade aus der wirtschaftlichen Stärke unseres Landes heraus ist es möglich, die Voraussetzungen für eine bessere und solidarischere Gesellschaft zu schaffen: Für ein neues Miteinander, mehr Chancengleichheit und ein neues soziales Gleichgewicht. Die Bundesregierung aus CDU/CSU und FDP hat diese Chance nicht genutzt. Im Gegenteil: Das Risiko, arm zu werden, nicht mehr am Leben in der Gesellschaft teilnehmen zu können, ist in den vergangenen vier Jahren größer geworden für viele Menschen, die weniger qualifiziert sind, länger arbeitslos oder in unsicherer und niedrig bezahlter Arbeit beschäftigt sind, für Alleinerziehende, für Menschen, die in ihrer Leistungsfähigkeit eingeschränkt oder behindert sind oder bereits in armen Familien aufwachsen. Benachteiligungen bei Gesundheit, auf dem Arbeitsmarkt und bei der Bildung sind nicht überwunden.«[8]

Und noch etwas steckt in den zitierten Wahlaussagen der Sozialdemokratie: der weiterführende Gedanke, dass die Grundversorgung der Bevölkerung, dass also die sogenannten Gemeingüter – die SPD nennt »Bildung, Gesundheit, Kultur, private und öffentliche Sicherheit und Daseinsvorsorge« – nicht dem Markt überlassen werden dürfen. Nicht, dass dieser Gedanke im Wahlkampf offensiv vertreten worden wäre. Zu Ende gedacht wäre das nämlich nur mit einer Überwindung des kapitalistischen Systems in seiner heutigen Form zu verwirklichen, und so weit gehen deutsche Sozialdemokraten schon lange nicht mehr. Aber Ansätze in die richtige Richtung waren vorhanden, und in ihnen steckte ein Stück echter Alternative zum Merkelismus.

Nun ja, Wahlprogramme, heißt es meist achselzuckend im Politik- und Medienbetrieb der deutschen Hauptstadt. Die lese doch ohnehin kein Mensch. Das mag schon stimmen. Aber diese Programme bilden die Grundlage für das, was eine Partei dann in Wahlspots und Talkshows, an Ständen und auf Kundgebungen in verkürzter und zugespitzter Form verkündet. Im Falle der SPD (und ganz ähnlich auch bei den Grünen und der Linkspartei) ging es – bei aller Vorsicht in den Formulierungen – um die großen Fragen, die tatsächlich jede leidenschaftliche Auseinandersetzung lohnen: Setzen wir die fast totale Ökonomisierung der Lebensverhältnisse, von der die SPD zu Recht sprach, fort? Oder verhelfen wir der Idee zu neuem Leben, dass das Kapital der Bändigung bedarf durch einen Staat, der – demokratisch legitimiert durch die Gesellschaft, die ihn trägt – die Reichtümer in angemessener Weise zugunsten der Daseinsvorsorge umverteilt?

Daraus entstehen in praktisch allen Politikbereichen Fragen, die nicht nur die SPD, sondern auch die Grünen und die Linkspartei im Wahlkampf 2013 stellten: Akzeptieren wir es weiter, dass die Risikovorsorge für Alter oder Krankheit zunehmend privatisiert wird, die Folgen des Marktversagens aber verstaatlicht werden? Sollen auch in Zukunft die abhängig Beschäftigten und die Empfänger von Sozialleistungen durch Verzicht dafür bezahlen, dass Deutschland günstig exportieren und die europäischen »Partner« in die Krise konkurrieren kann? Verzichten wir in alle Ewigkeit darauf, vom Reichtum der obersten zehn Prozent etwas mehr Steuern abzuschöpfen, um eine würdige Daseinsvorsorge für alle zu finanzieren? Bleiben wir bei einer Europapolitik, die die Krisenländer zwingt, den Folgen des Finanzmarkt-Crashs durch brutales Wegsparen der staatlichen Daseinsvorsorge zu begegnen? Und das, obwohl für die Krise keineswegs nur ihre eigenen Fehler verantwortlich waren (das auch), sondern in noch viel stärkerem Maße das Versagen des Casino-Kapitalismus und die tatenlos hingenommenen ökonomischen Ungleichgewichte im Euroraum? Dulden wir es auf Dauer, dass ganze Bevölkerungsteile, zugewandert oder nicht, durch das Versagen der Gesellschafts- und Bildungspolitik in einer über Generationen vererbten Randexistenz verbleiben?

Entgegen dem verbreiteten Gerede vom Ende des »Lagerdenkens« oder gar »der Ideologien« zeigte sich also 2013 durchaus noch einmal die grundsätzliche Wahlmöglichkeit zwischen der neoliberalen Ideologie, der Angela Merkel entgegen ihrem sorgsam gepflegten Image folgt[9], und der Wiedergewinnung und Modernisierung der Idee von einer Freiheit, an der alle teilhaben können, weil ihre Daseinsvorsorge gesichert ist.

Unter der Führung von Sigmar Gabriel – und trotz der Kanzlerkandidatur des Parteirechten Peer Steinbrück – hatte die SPD seit 2009 zumindest im Grundsatz eine Richtung eingeschlagen: In ihrem Wahlprogramm fand sich nicht nur der flächendeckende gesetzliche Mindestlohn von 8,50 Euro, sondern unter anderem auch Ansätze zu einer Reform der Sozialsysteme (Stichwort Bürgerversicherung), Ideen für ein gerechteres Steuersystem und Forderungen nach einer solidarischen wie ökonomisch vernünftigen Europapolitik, die den Risiken der Märkte durch konsequente Regulierung und durch eine gemeinsame Lösung des Schuldenproblems begegnet (mehr zu diesen Vorschlägen und zu dem, was daraus geworden ist, im nächsten Kapitel).

Nicht, dass dieses Programm Anlass zu übertriebener Begeisterung gegeben hätte: So hatte sich die SPD zum Beispiel nicht durchringen können, die Legende von den hauptsächlich segensreichen Auswirkungen der Schröder-Agenda aus dem eigenen Geschichtsbuch zu streichen. Die entsprechende Passage im Wahlprogramm begann vielmehr so: »Während andere Staaten aufgrund ihrer Deindustrialisierung heute enormen wirtschaftlichen und sozialen Herausforderungen gegenüberstehen, wuchs mit dieser von der SPD vorangetriebenen aktiven Industriepolitik Deutschland zu einer modernen und zugleich einer der erfolgreichsten Volkswirtschaften Europas und der Welt. Dazu trug auch die vor zehn Jahren begonnene Reformpolitik der SPD-geführten Bundesregierung bei. Diese Reformpolitik der ›Agenda 2010‹ erhöhte die Investitionen in Forschung und Innovation, beschleunigte den Ausbau der Erneuerbaren Energien und holte hunderttausende Menschen vom Abstellgleis der Sozialhilfe und bezog sie erstmals ein in die aktive Arbeitsmarktpolitik.«[10]

Daran ist nicht alles falsch. Tatsächlich war ja die Einbeziehung von Sozialhilfeempfängern in die Arbeitsförderung eine gute Idee. Aber das ist höchstens die halbe Wahrheit. Dass der im Kern nicht schlechte Ansatz durch die viel zu niedrige Ausstattung des Arbeitslosengeldes II (Hartz IV) und die demütigenden Schikanen gegen Betroffene weitgehend zunichtegemacht wurde, gab die SPD auch 2013 nicht zu. Und sie fasste die skandalösen Bestandteile der Agenda nur mit den parteieigenen Samthandschuhen an: »Den in diesem Prozess auch entstandenen Missbrauch von Leiharbeit, Minijobs und Niedriglohnbeschäftigung allerdings werden wir korrigieren. Das ist ein Gebot der Gerechtigkeit und ist notwendig, um das Vertrauen in die Arbeitsmarktpolitik sicherzustellen. Denn Menschen unabhängig von Transfers zu machen und Zugänge zu guter, sicherer und sozialversicherter Arbeit zu schaffen, bleibt das Ziel unserer Politik.«[11]

Dass es nicht etwa der »Missbrauch« der Niedriglohnbeschäftigung war, der die Ungleichheit in Deutschland auf unwürdige Weise verschärfte, sondern die von Schröder ausdrücklich gewünschte Ausweitung des Niedriglohnsektors selbst – zu diesem Eingeständnis rang sich die Partei der Schröder-Freunde Steinmeier und Steinbrück auch nach zehn Jahren nicht durch. Und zu den Hartz-IV-Sätzen, die nach Ansicht vieler Experten den Bedarf nur sehr unzureichend decken[12], fand sich im Programm nicht mehr als eine Formulierung, die dem Nichtstun jede Chance gibt: »Wir werden die Grundsicherung (…) so gestalten, dass sie die Vorgaben des Bundesverfassungsgerichts erfüllt. Das heißt: ein transparentes und sachgerechtes Verfahren, realitätsnah und nachvollziehbar. Dies gilt insbesondere für eine eigenständige Ermittlung der Bedarfe von Kindern.«[13]

Aber trotz Unentschlossenheit an dieser und anderen Stellen gilt: Die Gabriel-SPD stand vor der Wahl im September 2013 inhaltlich – gemeinsam mit Grünen und Linken – auf der Seite der notwendigen Reformen, zumindest stand sie für erste Schritte zu einer anderen Politik. Selbst Peer Steinbrück rang sich durch, sich der Kanzlerin mit einer gewissen Entschlossenheit entgegenzustellen.

Abschied von der Wende

Das Ergebnis war für die SPD bekanntermaßen sehr unerfreulich: Auch wenn ein gnädiges Schicksal dem Parlament eine rot-rot-grüne Mehrheit bescherte, war erkennbar, dass das neoliberale Lager – rechnet man die knapp gescheiterten Parteien FDP und AfD dazu – in der Wählerschaft deutlich vorne lag. Verantwortlich dafür war sicher zum einen die »Einlull-Strategie« der Union unter ihrer Kanzlerin. Zum anderen aber hatte sich das linke Lager selbst, vorneweg die SPD, alle Chancen auf ein Reformbündnis unter sozialdemokratischer Führung verbaut.

Angela Merkel hatte ihren Wahlkampf konsequent auf das Märchen vom segensreichen »Weiter so, uns geht's doch gut« aufgebaut. Offensichtlich hatte sie das in der Wählerschaft verbreitete Bedürfnis, sich in Sicherheit wiegen zu lassen, richtig eingeschätzt. Es gab, wie die Wahlforscher sagen, keine »Wechselstimmung«. Die Kanzlerin und ihre Partei verstanden es, jede grundlegende Veränderung als Gefahr für den »Standort Deutschland« zu brandmarken und den Eindruck zu erwecken, für die wenigen notwendigen Veränderungen, die dann doch sein müssten, sorgten sie schon selbst.

So gelang es zum Beispiel, der SPD das populäre Thema Mindestlohn aus der Hand zu nehmen, indem die Union eine bis zur Unkenntlichkeit abgespeckte Variante als gleichwertig mit der gesetzlichen Untergrenze verkaufte. In etwa nach dem Motto: Ein bisschen Mindestlohn darf schon sein – aber nur, wenn »Mutti« aufpasst, dass es »der Wirtschaft« nicht schadet. Genau diese Mischung aus sozialem Anstrich (ohne echte Reformen) und Stabilitätsversprechen war es wohl, die für den Wahlerfolg der Unionsparteien sorgte. Dass die große Koalition am Ende dann doch den gesetzlichen Mindestlohn beschloss – jedenfalls im Prinzip –, das war ein kleines Geschenk an die ansonsten kreuzbrave SPD, das der Kanzlerin relativ leicht gefallen sein dürfte. Die Ausnahmen und die eher bescheidene Höhe des Mindestlohns würden schon dafür sorgen, dass es der Wirtschaft nicht allzu wehtut. Und von der Popularität des Mindestlohns wird Merkel im Zweifel selbst profitieren.

Auch der viel zitierte Widerspruch zwischen der Beliebtheit der Kanzlerin und den demoskopischen Mehrheiten für mehr Gerechtigkeit löst sich bei dieser Betrachtungsweise auf, erst recht in der leider so beliebten großen Koalition: Im Kleinen darf ruhig etwas verändert werden, wenn im Großen alles so bleibt, wie es ist. Dass bei Merkel am Ende immer die kurzfristigen und -sichtigen Interessen der Unternehmen über konsequente soziale Verbesserungen siegen, vermag die Union, unterstützt von einer in weiten Teilen unkritischen Medienlandschaft, seit Jahren erfolgreich zu kaschieren.

Einigen gesellschaftlichen Veränderungen hat diese Kanzlerin tatsächlich so weit Rechnung getragen, wie es ihrem Image der Modernisiererin zugutekam, ohne dem Kapital mit echten Reformen auf die

Füße zu treten. Ein Beispiel ist der Kita-Ausbau, der ja nicht nur wirklich ein Segen für viele Mütter ist, sondern erst dann konsequent angegangen wurde, als auch die Unternehmen nach der Arbeitskraft der Frauen verlangten. Insgesamt aber war und blieb das Markenzeichen der Kanzlerin das trügerische »Weiter so«, das es geradezu zum Programm erhob, notwendige Reformen zu verschlafen.

Allerdings: Neben der erfolgreich einschläfernden Politikmethode der Kanzlerin war es im Wahlkampf 2013 das »linke Lager« selbst, das es versäumte, für eine Wechselstimmung zu kämpfen und zu sorgen. Die entscheidende Voraussetzung dafür – neben zahlreichen Übereinstimmungen in der Sache – hatten SPD, Grüne und Linke kläglich vermasselt: Sie unterließen es, die notwendige Mehrheits- und Machtperspektive zu eröffnen. Dazu hätten sie spätestens von 2009 an, als sie sich gemeinsam in der Opposition befanden, die Fundamente legen müssen. Das aber tat keine der drei Parteien.

Die SPD hatte den Lafontaine-Linken die Existenz der neuen Linkspartei nie verziehen. Deshalb und in vorauseilendem Gehorsam gegenüber einer feindseligen öffentlichen Meinung verzichtete die Führung der Partei auf jeden Versuch, Rot-Rot-Grün zu enttabuisieren. Dem Argument, die SPD hätte sich mit einem Wahlkampf für Rot-Rot-Grün in diesem Umfeld eher geschadet, kann nur entgegengehalten werden: Die einzig belegbare Tatsache ist, dass die Aufrechterhaltung des Tabus zum zweiten kläglichen Wahlergebnis nach 2009 geführt hat. Dass es mit einer anderen Strategie noch schlimmer gekommen wäre, ist nichts als die Schutzbehauptung einer Partei, die es nicht wagte, sich gegen die Propaganda der Wirtschaft und den Mainstream der Medien zu stemmen.

Mit den vorhandenen inhaltlichen Differenzen jedenfalls war die angebliche Unmöglichkeit einer rot-rot-grünen Zusammenarbeit im Bund nicht überzeugend zu erklären. Das lässt sich beispielhaft mit dem wichtigsten von Rot-Grün vorgebrachten Ausschlusskriterium belegen: der Außenpolitik. Mit einigem Erfolg, aber nicht sehr glaubwürdig verbreiteten SPD und Grüne vor allem die Parole, mit einer Partei, die den Austritt Deutschlands aus der NATO fordere, könne man nun mal nicht regieren. Das klingt so lange einleuchtend, wie man sich auf die in dieser Debatte leider üblichen Schlagworte beschränkt. Geht man allerdings etwas mehr in die Tiefe, so lassen sich durchaus mögliche Kompromisslinien finden, auch in der Außenpolitik. Das geht allerdings nur, wenn man nach diesen Linien auch sucht und nicht so tut, als müsse die Linkspartei das SPD-Programm abschreiben, bevor man über Koalitionen überhaupt nachdenken könne (während man zugleich mit einer CDU/CSU koaliert, an deren weitgehend entgegengesetzter Programmatik man sich überhaupt nicht stört).

Albrecht Müller, Sozialdemokrat, ehemaliger Planungschef von Willy Brandt und Helmut Schmidt, heute Herausgeber des inzwischen unverzichtbaren Internetportals »Nachdenkseiten«, hat sich im Gegensatz zur Mehrheit der Journalisten die Mühe gemacht, nach Schnittstellen zwischen SPD und Linken in der Außenpolitik zu suchen. Mit Blick auf Sozialdemokraten und Grüne schrieb Müller zwei Tage nach der Bundestagswahl 2013: »Eine Rückkehr zu den ursprünglichen Positionen müsste beiden Parteien leicht fallen. Jedenfalls gibt es die fundamentale Differenz, die konstruiert wird, nicht. Die SPD zum Beispiel müsste sich nur ein bisschen ihres Berliner Grundsatzprogramms erinnern. Zitat aus dem Berliner Grundsatzprogramm der SPD vom 20. Dezember 1989: ›*Unser Ziel ist es, die Militärbündnisse durch eine europäische Friedensordnung abzulösen. Bis dahin findet die Bundesrepublik Deutschland das ihr erreichbare Maß an Sicherheit im atlantischen Bündnis, vorausgesetzt, sie kann ihre eigenen Sicherheitsinteressen dort einbringen und durchsetzen, auch ihr Interesse an gemeinsamer Sicherheit. Der Umbruch in Osteuropa verringert die militärische und erhöht die politische Bedeutung der Bündnisse und weist ihnen eine neue Funktion zu: Sie müssen, bei Wahrung der Stabilität, ihre Auflösung und den Übergang zu einer europäischen Friedensordnung organisieren.*‹«[14]

Diese Passage verglich Müller mit dem Wahlprogramm 2013 der Linkspartei, um zu verdeutlichen, »wie gering letztlich die Unterschiede sind«: »Wir fordern die Auflösung der NATO. Sie soll durch ein kollektives Sicherheitssystem unter Beteiligung Russlands ersetzt werden, das Abrüstung als ein zentrales Ziel hat (…). DIE LINKE wird sich nicht an einer Regierung beteiligen, die Kriege führt und Kampfeinsätze der Bundeswehr im Ausland zulässt.« Müller weiter: »Diese

Aussagen sind zwar härter als jene im Grundsatzprogramm der SPD von 1989. Aber Welten liegen dazwischen nicht. Die aggressive Abgrenzung der SPD in dieser Frage von der Linkspartei kann man nur dann verstehen, wenn man in Rechnung stellt, dass die führenden SPD-Leute die Geringfügigkeit der Differenzen erkennen und im übrigen das schlechte Gewissen hart bis hin zur Aggressivität pocht.«[15]

An diesem Befund ändern auch die internen Konflikte in der Linkspartei zunächst nichts. Auch die heftigen Auseinandersetzungen, die sich SPD und Grüne mit der Linkspartei in der Ukraine-Krise lieferten, hätten kein dauerhafter Hinderungsgrund für Rot-Rot-Grün sein müssen, hätte die Linkspartei ihre Positionen intern geklärt (siehe Seite 100 ff.).

Wer bei SPD und Grünen ernsthaft nach einer mehrheitsfähigen Alternative zu Merkels Stillstandspolitik suchte, hätte sich also durchaus auf den Weg der rot-rot-grünen Gemeinsamkeit begeben können. Allerdings war auch die Linkspartei nicht ganz unbeteiligt am Scheitern eines solchen Projekts, dessen zumindest vorläufiges Ende mit dem Start der großen Koalition Ende 2013 besiegelt wurde. Sie, die Linke, hatte den internen Kampf zwischen Befürwortern und Gegnern von Regierungsbeteiligungen und entsprechenden Kompromissen noch nicht ausgetragen. Auch hier dürfte bei vielen Mitgliedern – spiegelbildlich zur SPD – der Hass auf die sozialdemokratischen Ex-Genossen eine Rolle gespielt haben, vor allem im Westen.

Bei den Grünen schließlich gab und gibt es eine Strömung, die nur darauf wartet, ein anderes Tabu zu brechen: Schwarz-Grün. Sie setzte sich zwar programmatisch vor der Wahl von 2013 nicht durch, war und ist aber, angeführt vom rechtsgrünen Winfried Kretschmann aus Baden-Württemberg, immer ein Störfaktor für linke Politik und die entsprechenden Machtperspektiven (siehe weiter unten das Kapitel »Nach dem Lagerkoller: Die Grünen«).

Trotz der knappen Mehrheit der rot-rot-grünen Parteien, die sich nach der Wahl vom September 2013 im Bundestag ergab, war es zu spät, das Versäumte nachzuholen. Zumindest in der SPD hätte der Steinmeier-Flügel eine Kanzlerwahl wahrscheinlich eiskalt scheitern lassen, aber auch die beiden kleineren Partner waren ja nicht wirklich vorbereitet.

Ebenso fehlte allen drei Parteien der Mut, die parlamentarischen Mehrheitsverhältnisse[16], die sich trotz einer rechten Wählermehrheit durch das knappe Scheitern von FDP und AfD ergaben, für ein anderes Experiment zu nutzen. Rot-Rot-Grün hätte die Wiederwahl Angela Merkels, die ja die mit Abstand stärkste Partei vertrat, durch Enthaltung tolerieren können. Das Grundgesetz sieht, entgegen der verbreiteten Vorstellung von der notwendigen »Kanzlermehrheit«, diese Möglichkeit ausdrücklich vor. Nur im ersten und zweiten Wahlgang ist die absolute Mehrheit aller Parlamentssitze erforderlich. Diese Mehrheit hatte Merkel allein mit der Union bekanntlich nicht. Wäre sie also zunächst zweimal an den rot-rot-grünen Stimmen gescheitert, dann hätte das gegolten, was Artikel 63, Absatz 4 der Verfassung vorsieht: Wenn sich keine absolute Mehrheit für eine Kandidatin oder einen Kandidaten ergibt, »so findet unverzüglich ein neuer Wahlgang statt, in dem gewählt ist, wer die meisten Stimmen erhält. Vereinigt der Gewählte die Stimmen der Mehrheit der Mitglieder des Bundestages auf sich, so muss der Bundespräsident ihn binnen sieben Tagen nach der Wahl ernennen. Erreicht der Gewählte diese Mehrheit nicht, so hat der Bundespräsident binnen sieben Tagen entweder ihn zu ernennen oder den Bundestag aufzulösen.«[17]

Hätte also Rot-Rot-Grün für einen dritten Wahlgang Enthaltung angekündigt, dann hätte Angela Merkel vor der Alternative gestanden, sich von den eigenen Leuten zur Chefin einer Minderheitsregierung küren zu lassen oder in Neuwahlen zu gehen. Bundespräsident Joachim Gauck hätte die Entscheidung, welche der beiden Möglichkeiten er wählt, sicher nicht ohne Rücksprache mit der amtierenden Kanzlerin getroffen.

Erst einmal gewählt, hätte sich die Kanzlerin ihre parlamentarische Mehrheit dann Thema für Thema bei SPD, Linken und Grünen suchen müssen. Die Ergebnisse solcher Aushandlungsprozesse wären sicher nicht schlechter gewesen als diejenigen der großen Koalition, und die rot-rot-grüne Mehrheit hätte sogar die Möglichkeit gehabt, eigene Projekte zu beschließen. Es wäre ein für Deutschland ungewohntes Experiment gewesen. Allerdings ist die vorherrschende Auffassung, ein so großes Land könne man nicht mit wechselnden Mehrheiten regieren, offenbar kaum auszurotten. Es hätte also einigen öffentlichen Gegenwind gegeben. Aber den im Bundestag vertretenen Auffassungen über die Zukunft des Landes und den parlamentarischen Mehrheitsverhältnissen hätte ein solcher Versuch am ehesten entsprochen. Die Parteien hätten damit sogar der parlamentarischen Demokratie insgesamt einen Dienst erwiesen: Die Volksvertretung, heute viel zu häufig Vollzugsorgan einer mit festgefügter Mehrheit ausgestatteten Regierung, wäre wieder zu dem Ort geworden, an dem politische Entscheidungen nach inhaltlichen Kriterien ausgehandelt werden.

In der SPD herrschte jedoch die Furcht, man werde – sollte Merkel sich einer Minderheitsregierung verweigern – eine mögliche Neuwahl erst recht und noch höher verlieren, und die rechte Wählermehrheit aus Union, FDP und AfD werde sich dann womöglich auch im Parlament niederschlagen. So berichtete zum Beispiel die *Stuttgarter Zeitung* über eine Regionalkonferenz in Stuttgart, bei der der Vorsitzende Gabriel nach der Möglichkeit einer Minderheitsregierung gefragt wurde: »›Dann gibt es Neuwahlen‹, ruft Gabriel – und spricht vom ›Risiko der SPD, unter zwanzig Prozent zu gehen‹.«[18] Diese Logik ist einerseits arm an Selbstbewusstsein, denn sie argumentiert mit der Gewissheit der eigenen Niederlage für den Fall, dass man bei den inhaltlichen Positionen aus dem Wahlkampf bleibt. Aber selbst wenn die Prognose realistisch gewesen sein sollte, stellt sich andererseits immer noch die Frage, ob eine Wahl mit klaren Ansagen, die in die Opposition führt, nicht besser ist als die weitgehende programmatische Selbstaufgabe der größten Oppositionspartei durch Eintritt in die Regierung. Es gibt in der Politik ein geflügeltes Wort, das auf dieses Verhalten der SPD ganz gut passt: Selbstmord aus Angst vor dem Tod.

Die Märchen des Sigmar Gabriel

Auch wenn sich die SPD für diesen »Selbstmord« entschieden hat, stellt sie das Ergebnis natürlich dennoch nach Kräften positiv dar. Als die Parteimitglieder zur Abstimmung über den schwarz-roten Koalitionsvertrag gerufen wurden, schrieb der Vorsitzende Sigmar

Gabriel zur Einleitung einer Informationsbroschüre an die »lieben Genossinnen und Genossen«: »Der zwischen SPD und Unionsparteien ausgehandelte Koalitionsvertrag trägt eine sozialdemokratische Handschrift und beinhaltet vieles, was das Leben der Menschen in Deutschland erleichtern und besser machen soll.«[19] Und tatsächlich erhielt dieser Koalitionsvertrag unter den SPD-Mitgliedern breite Zustimmung. Offensichtlich glaubte die Mehrheit, was Freund und Feind in Politik und Medien penetrant verkündeten, mal anerkennend und mal empört: dass die Sozialdemokraten, obwohl Juniorpartner, der Union eine Umkehr vor allem in sozialpolitischen Fragen aufgezwungen hätten.[20]

Um diesen Eindruck zu fördern, ließ Gabriel kein rhetorisches Kabinettstückchen aus. So verwies er zum Beispiel genüsslich auf die Reaktionen des radikal neoliberalen Lagers: »Wenn der FDP-Vorsitzende Herr Lindner erklärt, der Koalitionsvertrag sei ein sozialdemokratisches Programm, dann scheinen wir ja nicht alles falsch gemacht zu haben.«[21] Als wäre automatisch alles sozialdemokratisch – oder entspräche gar dem Reformbedarf in Deutschland –, was ein Christian Lindner sozialdemokratisch nennt …

Es gibt natürlich auch etwas anspruchsvollere, wenn auch nicht gerade überzeugende Versuche, dem Gang in die große Koalition inhaltlich und strategisch einen tieferen Sinn abzugewinnen. Einen solchen Versuch hat zum Beispiel Olaf Scholz unternommen, Erster Bürgermeister von Hamburg, zuvor SPD-Generalsekretär unter Gerhard Schröder und Arbeitsminister in der ersten großen Koalition unter Angela Merkel. Scholz wird eine gewisse Nähe zu den »Netzwerkern« nachgesagt, also zu jenem Realo-Flügel in der Partei, der sich selbst gern als »pragmatisch« sieht. Andere würden sagen: eher macht- als inhaltsorientiert. In deren Zeitschrift *Berliner Republik*, in der allerdings eine erfreulich offene Diskussion über sozialdemokratische Ziele und Strategien geführt wird, äußerte sich Scholz zur damals noch bevorstehenden, neuen Koalition mit der Union.

Die Analysen zur Bundestagswahl 2013, schrieb Scholz, »bedeuten, dass man uns gut findet, uns aber derzeit nicht die Regierung anvertrauen will; dass man sich in den Fragen der Außenpolitik, der

Sicherheitspolitik, der Wirtschaftspolitik, der Finanzpolitik, bei der Frage ›Klappt das auf dem Arbeitsmarkt?‹ nicht sicher ist, ob wir die Richtigen sind, um das Land zu regieren. Man hätte uns gern dabei – daher die Zustimmung, die wir in den gegenwärtigen Diskussionen erhalten –, aber man will derzeit nicht, dass wir diejenigen sind, auf die es in einer Regierung ankommt. Umfragen zufolge teilt die Mehrheit der Bürger unsere inhaltlichen Positionen: Vom Mindestlohn über die Fragen zur Rente bis hin zur Arbeitsmarktpolitik finden unsere Vorschläge überwiegend Zustimmung. Warum haben viele Wählerinnen und Wähler uns dennoch nicht ihre Stimme gegeben? Ich glaube, dass es sehr davon abhängt, ob man uns die Führung des Staates zutraut.«[22]

Um die von ihm immer wieder bemühte »Mehrheitsfähigkeit« wieder zu erringen, verwies Scholz zunächst auf die Geschichte: »Die SPD ist wieder im 20-Prozent-Käfig der fünfziger Jahre angelangt. Um sich aus dieser Lage zu befreien, wandelte sich die SPD damals zur Volkspartei, beschloss das Godesberger Programm, öffnete sich für Bundeswehr und NATO und trat ab 1961 mit dem modernen Reformpolitiker und Berliner Bürgermeister Willy Brandt an.«

Bereits hier allerdings beginnt die Argumentation fragwürdig zu werden: Selbst wenn es zutreffen sollte, dass die Akzeptanz von Kapitalismus und Westbindung im Godesberger Programm von 1959 zur Erringung der Mehrheitsfähigkeit beitrug, so erscheint es doch unredlich, Willy Brandt einfach im gleichen Atemzug mit dieser Neuorientierung zu nennen. Aber Scholz tut genau das und macht Brandts Wahlerfolg von 1969 zur direkten Folge der Godesberger Wende: »Der Schritt zur Volkspartei bestand nicht – wie heute oft behauptet wird – aus reinen Wahlerfolgen und hohen Mitgliederzahlen. Vielmehr basierte er auf der strategischen Entscheidung, sich der Integrationsaufgabe zu stellen, mehrheitsfähige Positionen zu entwickeln, um die Regierung des Landes bilden zu können. Damit war das Bekenntnis zur Volkspartei die Grundlage des späteren Wahlerfolgs – nicht umgekehrt. Eine Volkspartei ist nicht bloß eine große Partei mit vielen Mitgliedern, sondern eine Volkspartei strebt nach mehrheitsfähigen Positionen und nach der Führung der Regierung.«

Mit keinem Wort erwähnt Scholz, dass Willy Brandt seinen Wahlsieg, erzielt im dritten Anlauf 1969, ganz sicher nicht allein »Godesberg« verdankte und auch nicht allein der in der Großen Koalition bewiesenen Fähigkeit zum Regieren, auf die Scholz ebenfalls hinweist. Der Hauptgrund dafür, dass Brandt zum ersten sozialdemokratischen Bundeskanzler wurde, liegt vielmehr in der mutigen Entscheidung, gegen massive Widerstände aus dem konservativen Lager und der Wirtschaft auf gesellschaftliche Liberalisierung, soziale Sicherheit und eine außenpolitische Neuorientierung zu setzen (bestärkt übrigens durch den gesellschaftlichen Reformdruck, den die 68er-Bewegung »von unten« mit ausgelöst hatte). Das ist das Gegenteil einer Anpassung an vermeintliche Mehrheitsmeinungen, der Scholz und andere das Wort zu reden pflegen.

Es verwundert nicht, dass Olaf Scholz die große Koalition Ende 2013 für die strategisch günstigste Variante hielt. Und es störte ihn nicht, dass er dazu einer halsbrecherischen Argumentation bedurfte, und das gleich an zwei zentralen Stellen. So stellte er treffend fest:»Wir dürfen im Grundsatz niemals anders regieren, als wir es zuvor im Wahlprogramm und im Wahlkampf angekündigt haben.« Allerdings lautete Scholz' Schlussfolgerung nicht etwa, dass man demnach eine Regierung bilden sollte, die möglichst viel vom Versprochenen hält. Im Gegenteil schlug er vor, die Programmatik vorauseilend möglichen Koalitionskompromissen anzupassen:»Diesem Grundsatz zu folgen, hat Konsequenzen für die Wahlprogramme: Man darf nicht versprechen, was man nicht halten kann.« Was wäre aus Willy Brandt geworden, wenn er nur das angekündigt hätte, wofür ihm die Mehrheit schon vorher sicher war? Wo bleibt die demokratische Debatte über Reformalternativen, wenn die größte »Reformpartei« die Koalitionsverhandlungen schon vor der Wahl mit sich selber führt?

Vielleicht hätte Scholz mal bei Brandts engem Wegbegleiter Egon Bahr nachlesen sollen:»Stabilität auf Dauer verlangt die Ablehnung jeder großen Koalition«, sagte der 92-Jährige im Mai 2013, und auf die Frage, ob die SPD »auf keinen Fall« mit der Union regieren dürfe:»Stimmt!« Bahr, der Rot-Rot-Grün für unrealistisch hielt, beantwortete auch die Frage, was die SPD stattdessen tun sollte:

»Dann muss das Interesse des Staates über dem der Partei stehen, und wir werden eben noch mal in die Opposition gehen. Entweder – oder.«[23] Es folgte noch eine kleine Übung in Zweckoptimismus: »Ich bin richtig froh, dass ich kein wichtiges Mitglied meiner Partei kenne, das für eine große Koalition eintritt.«[24] Damit war es bekanntlich gleich nach der Wahl vorbei.

So kann auch das zweite gewagte Argumentationsmanöver nicht mehr verwundern, dessen sich Scholz bediente: »Gerade weil im Parlament eine Mehrheit für wesentliche Teile der Programme von SPD oder Grünen existiert, musste die SPD in den Koalitionsverhandlungen weitreichende Zugeständnisse durchsetzen, beispielsweise beim Mindestlohn oder bei der doppelten Staatsangehörigkeit.« Das bedeutet: Mehrheiten sind nicht dazu da, Beschlüsse und Ziele durchzusetzen. Sie dienen nur dazu, in einer Koalition mit dem inhaltlich am weitesten entfernten Partner ein paar bescheidene Zugeständnisse zu erreichen, die allerdings weit zurückbleiben hinter dem, was mit Rot-Rot-Grün möglich gewesen wäre.

Das alles wäre wenigstens etwas einleuchtender, wenn der Eindruck stimmte, den die SPD vor und nach dem Eintritt in die große Koalition, also seit Ende 2013, zu erwecken versucht: dass so von ihren Zielen praktisch ebenso viel zu erreichen sei wie mit Grünen und/oder Linken. Doch genau das ist nicht der Fall. Wer die Programmatik der großen Koalition genau betrachtet (soweit sie diesen Namen verdient), wird feststellen müssen: Entgegen der öffentlichen (Selbst-)Darstellung der SPD ist dieses Bündnis weit davon entfernt, wenigstens einen nennenswerten Teil der Reformen in Angriff zu nehmen, für die die Sozialdemokratie noch im Wahlkampf 2013 gemeinsam mit Linken und Grünen stand. Von einer echten Wende, die die Märkte konsequent regulieren und die wichtigsten Gemeingüter dem Marktgeschehen vollständig entziehen würde, ganz zu schweigen.

Unter der dritten Regierung Merkel finden wir also in Deutschland eine politische Konstellation vor, die vor allem dazu geeignet ist, die Zukunft des Landes zu verschlafen. Und die Chance auf eine mehrheitsfähige politische Alternative, die den Weg zu echter Reform wenigstens eröffnen würde, ist so gering wie lange nicht mehr.

Nach dem Lagerkoller: Die Grünen

Dieser Befund ergibt sich nicht nur aus der großen Koalition im Bund, sondern außerdem aus einer anderen Entwicklung im (partei-)politischen Raum: Auch die Grünen entfernen sich zunehmend von dem Ziel, der seit Jahren herrschenden Politik des Stillstands einen Aufbruch entgegenzusetzen. Ein großer Teil der Partei hat sich bereits von der Idee einer entschieden sozial-ökologischen Reformpartei und damit vom »linken Lager« verabschiedet und wendet sich lieber – auf Kosten der Inhalte – der schwarz-grünen Machtperspektive zu.

Während sich die SPD im Bund als Merkels Mehrheitsbeschafferin verdingte, schlossen die Grünen in Hessen ebenfalls eine Koalition mit der CDU, die sie in den Jahren zuvor mit Recht als Hort des Rechtskonservatismus gegeißelt hatten. Das war mehr als eine landespolitische Nachricht. Es war die erste schwarz-grüne Koalition in einem Flächenland (die einzige Vorläuferin auf Landesebene war 2010 in Hamburg nach zweieinhalb Jahren gescheitert), und für diejenigen Grünen, die die Partei endgültig von ihrer linken Vergangenheit abschneiden möchten, war es ein willkommenes Pilotprojekt. Allerdings mit schweren »Kollateralschäden« an der grünen Programmatik.

Das traurige Ergebnis der Koalitionsverhandlungen in Hessen: Ähnlich wie die SPD im Bund gab sich die ehemalige Ökopartei in diesem Bundesland mit ein paar Freundlichkeiten und Formelkompromissen zufrieden, zu denen der ehemals knallharte Innenminister und amtierende Ministerpräsident Volker Bouffier sich erweichen ließ. Um nur ein Beispiel – das vor Ort neben der Schulpolitik umstrittenste – zu nennen: Zum Frankfurter Flughafen, der seit der Eröffnung seiner neuen Landebahn im Oktober 2011 einen fast flächendeckenden Lärmteppich über die Rhein-Main-Region legt, fanden sich im schwarz-grünen Koalitionsvertrag nur unverbindliche Absichtserklärungen, die eine grüne Partei eigentlich schamrot einfärben müssten. So hielten es CDU und Grüne zwar »für geboten, weitere Maßnahmen zur Begrenzung der Fluglärmbelastung zu ergreifen«, und erläuterten: »Dazu gehören insbesondere Entlastungen in den Stun-

den von 22 bis 23 Uhr und 5 bis 6 Uhr. Ziel ist es, regelmäßig zu Lärmpausen von sieben Stunden in der Nacht zu kommen. Die Koalitionspartner halten dies durch den abwechselnden Verzicht auf die
Nutzung einzelner Bahnen in den genannten Zeiten für möglich und
wollen dies gemeinsam mit der Fraport (also der Betreibergesell-
schaft, der Autor) und der DFS (Deutsche Flugsicherung, der Autor)
so schnell wie möglich realisieren. Die Koalitionspartner werden unverzüglich entsprechende Initiativen ergreifen.«[25]

Im Klartext bedeutet das eine Ohnmachtserklärung der Politik:
Es gibt nicht etwa ein »absolutes Nachtflugverbot von 22.00 bis
06.00 Uhr«, wie es die Grünen in ihrem Wahlprogramm[26] klipp und
klar gefordert hatten. Es gibt stattdessen, wenn die Betreiber sich
willig zeigen, abwechselnd für unterschiedliche Teile der Region an
einigen Tagen eine einzige Stunde mehr Schlaf. Und nur, wenn dieses peinliche Minimalziel nicht in freundlichen Gesprächen und »in
angemessener Zeit« erreicht wird, »behalten sich die Partner Initiativen für eine entsprechende Planänderung beziehungsweise modi-
fizierte Betriebsgenehmigung vor«.[27]

Der prominenteste hessische Grüne, Tarek Al-Wazir, war kaum
im Amt des Wirtschaftsministers angekommen, als er den lärm-
kranken Bewohnern der Region schon mal ganz entspannt das Warten auch auf diese Minimalentlastung nahelegte: »Wir werden uns
in diesem Jahr Richtung Lärmpausen bewegen. Wenn es dann nicht
neun oder zwölf, sondern fünfzehn Monate dauert, ist das immer
noch relativ schnell.«[28]

Wie Sigmar Gabriel für die SPD im Bund[29], so benutzte Al-Wazir
für die hessischen Grünen zur Rechtfertigung fragwürdiger Kompromisse immer wieder ein Argument: Wäre man in die Opposition
gegangen, dann hätten die anderen Parteien wahrscheinlich noch
weniger Segensreiches vereinbart.[30] Nun kann man sich am hessischen Beispiel fragen, ob auf die Idee, mal freundlich mit dem Flug-
hafenbetreiber über eine Stunde mehr Nachtruhe für Anwohner an
einigen Tagen in der Woche zu reden, nicht auch CDU und/oder
SPD allein gekommen wären – von der Alternative Rot-Grün-Rot,
die auch hier trotz rechnerischer Möglichkeit nicht gewagt wurde,
ganz zu schweigen. Vor allem aber verlor die ehemalige »Bewe-

gungspartei« kein Wort mehr über die dritte Möglichkeit: aus der parlamentarischen Opposition heraus, aber gemeinsam mit der starken Bürgerbewegung im Rhein-Main-Gebiet für wirklich lohnende Ziele zu kämpfen. Dieser Bewegung bleibt als einzige Verbündete im Parlament jetzt nur noch die Linkspartei. Die Grünen haben sich endgültig an die Seite derer gestellt, die die Bevölkerung mit schönen Worten und homöopathischen Reformdosen ruhig zu halten versuchen.

Diese Hinweise mögen genügen, was die Qualität schwarz-grüner Politik in Hessen betrifft. Den sogenannten »Realos« aber, treffender beschrieben als die Konservativen bei den Grünen, dient dieses regionale Bündnis offensichtlich als Pilotprojekt für den Bund. So sagte der rechte Flügelmann und Parteivorsitzende Cem Özdemir: »Eine funktionierende schwarz-grüne Koalition in Hessen erweitert unsere Optionen auch anderswo.«[31]

Den ersten Schritt machten die Konservativen in der Partei gleich nach der Bundestagswahl: Sie brachten die Grünen auf »Äquidistanz« zur Union und zur SPD. Özdemir: »Rot-Grün hat dreimal Anlauf genommen im Bund und auch in Hessen und hat es dreimal nicht geschafft, an die Regierung zu kommen. Die hessischen Grünen haben daraus die richtige Konsequenz gezogen: Sie haben mit allen demokratischen Parteien geredet und dann festgestellt, dass es mit der Linkspartei nicht geht. Deshalb wird es, wenn alles gutgeht, in Hessen eine schwarz-grüne Regierung geben. Im Bund wollen wir es 2017 genauso halten: Wenn es für Rot-Grün nicht reicht, werden wir mit allen anderen Parteien sprechen. Wir werden 2017 sowohl Rot-Rot-Grün als auch Schwarz-Grün sondieren. Wir wären ja mit dem Klammerbeutel gepudert, wenn wir 2017 nicht die Union daraufhin abklopfen würden, ob sie zum Beispiel endlich den Klimawandel wirksam bekämpfen will.«[32]

Das klingt zumindest einigermaßen ergebnisoffen. Aber wohin der Weg nach seiner Auffassung gehen soll, wurde klar, als Özdemir mal eben einen zentralen Bestandteil des grünen Programms von 2013 beiseite räumte. »Teilhaben – das braucht eine gerechte Verteilung von Einkommen und Vermögen«, hatte die Partei in ihr Wahlprogramm 2013 geschrieben.[33] Und weiter: »Eine hohe Vermögenskonzentration ist Sprengstoff für den sozialen Zusammenhalt und fiskalpolitisch eine Zumutung. Während der Staat auf atemberaubend hohen Schuldenbergen sitzt, wächst das private Vermögen scheinbar unaufhaltsam. Es ist gerecht, wenn sich das Gemeinwesen einen Beitrag bei den sehr hohen Vermögen holt, um damit den Schuldenberg abzubauen. Nur so kommen wir von der gigantischen Pyramide aus Schulden und Vermögen, die die Weltwirtschaft in den letzten Jahren ins Chaos gestürzt hat, herunter. Die einmalige und zeitlich befristete Vermögensabgabe nach Artikel 106 Grundgesetz soll über mehrere Jahre insgesamt rund 100 Milliarden Euro einbringen. Geld, das ausschließlich in den Abbau der Bundesschulden fließt.«[34]

Im Mai 2014, knapp acht Monate nach der Bundestagswahl, war es wiederum Cem Özdemir, der dieses Hindernis für künftige Koalitionen mit der Union schon mal verbal beseitigte: »Die Vermögensabgabe ist hinfällig geworden. Sie spielt im Programm der Grünen bis 2017 keine Rolle mehr.«[35] Als hätte sich an den Gründen, aus denen die Partei diese Abgabe und einen höheren Spitzensteuersatz gefordert hatte, in diesen acht Monaten irgendetwas geändert.

Es blieb zunächst offen, ob die auf Schwarz-Grün ausgerichtete Linie des rechten Flügels sich am Ende durchsetzen würde. Aber von den Reformkräften in der Partei, angeführt vom Spitzenkandidaten Jürgen Trittin, ist nach dem schlechten Wahlergebnis von 2013 (8,4 Prozent) so gut wie nichts mehr zu hören. So landeten auch die Grünen im programmatischen Niemandsland, wo die machtpolitischen Rechenspiele, losgelöst von Programmen und Überzeugungen, die Szenerie beherrschen. Und so leisteten auch sie ihren Beitrag zum zunehmenden Verschwinden eines demokratischen Lebenselixiers: der Auseinandersetzung über alternative Politikentwürfe für die Zukunft des Landes.

Mit Schwarz-Rot im Bund und Schwarz-Grün in Hessen war die Entscheidung der bisherigen rot-grünen Opposition besiegelt: Beide entschlossen sich, auf absehbare Zeit vor allem um die Rolle des Mehrheitsbeschaffers für die Kanzler(innen)parteien CDU und CSU zu konkurrieren. Es ist ein solcher Verzicht auf konsequente Opposition mit alternativem Machtanspruch, der eine Demokratie in den Tiefschlaf versetzt.

Opposition allein zu Haus: Die Linke

Da SPD und Grüne sich von einer oppositionellen Politik zumindest vorläufig verabschiedet haben, ergibt sich für die dritte Kraft des nun gesprengten linken Lagers eine vollkommen neue Situation. Plötzlich steht die Linkspartei vor der Aufgabe, die einst rot-rot-grün gefärbten Perspektiven und Alternativentwürfe mehr oder weniger allein zu bewahren und weiter zu verfolgen – unterstützt allenfalls von denjenigen Minderheiten bei Sozialdemokraten und Grünen, die es sich nicht nehmen lassen, ernsthaft an einer linken Regierungsperspektive für 2017 zu arbeiten.[36]

Als größere der zwei kleinen Oppositionsparteien ist es die Linke, die in Bundestagsdebatten zuerst der Regierung antworten darf. Die damit verbundene Verantwortung hat der Fraktionsvorsitzende Gregor Gysi schon im Oktober 2013, vier Wochen nach der Bundestagswahl, treffend beschrieben: »Wir müssen jetzt immer Alternativen anbieten, die auch nachvollziehbar sind. Zu einem Thema gar nichts zu sagen, geht, wenn man die dritte Oppositionskraft ist. Aber es geht nicht, wenn man die erste ist. (…) Wir tragen nun eine andere Verantwortung für die Gesellschaft der Bundesrepublik Deutschland. Klingt jetzt staatstragend, meine ich aber gar nicht so.«[37]

Er hätte es ruhig so meinen können, denn das Verhalten der Linken in der Opposition wird entscheidenden Einfluss auf die Frage haben, ob es in diesem Land in absehbarer Zeit doch noch Aussicht auf echte Reformen geben kann. Gysi selbst formulierte es beim Hamburger Linken-Parteitag im Februar 2014 so, dass die Schwere der Verantwortung noch deutlicher wurde. Einer Verantwortung, die weit hinausreicht über das Interesse der eigenen Partei: »Auch die Wählerinnen und Wähler von CDU/CSU und SPD wollen Opposition. Die ganze Gesellschaft will eine wirksame Opposition. Die Schwierigkeit für uns besteht darin, dieses Bedürfnis zu befriedigen und gleichzeitig deutlich zu machen, dass wir in erster Linie natürlich das linke Wählerinnen- und Wählerpotenzial ansprechen. (...) Wir müssen also einen anderen Oppositionsstil entwickeln. Die Grünen verfolgen in der Opposition so eine Art Verhandlungsstil. Sie nennen sich konstruktive Opposition. Sie spielen Regierung im Wartestand. Ich sage, wir sind etwas anderes: Wir sind Opposition im Parlament und in der Gesellschaft. Eine andere Frage steht zur Zeit überhaupt nicht auf Bundesebene. Wenn sie kommt, werden wir uns damit beschäftigen. Aber nicht heute! Unser Stil muss offensiv, auch konfrontativ und aufklärerisch sein. Wir müssen dahin schauen, wo es brennt, wo die ungelösten sozialen und anderen Konflikte sind. Also bei Wohnungsmieten, Energiepreisen, Niedriglöhnen, der gesamten prekären Beschäftigung und beim Auf-der-Stelle-Treten im ökologischen Umbau. Wir müssen Alternativen vorschlagen. Aber unsere Alternativen müssen auch qualitativ noch besser werden. Sie müssen in jeder Hinsicht glaubwürdig sein. Selbst der CSU-Wähler, der sie hört, kann sie zwar ablehnen und sagen, er findet besser, was die Regierung macht, aber er muss sagen, so ginge es auch. Das ist nicht so leicht. Aber ich denke, wir kriegen das hin. Wir werden uns raufen und es schaffen.«[38]

Was Gysi da formulierte, wäre im besten Falle das Gegenprogramm zum oben zitierten SPD-Mann Olaf Scholz (siehe Seite 81 ff.): Mehrheitsfähigkeit anzustreben eben nicht durch vorauseilende Anpassung an vermeintlich vorherrschende Stimmungen, nicht durch die Vorwegnahme von möglichen Kompromissen in künftigen Koalitionen und auch nicht durch Protest allein, sondern durch klares und nachvollziehbares Formulieren politischer Alternativen. Mit den Worten des Vorsitzenden Bernd Riexinger: »Die Agenda 2010 liegt über zehn Jahre zurück, wir brauchen einen neuen strategischen Anker für die nächsten Jahre.«[39]

Die Linke als vorerst letzter verbliebener Ort der Debatte über eine andere, sozialere Politik – wahrhaftig ein Anspruch, der »nicht so leicht« zu verwirklichen ist. Wie schwer es ist, hatte sich schon mehrere Wochen vor Gysis Parteitagsrede gezeigt, bei der ersten Gelegenheit im neu formierten Bundestag. Da hatte Angela Merkel eine Regierungserklärung abgegeben, in der sie der Unbeweglichkeit und dem Reformunwillen ihrer Regierung schon körperlich Ausdruck gab – und zwar keineswegs nur deshalb, weil sie wegen der Folgen eines Skiunfalls die Rede im Sitzen vortragen musste.[40] Fast gelangweilt setzte die Kanzlerin ihr Schlaflied aus dem Wahlkampf fort: Nach der Melodie »Deutschland geht es so gut wie lange nicht«[41] leierte sie eine Reihe von Allgemeinplätzen herunter, die sich auf so inhaltsschwere Bekenntnisse reimten wie »Genau darum hat es zu gehen: um den Menschen im Mittelpunkt unseres Handelns«[42] – und ansonsten den wenig inspirierenden Inhalt des Koalitionsvertrags Punkt für Punkt abarbeiteten.[43]

Dann folgte die Premiere des Oppositionsführers Gregor Gysi. In großer Eile – die Redezeit der Opposition ist in diesem Bundestag beschämend knapp – trug er eine fundierte Kritik an den wichtigsten Punkten der Regierungserklärung und des schwarz-roten Koalitionsvertrages vor, von Militäreinsätzen bis zur Rente. Aber die Rede hatte einen erheblichen Mangel: Es fehlte jeder Hinweis auf mögliche Alternativen, zu denen – frei nach Gysi – ein noch nicht Überzeugter sagen könnte: »So geht es auch.«

Um nur ein Beispiel von vielen zu zitieren: Die durchaus treffende Kritik an den Plänen der großen Koalition zu verstärkten Auslandseinsätzen der Bundeswehr verband Gysi zwar mit dem ebenfalls treffenden Hinweis, dass das Engagement der Regierung gegen den Hunger hinter dem militärischen zurückbleibe: »Die Hilfe, die wir weltweit gegen Hunger leisten, gerade auch in Afrika, ist sehr, sehr gering, viel zu gering. (…) Das militärische Vorgehen, der Krieg, ist der falsche Weg. Die Probleme der Menschheit müssen wir gänzlich anders lösen.«[44] Damit allerdings war das Thema beendet. Einen Hinweis, wie das »gänzlich Andere« aussehen könnte, mit welchen politischen und finanziellen Mitteln es zu erreichen wäre, blieb der Oppositionsführer schuldig. Und wer nun einwendet, das sei zu viel verlangt von einer kleinen Oppositionspartei, der sei daran erinnert, dass den hohen Anspruch kein anderer formuliert hat als Gysi selbst.

Dass es der Linkspartei gelingt, glaubwürdige Alternativen zur Stillstandspolitik der großen Koalition zu entwerfen und damit möglichst mehr Menschen zu überzeugen als die bereits Überzeugten, das liegt nicht nur in ihrem eigenen Interesse. Sie hat angesichts der zuvor geschilderten Konstellation auch eine Verantwortung gegenüber der Demokratie insgesamt. Denn im parteipolitischen Spektrum haben ernstzunehmende Reformalternativen auf absehbare Zeit kaum anderswo eine Heimat. Das soll nicht heißen, dass die Linkspartei ganz allein die Demokratie aus dem Koma zu befreien habe, da werden ihr viele andere innerhalb und außerhalb der Parteien helfen müssen. Aber sie muss die Strukturen, über die eine Parlamentspartei verfügt, gezielt für diese Aufgabe nutzen. Dabei stehen zweifellos einige Hindernisse im Weg, selbst gemachte und andere.

Die Linke und die Medien

Die Linkspartei beklagt sich häufig und mit Hingabe über ihre Missachtung, ungerechte Behandlung oder gar Ausgrenzung durch die Medien. Hier lohnt ein Blick, ohne die ausführlichen Anmerkungen zur publizistischen Landschaft in Deutschland hier zu wiederholen (siehe das Kapitel »Schlafmittel Medien«).

Ganz falsch ist der Vorwurf der Ungleichbehandlung sicher nicht. So berichtete das Onlineportal Telepolis im Januar 2014 über eine Untersuchung des Kölner Instituts für empirische Medienforschung: Im Dezember 2013 – also zeitgleich mit der Bildung der schwarzroten Koalition – stellte die Linke ganze 2,6 Prozent der Politikerinnen und Politiker in den Nachrichtensendungen von ARD, ZDF, RTL und Sat.1. Grüne Politiker waren gut dreimal so häufig zu sehen, und selbst die nun außerparlamentarische FDP erreichte ein Mehrfaches der Linken-Präsenz. Noch niedriger als im Schnitt der vier großen Sender war die Linken-Präsenz bei den Privaten.[45] Und wer eine Ahnung bekommen will, wie die Linke in mächtigen Medien bewertet wird, wenn sie denn vorkommt, kann sich an eine Langzeitauswertung der *Bild*-Rubrik »Gewinner und Verlierer« halten, die den Zeitraum von Mai 1997 bis August 2013 umfasst: In 98 Prozent der Fälle, in denen Politikerinnen und Politiker der Linken beziehungsweise ihrer Vorgängerparteien auftauchten, landeten sie auf der »Verlierer«-Seite – ein einsamer Negativrekord im Vergleich aller Parteien.[46]

Wer glaubt, so etwas sei eine Spezialität des Boulevardblatts *Bild*, der muss nur die *Zeit* lesen, um eines Schlechteren belehrt zu werden. Dort teilte Elisabeth Niejahr den gebildeten Ständen, an die ihr Blatt sich richtet, ausführlich und in der Ich-Form mit, warum sie über die Linke nicht »ohne Kopfschütteln« schreiben könne.[47] (Als wären die nervösen Reflexe der Autorin von irgendeinem öffentlichen Interesse.) Sie kramte, getarnt als Parteitagsbericht, die mehr oder weniger bekannten Sektierer, die es in dieser Partei ja tatsächlich gibt, hervor und beschrieb diese in ziemlich großer Ausführlichkeit. Gysis Politik der Öffnung kam dagegen so gut wie gar nicht vor.

So erfuhr die Leserschaft, dass der Bundestagsabgeordnete Diether Dehm einen (in der Tat üblen) Herrenwitz[48] gemacht und der Delegierte Florian Wilde das falsche T-Shirt angezogen hatte: »Das Gespräch war aufschlussreich, trotzdem war ich befremdet. Das lag an Wildes schwarzem T-Shirt. Darauf stand in weißen Buchstaben: ›FCK SPD‹.« Welch ein schlagender Beweis für die Unmöglichkeit, ohne Kopfschütteln über eine Partei zu schreiben! Für das »Aufschlussreiche« am Gespräch mit dem Delegierten war dann leider kein Platz. Sehr wohl erwähnenswert fand Niejahr die Kritik am »säbelrasselnden Bundespräsidenten«, an der »Kriegsministerin Ursula von der Leyen« und am Außenminister Steinmeier, der »wie Kaiser Wilhelm vor dem Ersten Weltkrieg« rede. Sicher waren das keine Meisterwerke der Differenzierung, die einzelne Delegierte da abgeliefert hatten. Aber Elisabeth Niejahr unterbot dieses Niveau, statt sich den mehrheitlich gefassten Beschlüssen des Parteitags zu widmen, mit Leichtigkeit: »Dabei hatten die Minister und der Bundespräsident bloß für ein starkes militärisches Engagement Deutschlands in Krisengebieten plädiert.« Was mit Krieg und Säbelrasseln aus ihrer Sicht offenbar überhaupt nichts zu tun hat.

Um Missverständnissen vorzubeugen: Scharfe Kritik muss jede Partei ertragen. Hier allerdings geht es um journalistisch fragwürdige Methoden, und deshalb zeigt nicht nur dieses Beispiel: Es spricht tatsächlich vieles dafür, dass die Linkspartei es bei den etablierten Medien schwerer hat als andere. Aber sich darüber rituell zu beklagen, wie es viele in der Partei ganz gern tun, hilft sicher nicht weiter. Nützlicher wäre es, nach Erklärungen für das Phänomen zu suchen – und die gibt es sehr wohl.

Da ist erstens der strukturelle Grund: Die öffentlich-rechtlichen Medien spiegeln schon von ihrer Konstruktion, ihrer Rechtsform und ihren Gremien her eher die politischen Mehrheitsverhältnisse und damit letzten Endes den übermächtigen Mainstream wider. Die privaten Medien wiederum, darunter Zeitungen, sind bekanntlich im Eigentum kapitalistischer Unternehmen. Natürlich führt das zwangsläufig zu einem gewissen Konflikt zwischen den Eigentümerinteressen und solchen politischen Kräften, die die Überwindung des Kapitalismus anstreben, zumindest in seiner jetzigen Form. Hierzu nur ein besonders einleuchtendes Beispiel: Die Forderung nach einem gesetzlichen Mindestlohn steht zu dem Vertriebsmodell von Zeitungsverlagen, das unter anderem auf gering entlohnten Austrägern beruht, in einem direkten Widerspruch.

Nebenbei bemerkt: Wenn das Zeitungsabo von 2017 an etwas teurer werden sollte, weil der Träger doch noch Mindestlohn bekommt, dann sollten Befürworter einer würdigen Bezahlung guter Arbeit ihre Zeitung nicht kündigen, sondern dem Austräger gratulieren und sich über den Fortschritt zu etwas mehr Gerechtigkeit freuen.

Der Gedanke liegt also nah, dass Organisationsform und Eigentumsverhältnisse der Medien sich auf die Berichterstattung auswirken könnten, die die Angestellten von Fernsehbehörden oder Zeitungsunternehmen zustande bringen. Und der Verdacht scheint sich zu bestätigen, wenn ein Mann wie Alfred Neven DuMont, der Patriarch des großen Zeitungshauses M. DuMont Schauberg, verkündet: »Ich bin der Spiritus Rector der Redakteure.«[49] Neven DuMont wollte sich auf diese Weise zwar positiv darstellen als überzeugter Zeitungsmacher und damit als publizistischer Diener der Demokratie, als Gegenbild also zu Springer-Chef Mathias Döpfner, den er nicht zu Unrecht als Geschäftsmann ohne publizistische Ideale beschrieb. Aber nach totaler redaktioneller Unabhängigkeit klingt auch »Spiritus Rector« nicht.

Ganz so einfach, wie es erscheinen mag, sind die Verhältnisse allerdings nicht. Zwar ist der Zusammenhang zwischen Eigentumsverhältnissen beziehungsweise öffentlich-rechtlichem Einfluss einerseits und publizistischer, also auch gesellschaftlicher Macht andererseits nicht zu bestreiten. Und sicher gibt es Journalisten, die sich hinter der Übermacht der Verhältnisse verstecken und die wirklichen oder eingebildeten Erwartungen des Arbeitgebers schulterzuckend erfüllen. Aber es gibt auch andere, die – ohne gleich zum Helden werden zu müssen – die Grenzen dieser Übermacht testen und daran arbeiten, die Spielräume für abweichende Meinungen zu erweitern. Es ist in den Medien eben wie in der Gesellschaft insgesamt: So grundlegend mangelhaft das System auch erscheint, so wichtig ist es für kritisch Denkende, die vorhandenen Spielräume und Ansätze für Alternativen zu erkennen und zu nutzen.

Deshalb ist es ein Fehler, wenn sich linke Politiker aus schlechten Erfahrungen heraus zu pauschaler Medienschelte verleiten lassen – zumal, wenn dadurch auch noch der Eindruck entsteht, man wolle eigentlich am liebsten dazugehören bei der Kungelei zwischen Politik und Medien, die man zugleich kritisiert. Sie könnten ja auch selbstbewusst feststellen: Die Mächtigen mit Recht zu kritisieren, aber von ihnen genauso gut behandelt werden zu wollen wie die Opportunisten, das wäre dann doch zu viel verlangt. Und sie sollten lieber an genau dem arbeiten, was Gregor Gysi gefordert hat: an politischen Aussagen und Alternativen, die über die eigene Klientel hinaus überzeugen können. Auch, wenn der Weg zu öffentlicher Wirkung und Verbreitung mit Hindernissen gepflastert ist.

In dem Beitrag auf Telepolis, der die geringe Medienpräsenz der Linkspartei beschreibt, gibt es dazu zwei interessante Hinweise: Zum einen war die Linke in einem bestimmten Monat, dem August 2013, so fernsehpräsent wie sonst praktisch nie. Der Grund: Der Giftgaseinsatz in Syrien bestimmte die Nachrichten, und die Linkspartei hatte als Interviewpartner Jan van Aken zu bieten, einen ausgewiesenen Fachmann in Sachen Waffenkontrolle. Sachliche, auch sachlich vorgetragene Expertise kann also durchaus helfen, mediale Blockaden zu durchbrechen.

Der zweite Hinweis stammt von einem Sozialwissenschaftler. Er kritisiert, bei linken Politikern sei ein unzureichendes Verständnis für die Arbeitsbedingungen des Journalisten und die politische Aufmerksamkeitsökonomie zu beobachten. Noch zu oft gebe es »die Erwartungshaltung, dass der Journalist zu übernehmen habe, was in der alles erklärenden Pressemitteilung steht«. Und diese Kritik stammt nicht von einem Gegner der Linken, sondern von Horst Kahrs, einem Mitarbeiter der parteinahen Rosa-Luxemburg-Stiftung.[50]

Alternativen statt Pauschalparolen

Der Kritikpunkt des Wissenschaftlers Kahrs gilt natürlich nicht nur für Presseerklärungen, sondern erst recht für programmatische Aussagen. Und damit sind wir bei den selbstgemachten Hindernissen für eine schlagkräftige Oppositionsarbeit der Linkspartei. Ein Beispiel, wie es nicht geht, lieferte sie in der Vorbereitung des Europawahlkampfes 2014. Der Leitantrag zum Wahlparteitag, den der Vorstand im Dezember 2013 verabschiedet hatte, begann mit den Worten: »Die Europäische Union war einst eine Hoffnung für die Menschen. Aber was haben die Raubzüge der Großbanken, der Bürokratismus und die Unersättlichkeit der Rüstungskonzerne daraus gemacht? Spätestens seit dem Vertrag von Maastricht wurde die EU zu einer neoliberalen, militaristischen und weithin undemokratischen Macht.«[51]

Nun gibt es gute Gründe, die Politik der EU in weiten Teilen neoliberal, militaristisch oder auch weithin undemokratisch zu nennen. Aber Passagen wie die eben zitierte tun nicht nur das, sondern sie verallgemeinern in einer Weise, die die noch nicht Überzeugten, die Suchenden und Zweifelnden auszuschließen droht. Sie kritisieren eben nicht nur die konkrete Politik der EU, sondern bezeichnen das mühsam vereinte Europa pauschal als neoliberal, militaristisch und weithin undemokratisch. Sie erreichen so vielleicht einige Wählerinnen und Wähler, die von Euro und Europa nichts mehr hören wollen. Aber sie widersprechen vor allem dem eigenen Anspruch, die EU zu reformieren, statt sie zu zerschlagen. Und die ausgedrückte Kritik wird zudem unzugänglich für diejenigen, die nicht ständig hören wollen, sie seien dunklen Mächten ausgesetzt, die so stark erscheinen, dass Politik im Rahmen des bestehenden Systems ohnehin zwecklos sei. Das lähmende Gefühl, Politik sei nur ein Anhängsel solch böser Mächte und besitze weder die Kraft noch den Willen zur Gestaltung, ist ohnehin schon allzu weit verbreitet. Wer diesem Gefühl noch weitere Nahrung gibt, beschädigt sich als politische Kraft am Ende selbst. Nur wer die schädlichen Einflüsse auf die Politik, die es ja zweifelsohne gibt, konkret benennt und Alternativen formuliert, macht aus einer Oppositionspartei mehr als ein letztlich unpolitisches Auffangbecken für Frust.

Die großkalibrigen Kampfparolen, mit denen die Linkspartei noch immer gelegentlich ihre eigenen Politikangebote übertönt, sind nicht nur in Gefahr, Politikverdrossenheit zu bedienen und womöglich zu fördern. Sie gehen auch weit am kollektiven Bewusstsein unserer Gesellschaft vorbei. Das soll nicht heißen, diesem kollektiven Bewusstsein nach dem Munde zu reden, wenn man es nicht teilt. Es geht darum, ihm hörbar und verständlich eine kritische Stimme entgegenzusetzen. Die Stimmung in Deutschland ist ja, wie bereits in der Einleitung geschildert, besser als die Lage, und das erschwert jedes Streben nach Veränderung. Als die große Koalition mit ihrer Arbeit begann, schätzten Umfragen zufolge außergewöhnlich viele Menschen in Deutschland sowohl die wirtschaftliche Situation insgesamt als auch ihre persönliche Lage sehr positiv ein.[52] Das aber heißt: Angela Merkels Erzählung von der deutschen Insel der Stabilität in Europa, von der dank Agenda 2010 so erfreulichen Arbeitsmarktlage und der herausragenden deutschen Wettbewerbsfähigkeit hat die Hegemonie im öffentlichen Bewusstsein erobert.

Dass aber ganze Schichten der Gesellschaft vom wirtschaftlichen Erfolg abgehängt sind, das kommt in dieser Erzählung nicht vor. Zumindest nicht als der Skandal, der es ist. Dieser öffentlichen Stimmung muss eine linke Partei sich stellen, wenn sie für ihre Projekte zumindest langfristig Mehrheiten erreichen will.

Am Thema Mindestlohn lässt sich erkennen, dass auch die herrschende Politik die Tatsachen nicht auf Dauer ausblenden kann, wenn oppositionelle Kräfte sie immer wieder klar benennen. Es ist ja durchaus ein Fortschritt, wenn auch beileibe kein ausreichender, dass nun auch Deutschland so etwas kennt wie einen gesetzlichen Mindestlohn. Und wahrscheinlich ist es ein Erfolg, der ohne das sogenannte »linke Lager« und die Gewerkschaften nicht zu erzielen gewesen wäre. Aber es ist eben nur ein kleiner Teilerfolg, denn auf scheinbar paradoxe Weise verbindet sich der verbreitete Wunsch nach mehr Gerechtigkeit mit der ausufernden Beliebtheit der Kanzlerin und den Wahlerfolgen der CDU/CSU. Dafür gibt es allerdings auf den zweiten Blick eine plausible Erklärung: Womöglich will eine Mehrheit soziale Verbesserungen wie den Mindestlohn gerade dann verwirklicht sehen, wenn gleichzeitig Mutti Merkel dafür sorgt, dass dabei keine Jobs verloren gehen, wie sie ja immer wieder beteuert. Angela Merkel gibt einer verunsicherten Gesellschaft ein Stabilitätsversprechen, das sich mit einigen Reparaturen am sozialen Gefüge verbindet. Was die Gerechtigkeit betrifft, sind diese zwar auf minimale Korrekturen beschränkt, aber das reicht einer Mehrheit offenbar bisher aus.

Das Problem für die Linkspartei: Diesem Vertrauen in die vermeintliche Stabilitätsgarantin Merkel hat sie insgesamt in Deutschland bisher keine ebenso vertrauenerweckende Reformalternative entgegenzusetzen. Fragwürdige Pauschalparolen – wie diejenigen aus dem ersten Entwurf des Europawahlprogramms – haben in diesem Zusammenhang gleich einen doppelten Nachteil: Sie unterstellen der beliebtesten Politikerin Deutschlands das Motiv, der Bevölkerungsmehrheit absichtlich schaden zu wollen – und vergraulen damit diejenigen, die sich bei ihr sicher fühlen möchten. Und sie suggerieren dem Einzelnen, er existiere im grundlegend Falschen, in dem es ja laut Adorno kein richtiges Leben gebe.[53] Das kommt bei denjenigen, die ihr Leben zu meistern versuchen, ohne sich gesellschaftstheoretisch zu betätigen, nicht besonders gut an. Und vielen geht es auch heute noch tatsächlich zu gut, um die Welt, in der sie leben, so grundstürzend negativ zu betrachten. Es ist ja schon schwer genug, zu vermitteln, dass sich überhaupt etwas ändern muss.

Das heißt wohlgemerkt nicht, dass Kapitalismuskritik, auch radikale, von vornherein unangemessen wäre. Es geht vielmehr um die Frage: Wie kann linke Politik an den bestehenden Stimmungslagen besser anknüpfen als bisher? Das Europa-Wahlprogramm, das der

Parteitag der Linken schließlich im Februar 2014 verabschiedete, zeigt deutlich, dass die größere der beiden kleinen Oppositionsparteien genau dies am Ende verstanden hatte. Nun formulierte die Einleitung die Kritik am Handeln der Europäischen Union in unveränderter Klarheit, aber eben auch in allgemein nachvollziehbarer, weniger parolenhafter Sprache: »Die EU hat ihr Ziel, Frieden – auch sozialen – zu schaffen und zu erhalten, aus den Augen verloren. Seit Ende des Kalten Krieges setzen die EU-Mitgliedstaaten stärker denn je auf Waffenexporte und militärische Stärke, statt auf zivile Konfliktlösung und -prävention zu orientieren. Das findet seinen Niederschlag in der Ausrichtung der EU-Politik durch die Regierungen und den Rat. (...) Das politische Angebot der Linken, das wir in unserem Wahlprogramm für das Europäische Parlament unterbreiten, entwirft dagegen ein Europa, das sozialer, gerechter, ökologischer, feministischer, friedlicher und weltoffener ist.«[54] Und sogar Gysis Forderung, es müsse um Zustimmung auch über die eigene Klientel hinaus geworben werden, fand ihren Niederschlag: »Wir, Die Linke, wollen mit unseren Vorschlägen, Forderungen und Visionen für ein gemeinsames Europa politisch bei all jenen anknüpfen, die sich für diese Ziele engagieren.«[55]

Im gleichen Beschluss fand sich übrigens, elegant kaschiert mit einem Zitat von Karl Marx, eine erfreulich klare Absage an nationalistische Anklänge, die es auch bei der Linkspartei gibt: »Auch heute gilt die Aufforderung von Karl Marx (...), sich gegen jede Politik zu wenden, die ›mit Nationalvorurteilen ihr Spiel treibt‹.«[56]

Es gehört zu den genialsten, allerdings auch fatalsten Schachzügen politischer Öffentlichkeitsarbeit, dass es in Deutschland gelungen ist, das marktliberale, von nationalen deutschen Interessen geprägte Europaprojekt unter dem Label »Eurorettung« zu verkaufen. Von so etwas können PR-Experten nur träumen: Unter der Rettung der gemeinsamen Währung, die ja in der Tat notwendig ist, wird in weiten Teilen der Bevölkerung nur das verstanden, was auch Merkel und ihre politischen Freunde darunter verstehen: »Wettbewerbsfähigkeit« durch Einsparungen auf Kosten der sozialen Gerechtigkeit, wie sie Deutschland seit Beginn der Finanzkrise großen Teilen Europas aufgezwungen hat, verbunden mit der weitgehend verlogenen Behauptung, dass Deutschland den Krisenländern sozusagen selbstlos »hilft«. Das zeigt sich sogar noch dann, wenn man auf die Gegner der Merkel'schen Europapolitik schaut: Die rechtspopulistische Partei AfD verfestigt mit ihrer anti-europäischen Attitüde den verbreiteten Eindruck, die Alternativen bestünden nur darin, den Euro entweder auf Merkels Art zu retten oder (wie von der AfD gewünscht) gar nicht.

Dabei betreibt die Bundesregierung seit Jahren genau das, was sie nach Ansicht ihrer Kritiker von rechts unterlässt. Sie macht eine Europapolitik, die sich einseitig am nationalen Interesse, also an der »Wettbewerbsfähigkeit« einer exportorientierten Volkswirtschaft, orientiert. Dass eine linke Partei gerade in dieser Situation das internationale Friedensprojekt Europa eigenständig zu definieren und zugleich zu verteidigen hat, liegt eigentlich auf der Hand. Aber auch in der Linkspartei hatte es – deshalb wohl die Klarstellung mit den Worten von Karl Marx – leider auch andere Töne gegeben.

Zum Beispiel bei Gysis Stellvertreterin Sahra Wagenknecht. Als der damalige Wirtschaftsminister Philipp Rösler (FDP) im Juni 2013 von einer Einladung an arbeitslose junge Südeuropäer zur Ausbildung in Deutschland sprach, da geißelte Gysis Stellvertreterin zunächst den Zynismus eines Politikers, der für die aussichtslose Lage vieler Menschen selbst Verantwortung trage und ihnen nun freundlich empfehle, vor der Misere zu fliehen. So weit, so gut. Aber sie nannte Röslers Einladung darüber hinaus »eine Ohrfeige für Hunderttausende junge Menschen, die in Deutschland leben und von denen viele nie eine Chance bekommen haben«[57]. Damit hatte sie Europäer unterschiedlicher Nationalitäten gegeneinander ausgespielt.[58] Und den Bemühungen, nationalen Tönen ein linkes, europäisches Projekt entgegenzusetzen, einen Bärendienst erwiesen.

Streitpunkt Ukraine

Unerwartet bot sich im Frühjahr 2014 der Linkspartei eine weitere, wenn auch sehr unerfreuliche Gelegenheit zu überzeugender Oppositionspolitik: die Umwälzungen in der Ukraine, die Annexion der Krim durch Russland, der gewaltsame Kampf um den Osten des Landes und die daraus folgenden Zerwürfnisse zwischen Russland und dem Westen. Die NATO, die USA und in weiten Teilen auch die Europäische Union betrieben in der ersten Phase dieses schweren Konflikts eine Politik der fast bedingungslosen Unterstützung für die neuen Kräfte in der Ukraine, die den autoritären Oligarchen-Präsidenten Viktor Janukowitsch gestürzt und an der Regierung abgelöst hatten.

Dieser Umsturz war ja in der Tat von einer breiten Volksbewegung ausgegangen, und insofern sprach zunächst nichts dagegen, ihn im Grundsatz positiv zu begleiten. Und in der Tat begegnete Russlands Präsident Wladimir Putin einer möglichen Annäherung der Ukraine an die EU oder gar an die NATO mit einer Politik der Konfrontation, die dem Verhalten des Westens aufs Unangenehmste spiegelbildlich ähnelte. Schnell wurde dann aber deutlich, dass ein Großteil der westlichen Hauptakteure die Gelegenheit zu einer weiteren Ausdehnung ihrer Einflusssphäre nutzen wollte, ohne die innerukrainischen und außenpolitischen Risiken auch nur zur Kenntnis zu nehmen. Weder die anfängliche Beteiligung rechtsnationalistischer, teils antisemitischer Kräfte an der Übergangsregierung in Kiew noch das Verhältnis zu Russland, das von den Umwälzungen zwischen EU-Ostgrenze und russischer Westgrenze nicht unberührt bleiben konnte, schienen die EU, die USA und die NATO zu interessieren.

Im Eiltempo wurde für die Ukraine, mit ihren fruchtbaren Böden ein attraktiver Investitionsstandort für landwirtschaftliche Produktion[59], ein sogenanntes »Hilfspaket« geschnürt: Von insgesamt elf Milliarden Euro war die Rede. Wie immer, wenn auf diese Weise »geholfen« wird, enthielt das Paket neben Zuschüssen auch einen hohen Anteil an Krediten, die das Land auf Jahre in eine Abhängigkeit von den Gebern bringen: Von den gut elf Milliarden Euro, die die EU für die Jahre bis 2020 bewilligte, waren acht Milliarden Kredite und nur drei Milliarden Zuschüsse, also echte Hilfen.[60] Und wie immer waren die Zusagen an Bedingungen geknüpft, die die soziale Lage noch verschärfen würden. So vereinbarte die Ukraine mit dem Internationalen Währungsfonds im Gegenzug für neue Kredite unter anderem, die Anpassung des Mindestlohns und der Sozialhilfe an die Teuerungsrate auszusetzen.[61] Auch wenn die EU in Aussicht stellte, zum Beispiel die Folgen des Abbaus von Energiesubventionen mit weiterer Hilfe »abfedern« zu wollen.[62] Führende Kräfte in der NATO wiederum sahen die Chance für eine neue Aufrüstungsrunde.[63]

All dies geschah weitgehend ohne Rücksicht auf den historischen und geopolitischen Hintergrund, und darauf wies die Linkspartei zu Recht hin. Tatsächlich hatte der Westen bereits mit der Osterweiterung der NATO und der EU oder auch mit dem Kosovo-Krieg der Sorge Russlands Vorschub geleistet, von einem westlichen Militärbündnis, das sich bis an seine Grenze vorschiebt, in die Enge getrieben und isoliert zu werden. Das waren ja keineswegs nur die Phantasien und Verfolgungsängste eines selbstherrlichen Autokraten im Kreml (der Wladimir Putin zweifelsohne ist), sondern Tatsachen, die eine entspannungswillige westliche Diplomatie hätte ins Kalkül ziehen müssen.

So war die Kritik, die Fraktionschef Gregor Gysi im März 2014 im Bundestag formulierte, notwendig und berechtigt. Gysi stellte klar, dass es sich bei der russischen Intervention auf der Krim auch nach seiner Ansicht um einen Bruch des Völkerrechts handelte, verwies aber zugleich – ohne die Politik von Wladimir Putin zu verteidigen – in historisch überzeugender Weise auf russische Interessen. Gysis Rede sei hier etwas ausführlicher zitiert, weil sie zeigt, wie nachvollziehbare Oppositionspolitik aussehen könnte:

»Am 9. Februar 1990 hat US-Außenminister Baker zu Gorbatschow gesagt, die NATO werde sich keinen Inch nach Osten ausdehnen. (…) Der Preis von Gorbatschow für die deutsche Einheit und die Zugehörigkeit ganz Deutschlands zur NATO war der Verzicht auf die Ostausdehnung der NATO; auch Genscher hatte das zugesichert. Diese Vereinbarung haben Sie verletzt. (…) Aus der NATO wurde ein Interventionsbündnis, und zwölf Staaten des ehemaligen Ostblocks wurden aufgenommen: Tschechien, Polen, Ungarn, Estland, Lettland, Litauen, Slowakei, Slowenien, Bulgarien, Rumänien, Albanien und Kroatien. (…) Ich habe nicht bestritten, dass sie beitreten wollten; das weiß ich. Aber die NATO wollte das auch, sonst wäre dieser Beitritt nicht zustande gekommen. Auf dem NATO-Gipfel in Bukarest 2008 wollten die USA das NATO-Gebiet auch auf Georgien und die Ukraine ausdehnen – die wollten das vielleicht auch –, aber da hat die Bundesregierung Nein gesagt, in den anderen Fällen nicht. Immerhin das haben Sie verhindert. Putin sagte auf dem Gipfel in Bukarest wörtlich Folgendes – ich zitiere –: ›Das Entstehen eines mächtigen Militärblocks an unseren Grenzen würde in Russland als direkte Bedrohung der Sicherheit unseres Landes betrachtet werden.‹ Warum wurde daran nicht gedacht, warum von vornherein das Gezerre um die Ukraine, entweder zur EU oder zu Russland? Nie wurde begriffen, dass die Ukraine eine Brücke zwischen der EU und Russland sein muss.«[64]

Hier erfüllte Gysi nicht nur die Aufgabe, die Regierung mit differenzierter Kritik zu konfrontieren, sondern auch die zweite seiner selbst gestellten Anforderungen an einen Oppositionsführer: Er setzte der Regierungspolitik eine Alternative entgegen, und zwar eine, die nicht weniger realistisch erschien, eher im Gegenteil:

»Erstens. Lassen Sie den Unsinn mit den Sanktionen. Eine neue Spirale und weitere Zuspitzungen bringen nichts. China macht da nicht mit; das ist für Russland viel wichtiger. Sie müssen diese Sanktionen eines Tages sowieso wieder zurücknehmen. Das wird eher peinlich.

Zweitens. Keine Abkommen und Verträge mit dieser Übergangsregierung, sondern Unterstützung bei der Vorbereitung und Beobachtung demokratischer Wahlen in der Ukraine. Erst dann, mit legitimer Regierung und ohne Faschisten, können Verhandlungen geführt werden.

Drittens. Die NATO-Mitgliedschaft der Ukraine muss ausgeschlossen werden.

Viertens. Der Status der Ukraine als Brücke zwischen EU und Russland ginge auch mit einer Perspektive der Mitgliedschaft der Ukraine in der EU, wenn sie auch mit Russland ausgehandelt ist und wir insgesamt eine Zusammenarbeit vereinbaren können.

Fünftens. Russland bleibt aufgefordert, auf weitere militärische Drohungen und Androhungen, erst recht auf die Anwendung von Gewalt, in der Ukraine und anderswo zu verzichten und die Ukraine als souveränen Staat anzuerkennen. Das muss mit einer klaren, positiven Perspektive der Beziehungen zu Russland seitens der EU und seitens Deutschlands verbunden sein, und zwar mit Russland als Bestandteil Europas und nicht außen vor.

Sechstens. Faschistische Organisationen und Parteien sowie paramilitärische Einheiten und andere illegale bewaffnete Formationen in der Ukraine sind aufzulösen. Das staatliche Gewaltmonopol muss durchgesetzt werden. Darauf müssen Sie bestehen, bevor Sie ihnen einen einzigen Euro überweisen oder Verträge mit ihnen abschließen.«[65]

Im Verlauf der Ukraine-Krise zeichnete sich übrigens ab, dass der für Russland wichtigste Punkt aus Gysis Katalog – keine NATO-Mitgliedschaft der Ukraine – zumindest in Deutschland trotz gelegentlichen Drucks von rechts[66] Grundlinie auch der Regierung bleiben würde.[67] Daran hätte die Linke durchaus ihren Anteil reklamieren können. Aber in der öffentlichen Wahrnehmung spielte ihr konstruktiver Ansatz kaum eine Rolle. Das lag vielleicht auch, aber wiederum nicht nur an den Medien. Es war erneut Sahra Wagenknecht, die sich für laute und wenig differenzierte Töne entschied und damit leider die Berichterstattung dominierte. Gysis Stellvertreterin argumentierte zwar mit denselben Tatsachen und Aspekten wie der Fraktionschef, aber sie rechnete Putins Völkerrechtsbruch mit den Verfehlungen des Westens direkt auf, statt beides schlicht zu verurteilen. Wer das als implizite Rechtfertigung von Putins Intervention verstand – auch wenn Wagenknecht die Völkerrechtswidrigkeit nicht bestritt –, der musste keineswegs ein eingefleischter NATO-Fan sein:

»Natürlich war das völkerrechtswidrig. Nur: Es reiht sich ein in die Serie der Völkerrechtsbrüche, die in den letzten Jahren vor allem die USA und Europa begangen haben: in Jugoslawien, im Irak, in Afghanistan und in Libyen. Seit Jahren tritt die Außenpolitik weltweit das Völkerrecht mit Füßen. Es ist geradezu lächerlich, wenn US-Außenminister John Kerry jetzt Russland dafür kritisiert, dass es strategische Interessen mit militärischen Mitteln verficht. Das tun die USA seit Jahren mit Vehemenz und Rücksichtslosigkeit.«[68]

So berechtigt die Kritik an den USA auch ist, so verfehlt ist eine solche Rhetorik des Aufrechnens: Das rücksichtslose Verhalten auf der einen Seite macht es auf der anderen nicht besser. Und eine konkrete Idee, wie der Westen auf Russlands Verhalten reagieren könnte, fehlte bei Sahra Wagenknecht ganz – anders als bei Gregor Gysi.

Dieses Auftreten beschädigte nicht nur den Ruf Sahra Wagenknechts, den sie sich als kluge Analytikerin und Kritikerin der deutschen und europäischen Wirtschaftspolitik erworben hatte. Vor allem konterkarierte es Gysis Anspruch, dem Wagenknecht selbst ja in der Wirtschaftspolitik durchaus immer wieder gerecht wird: als Opposition auch über die eigenen Parteigrenzen hinaus zu überzeugen und Alternativen anzubieten. Und Wagenknechts Rhetorik hatte zusätzlich den Nebeneffekt, der großkoalitionären SPD ohne Not eine Gelegenheit zur Abgrenzung zu liefern. Wohlgemerkt: Auf inhaltlichen Positionen zu bestehen, auch wenn sie künftige Koalitionen schwieriger erscheinen lassen, ist auf Dauer ertragreicher als eine vorauseilende Anpassungspolitik, die leicht zum Identitätsverlust von Parteien führen kann. Letztlich erhöht es wahrscheinlich sogar die Erfolgsaussichten künftiger Koalitionsgespräche, wenn die Ausgangspositionen der Beteiligten eindeutig erkennbar sind. Etwas anderes aber ist es, Positionen so einseitig und unseriös zuzuspitzen, dass sie selbst für viele Genossen in der eigenen Partei nicht mehr akzeptabel sind[69] und jede Konsensmöglichkeit mit anderen, die eigentlich ähnliche Auffassungen haben, konterkarieren.

Die Frage, ob es der Linkspartei gelingen würde, zur politisch klar erkennbaren und zugleich für breitere Wählerschichten attraktiven Alternative zum großkoalitionären Stillstand zu werden, bleibt also nach dem Start der schwarz-roten Regierung zunächst offen. An ihrer Verpflichtung, als vielleicht einzige politische Kraft Alternativen zu formulieren, ändert das nichts; auch nicht an der Aufgabe, gesellschaftlichem Unmut und Widerstand, so gering und unzureichend er erscheinen mag, eine Stimme im parteipolitischen Konzert zu geben.

Vereint im Streit

Dass sich nach der Bundestagswahl 2013 das Projekt einer rot-rot-grünen Reformmehrheit so aussichtslos wie lange nicht darstellte, lag beileibe nicht allein an der Linkspartei. Nicht, dass die Aussichten vorher rosig gewesen wären. Schon am Wahlabend des 27. September 2009 hatte sich der freundliche Herr Steinmeier, gerade in historischen Ausmaßen mit seiner Kanzlerkandidatur gescheitert, in fast putschistischer Manier zum künftigen Fraktionsvorsitzenden der SPD erklärt. Damit war klar, dass jeder Versuch, die Sozialdemokratie vom Agenda-Trauma zu befreien und auch das Tabu einer Zusammenarbeit mit der Linkspartei im Bund zu überwinden, innerparteilich auf massiven Widerstand stoßen würde.

Womöglich hatte Sigmar Gabriel solche Pläne, und er hat ja damals einige Versuche gemacht, die SPD von Teilen der Agenda wegzurücken. So räumte er bei seiner Wahl zum Vorsitzenden 2009 das historische Versagen der SPD in erstaunlich klarer und offener Weise ein: »Die Gründe für den Niedergang der Sozialdemokratie in vielen Ländern Europas, auch in Deutschland, liegen offenbar tiefer als auf der Oberfläche einzelner politischer Beschlüsse. Die schwierigen Beschlüsse, die uns so sehr von unserer Wählerschaft entfernt haben – zur Arbeitsmarktreform, zur Leiharbeit, zur Rente –, sind, glaube ich, nur Symptome, nicht die eigentlichen Ursachen. (…) Wir haben uns einreden lassen – und mit uns viele andere in der Sozialdemokratie Europas –, die politische Mitte sei etwas Festgelegtes, an das man sich anpassen müsse, wenn man Wahlen gewinnen will. Der Politologenglaube, man müsse sich einer vermeintlich festgelegten Mitte annähern, wenn man noch Wahlen gewinnen will, statt sie mit eigenen Antworten und Konzepten wieder für sich zu gewinnen, ist – so glaube ich – die eigentliche Ursache für unsere Wahlverluste. Denn die hinter dieser scheinbar festgelegten Mitte stehende Deutungshoheit lag ja seit dem Fall der Mauer nicht bei uns, sondern jeden Tag ein bisschen mehr bei den Marktideologen. Wettbewerbsfähigkeit im Zeitalter der Globalisierung – so die weltweite Deutungshoheit seit Mitte der neunziger Jahre – sei nur durch Anpassung an die Märkte zu schaffen.«[70] Aber gegen das Machtzentrum Fraktion war er damit womöglich wirklich chancenlos.

Drei Jahre später, als Peer Steinbrück Kanzlerkandidat wurde, war es dann wohl schon zu spät. Steinbrück war also eher nicht der Sargnagel für alle rot-rot-grünen Hoffnungen, jedenfalls nicht der einzige. Er führte 2013 immerhin einen für seine Verhältnisse geradezu sozialdemokratischen Wahlkampf, und das Programm, mit dem er antreten durfte oder musste, hätte ausreichend Anknüpfungspunkte für Rot-Rot-Grün geboten. Aber dass der Kandidat der SPD, wie immer er auch hieße, ein solches Bündnis ausschließen würde, war zum Zeitpunkt der Steinbrück-Kür im September 2012 längst entschieden.

Drei Jahre waren vergangen, ohne dass die SPD versucht hätte, die Anti-Stimmung gegen Rot-Rot-Grün in den meisten Medien und weiten Teilen der Bevölkerung zu wenden. Aber auch die Linke hatte es nach 2009 versäumt, ihren Beitrag zur Ermöglichung einer solchen Koalition zu leisten. Dafür gab es unterschiedliche Gründe: Da war, neben berechtigter Kritik, eine teils irrationale Abwehrhaltung ehemaliger SPD-Mitglieder in der Linkspartei gegenüber den Sozialdemokraten. Da war die alte Befürchtung, beim Eingehen von Kompromissen in einer Koalition könne die Partei ihr Profil verlieren. Da war das gelegentlich anzutreffende Kalkül, man könne mehr Stimmen gewinnen, wenn man sich weiter vor allem als Opfer ungerechter Ausgrenzung gebe. Und da waren die Auseinandersetzungen in der Bundespartei, die nach schweren Verlusten an Zeit und Kraft zur neuen Spitze aus Katja Kipping und Bernd Riexinger führten. All diese Punkte wurden sicher oft medial überzeichnet, aber ebenso sicher waren sie nicht nur Erfindungen der Medien.

Leider zeigte sich auch nach dem Start der großen Koalition und nach den Positionsbestimmungen von Gysi & Co., dass die teils unappetitliche Streit-»Kultur« innerhalb der Linkspartei keineswegs überwunden war. So zwang die Veröffentlichung eines internen Papiers von unbekannten Autoren, in dem namentlich genannte Genossinnen und Genossen unter anderem als »personelle No-Gos« abgetan worden waren, die Parteiführung zu wiederholten Distanzierungen und zur Ernennung eines internen »Sonderermittlers«[71]. Und ein Angriff der Linken-Abgeordneten Sevim Dağdelen auf die Grünen in der Ukraine-Debatte veranlasste die Vorsitzenden Kipping und Riexinger sogar zu einer öffentlichen Distanzierung. Dağdelen hatte im Bundestag zur Grünen-Fraktionsvorsitzenden Katrin Göring-Eckardt gesagt: »Frau Kollegin Göring-Eckardt, Ihre Rede gerade erinnerte mich an den großen Dichter und Denker Bertolt Brecht, der einmal treffend formuliert hat: ›Wer die Wahrheit nicht weiß, der ist bloß ein Dummkopf. Aber wer sie weiß und sie eine Lüge nennt, der ist ein Verbrecher!‹ (...) Es entsetzt mich, ich bin darüber wirklich schockiert, dass Sie hier die Behauptung aufstellen, dass sich mit den geringen Stimmenzahlen für die Kandidaten der Swoboda oder des Rechten Sektors das Problem des Neofaschismus, das Problem des Antisemitismus in der Ukraine erledigt habe. (...) Sie wissen ganz genau, dass das nicht stimmt.«[72] Daraufhin nannten Kipping und Riexinger Dağdelens Kritik in der Sache zwar legitim. »Eine solche Kritik rechtfertigt aber keinesfalls, der Abgeordneten Göring-Eckardt ein Verbrechen zu unterstellen, sie damit als Verbrecherin darzustellen.«[73]

Wiederum ließe sich behaupten, es handele sich hier um das Aufbauschen einzelner Konflikte durch »die Medien«. Das ginge aber, bei aller berechtigten Medienkritik, an der Sache vorbei. Zum einen ist das »Bekanntwerden« interner Papiere in der Regel damit zu erklären, dass Interessierte in der Partei die sonst so gescholtenen Journalisten schlicht damit versorgen. Zum anderen führen die Beteiligten auch den Streit direkt über die Medien: mit Presseerklärungen, Interviews und Namensartikeln.

Es wäre also sehr kurzsichtig, die Augen vor der Tatsache zu verschließen, dass in der Linkspartei ein tiefgehender und weiterhin ungelöster Konflikt um die strategische Ausrichtung besteht, der auch im Jahr nach der Bundestagswahl 2013 keineswegs entschieden ist. Schon gar nicht zugunsten eines Kurses, der rot-rot-grüne Optionen erleichtern würde und wie ihn zum Beispiel das innerparteiliche »Forum Demokratischer Sozialismus« (FDS) forciert – leider ohne Erfolg: »Wir müssen akzeptieren, dass wir keine Mehrheit in der Partei haben und darum kämpfen, dies zu ändern«, sagte FDS-Sprecher Stefan Liebich im Juni 2014.[74]

Durch diese faktische Spaltung wurde bislang ein Lernprozess verhindert oder zumindest aufgehalten, den eine linke Partei in einem parlamentarischen und kapitalistischen System immer wird leisten müssen. Sie kann sich natürlich, getreu dem Motto »Wenn Wahlen etwas ändern würden, dann wären sie verboten«, dem parlamentarischen System entziehen. Wenn sie das aber nicht tut, dann steht sie im notwendigen Dauerkonflikt zwischen ihren Idealen und den systemimmanenten Möglichkeiten. Nirgends steht geschrieben, dass man – wie SPD und Grüne es leider tun – die Ideale den Möglichkeiten anpassen muss, wenn man im praktischen Handeln auch Kompromisse macht. Zur Kenntnis nehmen sollte man das Spannungsverhältnis allerdings schon. Wahrscheinlich ist dieser Konflikt gar nicht auflösbar. Aber genau das muss und sollte eine linke Partei auch nicht versuchen. Wer sich dem Konflikt zwischen Idealen und kurzfristigen Möglichkeiten immer wieder stellt, wird ihn auch aushalten können. Das ist jedenfalls besser, als die zwei entgegengesetzten Enden – Fundamentalkritik einerseits und Mitwirkung innerhalb des Systems andererseits – in Flügeln, Plattformen oder Ähnlichem zu verstauen und bei jedem Parteitag neu aufeinanderprallen zu lassen, als wären sie einander ausschließende Alternativen.

Wie die eingangs zitierten Äußerungen von Gregor Gysi zeigen, haben Teile der Linkspartei das erkannt. Aber am 22. September 2013 war es, aus den genannten Gründen, zu spät. Die Linkspartei hatte es versäumt, sich zu einigen und gemeinsam auf ein rot-rot-grünes Bündnis vorzubereiten. Das machte es den Gegnern dieses Bündnisses bei SPD und Grünen leicht, ihre Parteien auf eine Ablehnung dieser Option festzulegen.

In der Situation, die mit der großen Koalition Ende 2013 entstand, ist es sicher für die Linkspartei richtig, sich auf die eigene Programmatik und die fundierte Kritik an Schwarz-Rot zu konzentrieren. Notwendige Veränderungen werden sich, wenn das Bewusstsein in der Gesellschaft für die Risiken des Stillstands wächst, ihre Mehrheiten suchen, aber eine linke Politik muss ihnen dabei helfen. Sie muss den Kampf um die Hegemonie in der öffentlichen Debatte gemeinsam mit denjenigen führen, die die Unzufriedenheit teilen, auch wenn sie noch nicht mit allen Programmpunkten der Linkspartei sympathisieren.

In den Parlamenten und in der Öffentlichkeit wäre es Aufgabe der Linken, an ausgewählten Punkten immer und immer wieder zu betonen, was konkret schon morgen auch anders ginge – so wie Gysi es in der Ukraine-Debatte getan hat. Das gilt in besonderem Maße für verteilungspolitische Fragen wie Steuergerechtigkeit, angemessenem Mindestlohn, soziale Sicherung. Hier bedarf es dringend einer politischen Kraft, die konkrete Alternativen zum herrschenden Stillstand benennt, auch wenn damit die Ziele der eigenen Partei zunächst nur in Teilen umgesetzt würden. Man kann das als Politik nicht der kleinen, sondern der ersten Schritte bezeichnen; als eine Oppositionspolitik, die ständig realistische Angebote macht, ohne die Ideale zu verraten.

All das muss und sollte nicht bedeuten, die verbliebenen rot-rot-grünen Anknüpfungspunkte aus den Augen zu verlieren – so gering auch unter den herrschenden Bedingungen die Realisierungschancen erscheinen mögen. Denn es sieht ganz so aus, als existiere ein »rot-rot-grünes Milieu«, von dem man bis 2013 träumen durfte, nicht oder nicht mehr. Wahrscheinlich muss sich die gesellschaftliche Basis für alternative Mehrheiten der Zukunft neu sortieren. Die Grünen entwickeln sich zur alternativen Mehrheitsbeschafferin für die Union (siehe Seite 85 ff.), und niemand kann sagen, was mit demjenigen Teil ihrer Klientel geschieht, der Schwarz-Grün nicht akzeptiert. Ebenso offen ist zunächst, wie sich in Richtung 2017 die Kräfteverhältnisse in der SPD und ihrer Wählerschaft entwickeln. Und noch ist unklar, wie viel Zulauf aus den Reihen der Unzufriedenen die alten und neuen Parteien des rechtskonservativen bis rechtsextremen Lagers bekommen. Aber gerade in dieser Phase der Offenheit wäre es falsch, Gemeinsamkeiten und künftige Handlungsmöglichkeiten des parteipolitisch »linken Lagers« außer Acht zu lassen.

Es war also richtig, dass Politiker der Linkspartei das Gespräch mit Interessierten aus den Reihen von SPD und Grünen nie aufgegeben haben, dass Politiker der drei Parteien sich auch unter der großen Koalition in unterschiedlichen, mehr oder weniger informellen Runden treffen.[75] Vor allem aber gilt für die Linkspartei die bereits am Anfang dieses Kapitels zitierte Aussage von Gregor Gysi: »Wir müssen jetzt immer Alternativen anbieten, die auch nachvollziehbar sind. (…) Wir tragen nun eine andere Verantwortung für die Gesellschaft der Bundesrepublik Deutschland.« Nämlich genau die Verantwortung als Reformpartei, die vor allem die SPD beim Eintritt in die große Koalition weitgehend aufgegeben hat.

Widerstand von oben? Nicht mit Gauck

Es gibt in Deutschland eine Institution, die angesichts einer weitgehend reformunwilligen Regierung geeignet wäre, vor dem Stillstand zu warnen und die Parteien an ihre Pflicht zum Entwickeln echter politischer Alternativen zu erinnern. Und das ist der höchste Hüter des demokratischen Systems neben dem Bundesverfassungsgericht: der Bundespräsident. Es macht die politische Situation insgesamt nicht besser, dass sich Joachim Gauck in dieser Rolle bislang weitgehend als Ausfall erwiesen hat. Wo er sich als Antreiber zeigt, tut er es nicht selten in genau die Richtung, für die die erdrückende Mehrheit ohnehin schon steht. Das gilt, wie in diesem Kapitel zu zeigen sein wird, vor allem für zwei zentrale Themen: In der Wirtschafts- und Sozialpolitik hat sich Gauck zunehmend auf einen neoliberalen Kurs begeben, der seinem Vor-Vor-Vor-Vorgänger Roman Herzog alle »Ehre« macht (siehe Seite 30 f.). Und in der Außenpolitik machte er sich – offensiver noch als seine Gesinnungsgenossen in der schwarz-roten Bundesregierung – zum Sprecher einer möglichst vollständigen Enttabuisierung militärischer Einsätze.

Bevor der Rostocker Pfarrer im März 2012 das höchste Amt im Staate antrat, gab es bereits eine Reihe von Skeptikern, darunter der schon erwähnte Albrecht Müller.[76] Es herrschte aber auch teilweise die Hoffnung, dass Gauck seine intellektuelle Kraft und sein unabhängiges Denkvermögen nutzen würde, um dem ihm eigenen Freiheitspathos eine angemessene Portion Nachdenklichkeit über den sozialen, ökologischen und humanitären Reformbedarf beizufügen.

Es war zwar klar, dass Gauck nicht aufhören würde, das System der Bundesrepublik als befreiende Alternative zur DDR zu empfinden. Das ist niemandem zu verübeln, schon gar nicht jemandem, der mit der SED-Diktatur und ihren sowjetischen »Freunden« traumatische Erfahrungen verbindet.[77] Und er hat ja Recht: Im Vergleich zur DDR ist das Leben in der Bundesrepublik selbstverständlich ein großer Gewinn an persönlicher Freiheit und Entfaltungsmöglichkeit, trotz allem. Aber es war angesichts aller Erfahrung mit Gauck auch zu hoffen, dass er sich im Präsidentenamt die Freiheit nehmen würde, Fehlentwicklungen zu benennen – gerade, wenn die Politik in ihrer großen Mehrheit sie verschweigt. Und es war auch zu hoffen, dass die stetigen intellektuellen Suchbewegungen des Joachim Gauck ihn dort lernfähig machen würden, wo er – etwa beim Thema Sozialstaat – Leerstellen vorwies.[78]

Der freie, an kein Amt gebundene Redner Gauck hatte vor seiner Wahl zum Präsidenten ein wesentlich größeres Differenzierungsvermögen an den Tag gelegt, als seine Kritiker ihm zubilligen mochten. So machte etwa seine Äußerung Schlagzeilen, Thilo Sarrazin sei mit seinen abwertenden Äußerungen über Zuwanderer »mutig« gewesen.[79] Unterschlagen wurde dagegen die Ablehnung gegenüber »biologistischen Herleitungen« Sarrazins, die Gauck praktisch im gleichen Atemzug äußerte und dann auf die Nachfrage zum »Integrationsproblem« ausführlicher erläuterte: »Es besteht nicht darin, dass es Ausländer oder Muslime gibt – sondern es betrifft die Abgehängten dieser Gesellschaft. Darum erscheint es notwendig, und das ist meine Kritik an Sarrazin, genauer zu differenzieren und nicht mit einem einzigen biologischen Schlüssel alles erklären zu wollen.«[80]

Es war sicher kein Zufall, dass Angela Merkel – ebenso wie viele Kritiker aus dem linken Lager, nur aus entgegengesetzten Gründen – diesen Präsidenten nicht wollte. Was die einen hoffen mochten, hätte sie offensichtlich lieber vermieden: sich einen unabhängigen und damit auch unberechenbaren Geist ins Schloss Bellevue zu holen, der imstande sein könnte, ihr bei Bedarf in die Parade zu fahren.

Als Gauck am 18. März 2012 gewählt worden war, schien er zunächst die Hoffnungen der einen und die Befürchtungen der anderen zu bestätigen. So wählte er – um nur dieses Beispiel zu zitieren –

zum Verhältnis zwischen Freiheit und Gerechtigkeit Worte, die jeder Kritiker der realen deutschen Verhältnisse und der Politik von Angela Merkel gern unterschreiben wird: »Wir dürfen nicht dulden, dass Kinder ihre Talente nicht entfalten können, weil keine Chancengleichheit existiert. Wir dürfen nicht dulden, dass Menschen den Eindruck haben, Leistung lohne sich für sie nicht mehr und der Aufstieg sei ihnen selbst dann verwehrt, wenn sie sich nach Kräften bemühen. Wir dürfen nicht dulden, dass Menschen den Eindruck haben, sie seien nicht Teil unserer Gesellschaft, weil sie arm oder alt oder behindert sind. Freiheit ist eine notwendige Bedingung von Gerechtigkeit. Denn was Gerechtigkeit – auch soziale Gerechtigkeit – bedeutet und was wir tun müssen, um ihr näherzukommen, lässt sich nicht paternalistisch anordnen, sondern nur in intensiver demokratischer Diskussion und Debatte klären. Umgekehrt ist das Bemühen um Gerechtigkeit unerlässlich für die Bewahrung der Freiheit. Wenn die Zahl der Menschen wächst, die den Eindruck haben, ihr Staat meine es mit dem Bekenntnis zu einer gerechten Ordnung in der Gesellschaft nicht ernst, sinkt das Vertrauen in die Demokratie.«[81]

Das war, so schien es, alles andere als die Antrittsrede eines Neoliberalen oder Konservativen. Gleiches galt für seine Würdigung der 68er-Bewegung, der kulturellen und religiösen Vielfalt, der europäischen »Solidarität« oder demokratischer Bürgerbewegungen. Und ebenso treffend waren Gaucks Worte an die Rechtsextremisten: »Speziell zu den rechtsextremen Verächtern unserer Demokratie sagen wir mit aller Deutlichkeit: Euer Hass ist unser Ansporn. Wir lassen unser Land nicht im Stich. Wir schenken Euch auch nicht unsere Angst. Ihr werdet Vergangenheit sein und unsere Demokratie wird leben.«[82]

Auch die ersten Wochen nach dieser Antrittsrede schienen manche Hoffnungen zu bestätigen. Es war Jakob Augstein, Herausgeber der linken Wochenzeitung *Der Freitag*, der im Juli 2012 in seiner *Spiegel-Online*-Kolumne »Im Zweifel links« die ersten hundert Tage geradezu begeistert bilanzierte. Nicht, dass Augstein keine sachlichen Einwände gehabt hätte: »Unsäglich war ja sein Auftritt in der Führungsakademie der Bundeswehr, wo er sich in eine absonderliche protestantische Militärethik über Dienst und Pflicht hineinschwadronierte (…). Und man dachte: Wenn sie ihm jetzt eine Kanone hinstellen, dann segnet er die auch.«[83] Und auch einen zweiten Fauxpas des noch neuen Präsidenten gab es durchaus zu bemängeln: Gauck hatte den einzig prägenden Satz aus der Amtszeit seines Vorgängers Christian Wulff – »Der Islam gehört auch zu Deutschland« – entscheidend relativiert und damit entwertet: »Ich hätte einfach gesagt, die Muslime, die hier leben, gehören zu Deutschland.«[84]

Dennoch gab es auch für den »im Zweifel links«[85] stehenden Jakob Augstein noch Grund zu höchster Anerkennung gegenüber Gauck: »Jetzt kommentiert er Merkels Euro-Politik mit dem entscheidenden Satz: ›Sie hat nun die Verpflichtung, sehr detailliert zu beschreiben, was das bedeutet.‹ Es ist keine Kleinigkeit, wenn das eine Verfassungsorgan so über ein anderes redet. Es ist eine Abmahnung, die der Bundespräsident da ausgesprochen hat, zugestellt über das Fernsehen, gerichtet an die Kanzlerin. In der schwersten Krise seit Bestehen der Bundesrepublik erklärt die Staatsführung zu wenig, was sie tut. Für die Demokratie kann das verheerende Folgen haben. Darum geht Gauck noch weiter: Er lobt die Kläger in Karlsruhe, die dort gegen den Fiskalpakt vorgehen, dafür, dass sie die notwendige Debatte bereichern und eine Leere füllen, die die Politik lässt.«[86]

Augsteins vorläufige Bilanz: »Der Bundespräsident – nie war er so wertvoll wie heute. (…) Der Präsident ist das Korrektiv in der Krise. Kein Kanzler hatte das je nötiger als Angela Merkel. Und kein Präsident war je dafür geeigneter als Gauck. Die Kanzlerin wusste schon, warum sie diesen Präsidenten nicht wollte. (…) Sie hat sich daran gewöhnt, ihre Macht auf einer Politik des fortgesetzten Notstands zu gründen. Sie behandelt die Verfassung wie eine Frage der Auslegung und das Parlament als disponible Größe. Aber Joachim Gauck ist einer, der macht klar: Die Schwelle des Bellevue setzt Merkels Macht eine Grenze. Das ist ein wichtiges Symbol. Gauck versorgt den politischen Betrieb mit einer knapper werdenden Ressource: Vertrauen.«[87]

Je länger aber die Amtszeit dauerte, desto mehr verlor der Präsident diese kritische Distanz. Zunehmend wirkte und wirkt es, als ließen ihn das Glück und die Last, diesem Staat an höchster Stelle zu dienen, die wichtigste Pflicht eines Bundespräsidenten vergessen. Sie besteht gerade nicht darin, die herrschenden Denkmuster zu übernehmen oder gar noch zu verstärken. Sie besteht im Gegenteil darin, dem Zweifel Ausdruck zu geben, wenn die Einigkeit zu groß zu werden droht; die Schattenseiten von Entwicklungen zu benennen, wenn Politik diese Entwicklungen allzu unbedacht fördert; für diejenigen zu sprechen, die im Diskurs der Mehrheit die Stimme zu verlieren drohen.

Der Neoliberale

Vor diesen Aufgaben versagte Joachim Gauck ausgerechnet in dem Moment, als er am dringendsten gebraucht worden wäre: als die große Koalition besiegelt, die Opposition auf zwanzig Prozent der Parlamentssitze geschrumpft war und Gegenstimmen zur angeblich »alternativlosen« Politik des Stillstands sich nur noch schwer Gehör verschaffen konnten.

Am 16. Januar 2014 hielt der Präsident die Festrede zum sechzigjährigen Bestehen des Walter Eucken Instituts in Freiburg. Zu würdigen war Walter Eucken (1891 bis 1950), der als Wegbereiter des »Ordoliberalismus« in Deutschland gilt. Also jener Denkschule, die freien Wettbewerb für die zentrale Quelle des Wohlstands hält, auch wenn sie immerhin einräumt, dass dieser Wettbewerb auch der Gerechtigkeit zu dienen habe. Deshalb müsse er durch einen staatlich gesetzten Ordnungsrahmen nicht nur vor übermäßigen Eingriffen des Staates, sondern auch vor wirtschaftlicher Übermacht Einzelner geschützt werden. Allerdings immer mit dem Ziel, dem Allheilmittel Wettbewerb so viel Raum wie möglich zu geben.

Gauck nutzte seinen Auftritt dazu, ein geradezu euckengleiches Bekenntnis abzugeben. Nicht, dass er vergessen hätte, unter den Bedrohungen für den Wettbewerb neben staatlichen Eingriffen auch die Übermacht von Kartellen zu nennen. Nicht, dass er die Notwendigkeit einer »aktivierenden« Sozial- und Bildungspolitik verschwiegen hätte, die den Benachteiligten zu besseren Startchancen verhelfen müsse. Und auch das inzwischen überparteiliche Bekenntnis zu einer besseren Regulierung der Finanzmärkte fehlte nicht. Also einerseits: »Freiheit in der Gesellschaft und Freiheit in der Wirtschaft, sie gehören zusammen. Wer eine freiheitliche Gesellschaft möchte, möge sich einsetzen für Markt und für Wettbewerb und gegen zu viel Macht in den Händen weniger.« Andererseits: »Eine freiheitliche Gesellschaft beruht auf Voraussetzungen, die Markt und Wettbewerb allein nicht herstellen können.«[88]

Aber in der Summe war all dies nichts anderes als das, was auch ein FDP-Politiker sagen würde: Am Ende ist es der Wettbewerb, also der Markt, der alle Probleme löst. Die unsoziale Schlagseite deutscher Politik liegt ja nicht darin begründet, dass es nicht ausreichend Bekenntnisse zu Gerechtigkeit und Chancengleichheit gäbe, sondern in der verbreiteten Weigerung, daraus ein konsequentes politisches Handeln abzuleiten, das die Daseinsvorsorge gerade nicht dem Markt überlässt; eine Politik, die mehr bietet als das ordoliberale Handwerkszeug eines Walter Eucken, Otto Graf Lambsdorff oder Christian Lindner.

Genau dazu hat der Bundespräsident nichts Konstruktives zu sagen. Im Gegenteil: Er fügte in der Freiburger Rede seinen pflichtgemäßen Bekenntnissen zum geordneten und gerechten Wirtschaften ebenjene abschätzigen Töne gegenüber allen Zweifeln an der ökonomisierten Wettbewerbsgesellschaft hinzu, die wir aus Politik und Medien bereits im Übermaß gewohnt sind: »Deutsche Unternehmen verkaufen weltweit erfolgreich ihre Produkte, wir genießen – dank dieses wirtschaftlichen Erfolges – nicht nur einen materiellen Wohlstand, sondern auch einen sozialen Standard, den es so nur in wenigen Ländern der Welt gibt.« Womit schon einmal klar war, dass für Gauck »sozialer Standard« allein vom Funktionieren der Wettbewerbswirtschaft abhängt und nicht etwa von deren Bändigung durch sozialstaatliche Regulierung.

Da war der Weg zur Diffamierung jeder Kapitalismuskritik nicht mehr weit: »Und doch halten viele Deutsche die marktwirtschaftliche Ordnung zwar für effizient, aber nicht für gerecht. Mit Marktwirtschaft assoziieren sie – laut einer aktuellen Umfrage – ›gute Güterversorgung‹ und ›Wohlstand‹, aber auch ›Gier‹ und ›Rücksichtslosigkeit‹.

Das ist nun freilich nichts Neues. Ähnliche Forschungen in der Seele der Deutschen fördern seit Jahrzehnten relativ konstante Sympathien für staatliche Eingriffe in die Wirtschaft zutage. Schon Bundespräsident Heuss sprach vom ›gefühlsbetonten Antikapitalismus‹ der Deutschen, den er zu Recht für einen ›unreflektierten Antiliberalismus‹ hielt. Für mich folgt daraus: Es wird nicht alles schlimmer. Salopp gesagt: Man muss nicht verzweifeln, wenn man – wie ich – die Soziale Marktwirtschaft für eine Errungenschaft hält.«

Und wer es immer noch nicht verstanden hatte, bekam gleich im Anschluss zu hören, wer mehr soziale Sicherung einklagt, habe in Wahrheit kein objektives Problem, sondern sozusagen eine Macke. Mit anderen Worten, der Niedriglöhner hat einfach die Freiheit nicht verstanden: »Aber natürlich gibt es auch Grund zu fragen, woran so viele so konstant zweifeln – nicht, um den Zweifelnden zu folgen, sondern um ihnen zu begegnen! Für manche ist schon die Notwendigkeit, das eigene Leben frei zu gestalten, mehr Zumutung als Glück. Freiheit, sie hat nicht nur die schöne, die Chancen eröffnende Seite. Sie löst auch aus Bindungen, sie weckt Unsicherheit und Ängste. Immer ist der Beginn von Freiheit von machtvollen Ängsten begleitet. So klingt das Wort ›Freiheit‹ bedrohlich für jemanden, der sich nicht nach Offenheit, sondern nach Überschaubarkeit sehnt.«

Das war sogar mehr, als der politische Mainstream offen auszusprechen wagt. Gauck trieb mit seiner Rede den Zynismus gegenüber allen, die am Segen des durchökonomisierten Wettbewerbswahns zu zweifeln wagen, auf die Spitze – anders als noch zur Eröffnung seiner Amtszeit. Und er gab damit der real vorherrschenden – und nun auch von der SPD mit wenigen Einschränkungen unterstützten – Politik einen radikalen Ausdruck, statt den Zweifeln und den Zweifelnden seine Stimme zu leihen. Wer so redet, der kann sich die rhetorischen Pflichtübungen zum »aktivierenden Sozialstaat« auch sparen. Und der tut nichts dafür, der Meinungsführerschaft einer mächtigen Mehrheit eine hörbare Gegenstimme entgegenzusetzen.

Der Pfarrer und der Krieg

Gut zwei Wochen später, am 31. Januar 2014, eröffnete der Bundespräsident die Sicherheitskonferenz in München, und auch hier predigte der ehemalige Pastor zunächst sein polit-ökonomisches Credo noch einmal auf eine geradezu absurde Weise: »Im außenpolitischen Vokabular reimt sich Freihandel auf Frieden und Warenaustausch auf Wohlstand.«[89] Dass ein deutsches Staatsoberhaupt den Freihandel derart unreflektiert mit dem Ziel des Friedens auf eine Stufe stellt, dürfte ohne Beispiel sein. Und das zu einem Zeitpunkt, da die Debatte über das geplante Freihandelsabkommen zwischen der EU und den USA die Schattenseiten des ideologisch überhöhten Freihandels überdeutlich zutage treten ließ. Kein Wunder, dass Gauck schon drei Tage vorher, jede Kritik ignorierend, schlicht verkündet hatte: »Die angestrebte transatlantische Handels- und Investitionspartnerschaft zum Beispiel kann den Wohlstand auf beiden Seiten des Atlantiks mehren.«[90]

Aber die Münchner Rede war ja vor allem außen- und sicherheitspolitisch orientiert – und fügte dem traurigen Beispiel des Freiburger Auftritts ein fragwürdiges Kapitel hinzu.

Gerade hatte die große Koalition begonnen, die von Außenminister Guido Westerwelle (FDP) erstaunlich konsequent vertretene Politik der militärischen Zurückhaltung zu relativieren. Westerwelles Nachfolger Frank-Walter Steinmeier (SPD) hatte zwei Tage vor Gaucks Münchner Rede im Bundestag gesagt: »So richtig die Politik der militärischen Zurückhaltung ist, sie darf nicht missverstanden werden als eine Kultur des Heraushaltens.«[91] Und Verteidigungsministerin Ursula von der Leyen hatte ebenfalls verstärkte militärische Anstrengungen angekündigt.[92]

Nun hätte ein Bundespräsident, der sich als Korrektiv zum Machtkartell der beiden größten Parteien versteht, den Schwerpunkt auf die Risiken einer solchen Strategie legen können. Er tat es nicht. Zwar gab es auch jetzt wieder – wie beim Thema Wirtschaft – die eine oder andere Relativierung. Aber die Stoßrichtung war klar: »Deutschland zeigt zwar seit langem, dass es international verantwortlich handelt. Aber es könnte – gestützt auf seine Erfahrungen bei der Sicherung von Menschenrechten und Rechtsstaatlichkeit – entschlossener weitergehen, um den Ordnungsrahmen aus Europäischer Union, NATO und den Vereinten Nationen aufrechtzuerhalten und zu formen. Die Bundesrepublik muss dabei auch bereit sein, mehr zu tun für jene Sicherheit, die ihr von anderen seit Jahrzehnten gewährt wurde. (…) Deutschland wird nie rein militärische Lösungen unterstützen, es wird politisch besonnen vorgehen und alle diplomatischen Möglichkeiten ausschöpfen. Aber wenn schließlich der äußerste Fall diskutiert wird – der Einsatz der Bundeswehr –, dann gilt: Deutschland darf weder aus Prinzip ›nein‹ noch reflexhaft ›ja‹ sagen.«[93]

Und es folgte, wiederum ganz so wie beim Thema Wirtschaft, die Herabsetzung fundamentaler Kritik als »Weltabgewandtheit« und »Bequemlichkeit«: »Ich muss wohl sehen, dass es bei uns – neben aufrichtigen Pazifisten – jene gibt, die Deutschlands historische Schuld benutzen, um dahinter Weltabgewandtheit oder Bequemlichkeit zu verstecken. In den Worten des deutschen Historikers Heinrich August Winkler ist das eine Haltung, die Deutschland ein fragwürdiges ›Recht auf Wegsehen‹ bescheinigt, ›das andere westliche Demokratien nicht für sich in Anspruch nehmen‹ können. So kann dann aus Zurückhaltung so etwas wie Selbstprivilegierung entstehen, und wenn das so ist, werde ich es immer kritisieren.« Die Ablehnung von Interventionskriegen gleichzusetzen mit einem unzulässigen »Wegsehen«: Das ist, eins zu eins, das platteste und diffamierendste Pauschalurteil, das Interventionisten ihren Kritikern entgegenzuhalten pflegen.

Es war kein Geringerer als Hans-Dietrich Genscher, der, angesprochen auf Gauck, die gefährliche Gleichsetzung von »Verantwortung« und Bereitschaft zu militärischen Interventionen mit diplomatischen, aber klaren Worten entlarvte: »Da höre ich oft, wir müssen endlich Verantwortung übernehmen. Deutschland hat Verantwortung übernommen. Deutschland hat sich entschieden – damals durch die weitsichtige Entscheidung der ersten Bundesregierung für die Mitgliedschaft in der Europäischen Gemeinschaft und für das westliche Bündnis –, dass Deutschland endgültig und definitiv seinen Platz eingenommen hat im Kreis der westlichen Demokratien und damit auch für Menschenrechte. Deutschland hat auf der anderen Seite aber auch mit seiner Entspannungspolitik den Weg der Öffnung gegenüber dem Osten bewirkt. (...) Ich weiß nicht, ob die Haltung, die die Bundesregierung, und zwar alle Bundesregierungen unternommen haben, einer Korrektur bedürfen.«[94]

Merkels Mann in Europa

Auch in Sachen Europa sah dieser Präsident, um ein letztes Beispiel zu nennen, nun seine Rolle darin, die herrschende Politik zu verteidigen und zugleich zu verharmlosen. Die SPD und ihr Außenminister Steinmeier hatten hier ebenfalls gleich nach Eintritt in die große Koalition vom Kritik- in den Mitmachmodus geschaltet. Steinmeier war nach Griechenland gereist und hatte dort zur Fortsetzung ebenjener einseitigen Sparpolitik ermuntert, die die SPD vor der Bundestagswahl mit Recht als ungerecht und unwirksam gegeißelt hatte: »Mein Rat ist, den Weg, der jetzt gegangen worden ist, weiterzugehen und darauf zu setzen, dass sich die wirtschaftlichen Erfolge dieser Arbeit einstellen werden.«[95]

Zwei Monate später reiste auch der Präsident nach Athen – und entschied sich wiederum dafür, die Übermacht der herrschenden Politik in der öffentlichen Debatte noch zu verstärken: »Um aus dem Tal heraus zu kommen, bringen viele Menschen Opfer, enorme Opfer. Und viele spüren, dass die Reformen hart sind, aber nötig. Dieser Haltung möchte ich hier in Athen meinen Respekt zollen.«[96]

Manche meinungsbildende Medien in Deutschland lieferten übrigens zum Auftakt dieser Reise ein beeindruckendes Beispiel ihrer Vielfalt. Sie hätten ja durchaus auf die Idee kommen können, den Zynismus aufzugreifen, der darin liegt, den Geprügelten Respekt für ihre Leidensfähigkeit zu zollen. Oder zumindest den Präsidenten mit neutraler Distanz zu zitieren. Wer sich aber aktuell informierte, las unter anderem Folgendes, offensichtlich übernommen von einem staatstragenden Korrespondenten der Deutschen Presse-Agentur: »Gauck macht Griechen Mut zu weiteren Reformen« (*Spiegel online*)[97], »Gekommen, um Mut zu machen« (*Süddeutsche*

Zeitung online)[98], »Gauck macht Griechen Mut zu weiteren Reformen« (*focus.de*)[99], »Gauck macht Griechen Mut zu weiteren Reformen« (*Frankfurter Rundschau online*)[100]. Auf Platz zwei der Titelrangliste stand übrigens die nur wenig distanziertere Formulierung »Gauck lobt Reformen« in unterschiedlichen Variationen.

Der Präsident setzte seine spezielle Art des Mutmachens in Griechenland mit folgenden Worten fort: »Chaos und Anarchie haben sich auch in heiklen Phasen nicht ausgebreitet. Als Demokrat und als Europäer danke ich allen Ihren Landsleuten, die trotz schwieriger Umstände besonnen geblieben sind. Insbesondere danke ich denen, die im Meinungsstreit darauf hinweisen, dass die schmerzhaften Reformen nicht erfolgen, um Forderungen Europas oder gar Deutschlands zu erfüllen, sondern um dem eigenen Land den Weg in eine bessere Zukunft zu bereiten. (…) Es braucht Zeit, bis die positiven Auswirkungen von Reformen im Alltag ankommen, bis sich die Beschäftigungsperspektiven und die materielle Situation verbessern. Ich bin mir aber sicher: Der Weg führt zum Ziel, wenn Sie die eingeschlagene Richtung beibehalten.«[101]

Es grenzt schon an Realitätsverweigerung zu bestreiten, dass die europäische, in Griechenland zu wahrer Massenverarmung führende Krisenpolitik vor allem deutsche Züge trägt. Angela Merkel dürfte sich im Stillen bedankt haben für die ideologische Anpassungsleistung des einst ungewollten Präsidenten an ihre eigene Rhetorik der Verschleierung.

Die Unfreiheit des Freiheitsapostels

Es wäre unfair, Joachim Gauck jede Fähigkeit zur kritischen Intervention abzusprechen. So setzte er etwa einen klaren und wertvollen Akzent für eine humane Flüchtlingspolitik: »Die Flüchtlinge, die zu uns kommen, kommen nicht mit der Erwartung, hier in ein gemachtes Bett zu fallen. Sie wollen Verfolgung und Armut entfliehen und sie wollen Sinn in einem erfüllten Leben finden.«[102] Er fand erfreulich harte Worte für die Abschottung, die vor den Küsten Europas Tausende das Leben kostet: Die Europäische Union müsse sich

»fragen lassen, inwieweit sie dadurch die Rechte oder sogar das Leben derer gefährdet, die aus begründeter Furcht vor Verfolgung Schutz suchen«[103]. Und er entwickelte – bei einer Einbürgerungsfeier zum 65. »Geburtstag« des Grundgesetzes – beim Thema Migration und Integration eine Position, die das anfängliche Lavieren in Sachen Islam glücklicherweise hinter sich ließ: »Unser Land lernt gerade, dass Menschen sich mit verschiedenen Ländern verbunden und trotzdem in diesem, in unserem Land zu Hause fühlen können. Es lernt, dass eine Gesellschaft attraktiver wird, wenn sie vielschichtige Identitäten akzeptiert und niemanden zu einem lebensfremden Purismus zwingt. Und es lernt, jene nicht auf Abstand zu halten, die doch schon längst zu uns gehören wollen. (…) Wir sollten nicht länger von ›wir‹ und ›denen‹ sprechen. Es gibt ein neues deutsches ›Wir‹, das ist die Einheit der Verschiedenen. Und dazu gehören Sie genauso selbstverständlich wie ich.«[104]

Das war in der Tat die Rückkehr zu dem Standard, den Christian Wulff mit der einzig bleibenden positiven Leistung seiner Amtszeit gesetzt hatte. Und Gauck ließ dieser Position einen ebenso erfreulichen Appell an die »Aushandlungsgesellschaft« folgen: »Erweiterung ist das Kennzeichen der Lebenswirklichkeit in Einwanderungsgesellschaften. Das betrifft Alteingesessene genauso wie Hinzugekommene. Erweiterung umfasst zweierlei: Wenn etwa Konflikte aus Herkunftsländern nach Deutschland mitgebracht und hier ausgetragen werden, erleben wir Erweiterung durchaus auch als belastend. Aber das Miteinander der Verschiedenen hat uns doch kulturell und menschlich so viel positive Erfahrungen beschert, das wir ganz bewusst das schöne Wort ›Bereicherung‹ verwenden dürfen. (…) Gerade eine Einwanderungsgesellschaft ist immer auch eine Aushandlungsgesellschaft. Dafür gibt es viele Beispiele: etwa die Debatte über den Bau von Moscheen, um das Kopftuch im öffentlichen Dienst oder um die Beschneidung von jungen Juden oder Muslimen. In manchen Fragen wird kein Kompromiss alle Beteiligten zufriedenstellen und allen Bedenken Rechnung tragen können. In anderen Fällen ist Entgegenkommen überhaupt nicht schwer: Es ist eigentlich kein großer Schritt, die Bestattungsregeln an muslimische Gebote anzupassen – für viele Gläubige aber ist es ein hochbedeutsamer Schritt.«[105]

Hier zeigt sich der gesellschaftspolitische Liberalismus, in dem Gaucks Freiheitspathos sich als politisch gewinnbringend erweist. Aber auf anderen zentralen Feldern – wie der Wirtschafts- und der Außenpolitik – gilt: Dieser Bundespräsident, der »Apostel der Freiheit«, hat offensichtlich mit dem Eintritt ins höchste Staatsamt seine innere Freiheit verloren – und mit ihr die Distanz zur herrschenden Politik, zu der er einst durchaus fähig war. Dass er sich mit dem System im Grunde identifiziert, und zwar auf seine eigene, biografisch begründete Weise, das war auch vorher schon klar, und es war natürlich bei keinem Präsidenten anders – ein fundamentaler Systemkritiker im höchsten Staatsamt wäre schließlich nicht nur in Deutschland ein beachtlicher Widerspruch in sich. Aber viele von Gaucks Vorgängern, selbst der insgesamt so dramatisch gescheiterte Christian Wulff, haben verstanden, dass dieses Amt dem Land am besten dient, wenn es genutzt wird, um auf Fehlentwicklungen hinzuweisen, statt sich an der Einschläferungsstrategie der Regierenden zu beteiligen. Joachim Gauck scheiterte an diesem Anspruch zu einem Zeitpunkt, als er wichtiger gewesen wäre als je zuvor: zu Beginn der Regierungszeit einer mit übergroßer Mehrheit und Medienmacht regierenden Koalition.

Als die DDR 1990 der Bundesrepublik beitrat, hieß es oft, das neue Deutschland werde womöglich norddeutscher und protestantischer werden, als der westliche Teilstaat es war. Etwa ein Vierteljahrhundert später wirkt diese Prognose einerseits weitsichtig, andererseits vollkommen verfehlt. Einerseits stellen wir fest: Die beiden wichtigsten Ämter im Land sind mit zwei protestantisch geprägten Norddeutschen aus der ehemaligen DDR besetzt. Andererseits sind es weder die regionale Herkunft noch die Religionszugehörigkeit, wofür Joachim Gauck und Angela Merkel stehen. Es ist vielmehr die weitgehende Unfähigkeit, die damals bereits vorhandenen oder wenigstens die seitdem entstandenen Missstände des westlich-kapitalistischen Systems zu erkennen.

Man muss nicht groß spekulieren über den Einfluss biografischer Erfahrungen auf das politische Handeln, um zu dem Schluss zu kommen: Sowohl der Präsident als auch die Kanzlerin erscheinen bis heute fixiert darauf, die bundesdeutschen Verhältnisse als leuchtende Alternative zu jener Gesellschaft zu betrachten, die ihnen für die Hälfte oder gar zwei Drittel ihres bisherigen Lebens so viele persönliche Freiheiten vorenthielt. Und offensichtlich verspüren sie eine tiefe Aversion gegen staatliche Regulierung, deren notwendiges Maß sie von den Exzessen der Planwirtschaft nicht ausreichend zu unterscheiden vermögen. Sie haben dazu, als Individuen, jedes Recht der Welt. Als politisch Handelnde aber hätten gerade sie die Pflicht, die Gefahr von Stillstand und Rückschritt immer im Auge zu behalten.

Dass Angela Merkel in Machterhalt und ideologischem Systemopportunismus viel zu verstrickt ist, um diesem Anspruch zu genügen, ist schon länger bekannt.[106] Joachim Gauck aber hätte den Beweis erbringen können, dass aus der Erfahrung der DDR-Diktatur auch eine andere, unbeirrt kritische Haltung erwachsen kann. Das ist ihm – zumindest bislang – nicht gelungen.

Verschnarcht:
Politik des Stillstands

Mit der SPD auf neoliberalem Kurs

Was genau Angela Merkel unter »großen Aufgaben« versteht, ist nicht überliefert. Bekannt ist dagegen die Auffassung der Kanzlerin, »dass wir eine *große Koalition* sind, um auch *große Aufgaben* für Deutschland zu meistern«[1]. Genügt die schwarz-rote Regierung diesem Anspruch? Wer ihre eigenen Pläne und Projekte am Reformbedarf in Deutschland misst, kann nur zu dem Ergebnis kommen: Nein. Daran kann weder das Selbstlob der Beteiligten etwas ändern noch die freundliche Bescheidenheit, in der sich große Teile der Medien bei der Beurteilung der Regierungspolitik üben. Hatte die SPD im Wahlkampf 2013 noch relativ vorsichtig formulierte, aber in der Tendenz richtige Ansätze für echte Reformen etwa im Steuer- und Sozialsystem präsentiert, so bleibt das Handeln der Regierung, an der sie sich nun beteiligt, um Längen dahinter zurück. Mit anderen Worten: Schwarz-Rot verschläft weitgehend die Aufgaben, vor denen Deutschland steht. Und das aller Voraussicht nach für die nächsten Jahre.

Das zeigt dieses Kapitel an einigen Beispielen. Sie entstammen dem Themenfeld der Verteilungsgerechtigkeit, das bis zur Bundestagswahl 2013 die entscheidenden Streitpunkte zwischen dem schwarz-gelben und dem rot-rot-grünen Lager markierte. In der Wirtschafts-, Steuer- und Sozialpolitik, aber auch bei der Energiewende und ihrer Finanzierung wird deutlich: Große Koalition bedeutet im Kern die Fortsetzung der Umverteilung von unten nach oben.

Eine Koalition für große Aufgaben? Vor allem die Sozialpolitik, ohnehin nicht gerade ihr Fachgebiet, kann Angela Merkel damit nicht gemeint haben. Hier – bei der Verteilung des Reichtums, bei

Arbeit und Rente, Gesundheit und Pflege – wären in der Tat große Aufgaben zu bewältigen. Hier entscheidet sich, ob das reiche Deutschland die Chance, gerechter und zugleich ökonomisch stabiler zu werden, nutzt – oder nicht. Ob das gefährliche Auseinanderdriften der Gesellschaft gestoppt wird – oder ob Politik und Gesellschaft dabei zuschauen, wie die Reformverweigerung die Stabilität unseres Landes bedroht, indem sie die Sozialsysteme und auf Dauer auch die wirtschaftliche Prosperität ihrer Fundamente beraubt. Schon nach den ersten Monaten der großen Koalition stand fest, dass sie viele notwendige Reformen gar nicht erst anzugehen gedachte. Und was sie als »Reform« verkauft hat, wurde dem Bedarf nicht gerecht.

Das liegt zum einen an Angela Merkel selbst: Sie weiß zwar, dass manche Fragen von Verteilung und Gerechtigkeit in der Bevölkerung einen hohen Stellenwert genießen, und sie passt sich (und ihre Partei) rhetorisch entsprechend an, indem sie zum Beispiel den Mindestlohn zu ihrem eigenen Thema macht. Allerdings vertritt die Kanzlerin soziale Forderungen immer nur so weit, wie sie mit den Interessen der Unternehmen noch vereinbar sind. Dass deren Verbände selbst dann noch den Untergang der deutschen Wirtschaft beklagen, wenn sie weitgehend verschont bleiben, sollte nicht als Beleg für entschlossene Reformen missverstanden werden, es gehört zum Ritual. Und Angela Merkel kann sich erst recht als sozialpolitische Wohltäterin inszenieren, wenn die Freunde aus der Wirtschaft sie auch mal kritisieren.

In Wahrheit sorgt die CDU-Vorsitzende konsequent dafür, dass der neoliberale Kurs im Großen und Ganzen beibehalten wird: Eine grundlegende Reform der Sozialsysteme hin zu einer Bürgerversicherung, die hohe Einkommen und Vermögen stärker einbeziehen würde, ist mit ihr nicht zu machen. Und auf das entscheidende Instrument einer ernstzunehmenden Umverteilungspolitik lässt sie sich schon gar nicht ein: Die stärkere Belastung der Vermögenden und der Spitzenverdiener mit Steuern und Sozialabgaben ist absolut tabu.[2] Da ist dann auch die Stimmung in der Bevölkerung egal.[3] Diesen Kurs hat Angela Merkel nie verlassen, allem Geraune über eine »Sozialdemokratisierung« der Union zum Trotz.

Seit die SPD nach der Bundestagswahl 2013 wieder ein Bündnis mit dieser Kanzlerin und ihrer Partei einging, hat sie den Reformstillstand entscheidend mit zu verantworten. Daran ändert auch die Begeisterung nichts, mit der die Sozialdemokraten sich angeblich bedeutender Reformen wie Rente ab 63 und Mindestlohn rühmen. Sie haben zuerst – mindestens seit 2009 – den notwendigen Aufbau eines linken Reformbündnisses verschlafen, um sich anschließend in die Koalition mit der konservativen Kanzlerin zu retten. Vom höheren Spitzensteuersatz für Top-Einkommen und von der Vermögensteuer, die das sozialdemokratische Wahlprogramm noch mit guter Begründung gefordert hatte[4], war im Koalitionsvertrag kein Wort zu lesen; vom notwendigen Umbau der Sozialsysteme auch nicht; und von einer echten europäischen Wirtschaftspolitik schon gar nicht. So hätte eigentlich nicht einmal der eigene Vorsitzende die SPD noch wählen dürfen – wäre er denn bei seinen Überzeugungen aus der gerade erst vergangenen Oppositionszeit geblieben.

Zu beobachten war der Abschied der Sozialdemokratie von dem nach Gerhard Schröder mühsam wiedergewonnenen Anspruch, die Gesellschaft wenigstens durch ein Mindestmaß an Umverteilung vorhandenen Reichtums gerechter zu machen. Hätte sie an diesem Anspruch festhalten wollen, dann hätte sie den Koalitionsvertrag nie und nimmer unterschreiben dürfen. Als sie es dennoch tat, besiegelte sie auch das Schicksal des sozialreformerischen Lagers, auf das im Wahlkampf wenigstens noch gehofft werden durfte, für die nächsten Jahre. Der demokratische Prozess, der vom Ringen um politische Alternativen lebt, ist seitdem in einen ungesunden Schlaf verfallen – und mit ihm die Debatte über ein mögliches Ende des Merkelismus.

Europa auf dem Holzweg

Dieser Mangel gilt erst recht mit Blick auf Europa, dem diese Kanzlerin ihre »Erfolge« zum großen Teil verdankt. Die deutsche Wirtschaft wuchs von 2008 bis zum Frühjahr 2014 insgesamt um 4,9 Prozent – trotz Finanzkrise –, während zum Beispiel Griechenland etwa neun Prozent seiner Wirtschaftskraft verloren haben dürfte.[5] »Deutschland blüht«, titelte Anfang Juni 2014 die *Frankfurter Allgemeine Sonntagszeitung*, und sie hatte ja Recht – vorausgesetzt, man lässt sowohl die ungleiche Verteilung des Reichtums im Land als auch die mit deutsch-dominierter »Rettungspolitik« verbundenen Opfer in den »Partnerländern« außer Acht.

Auf der Schattenseite der »blühenden« Verhältnisse in Deutschland stehen diejenigen Staaten in Europa, die sich jahrelang verschuldet haben (oft bei deutschen Banken), um deutsche Produkte, die durch die »kostensenkende« Agendapolitik von Gerhard Schröder so schön günstig schienen, zu kaufen. In anderen Worten: Ein guter Teil der deutschen Erfolge ist auf Kosten griechischer Rentner, spanischer Studentinnen oder portugiesischer Arbeiter erwirtschaftet worden, die erst zusehen durften, wie ihre Haus- oder Autokredite an den Finanzmärkten verzockt wurden, um dann mit ihrem Arbeitsplatz, ihrer Alters- oder Gesundheitsversorgung für die Rettung der Banken zu bezahlen, als das System beinahe kollabierte.

Die von dieser Art »Rettung« ausgelöste Abwärtsspirale beschrieb die »Arbeitsgruppe Alternative Wirtschaftspolitik«, ein Zusammenschluss nicht-neoliberaler Wissenschaftler, in ihrem »Memorandum 2014« so: »Im Rahmen der Rettungspakete für die europäischen Krisenländer wurde diesen eine harte Austeritätspolitik aufgezwungen. Abgesenkte Löhne, gekürzte Sozialleistungen und die Privatisierung öffentlicher Einrichtungen sollen in diesen Ländern die Wettbewerbsfähigkeit (…) wiederherstellen beziehungsweise erhöhen. (…) Wachstumseffekte können bei einer solchen Politik nur vom Außenhandel kommen. Mittelfristig wird das den Wettbewerbsdruck innerhalb Europas massiv erhöhen. Mehr Wettbewerbsdruck heißt vor allem: Druck auf Löhne und Sozialleistungen – und nicht auf die Gewinne. Eine wirtschaftliche Entwicklung ist dagegen mit dieser angebotsorientierten Politik kaum zu erzielen, da die Erfolge des einen immer die Verluste des anderen sind.«[6]

Vereinfacht ausgedrückt: Die »Rettung« Europas besteht in der Durchsetzung des neoliberalen Projekts, bei dem unter Konkurrenz ausschließlich Kostensenkung (Löhne, Sozialleistungen und öffentliche Daseinsvorsorge) verstanden wird und nicht die Förderung von Nachfrage durch Investitionen in Bildung, Gesundheit, Straßen oder Schienen, die von den Gewinnen der Krisenprofiteure zu finanzieren wären. Wer die Blaupause für dieses Europa geliefert hat, fassen die Forscher in einem kurzen Satz zusammen: »Vorbild waren die Maßnahmen der deutschen Agenda-Politik.«[7] Und Fahnenträger des Neoliberalismus, etwa die *Wirtschaftswoche*, fassten unverblümt die »Leistung« von Angela Merkel zusammen: »Im März 2012 stand sie als große Gewinnerin da. Binnen weniger Monate hatte sie ihr Konzept eines Fiskalpakts in der EU durchgesetzt, das die Mitgliedstaaten zu größerer Sparsamkeit zwingen sollte.«[8]

Niemand sollte sich einbilden, dass es zu einer grundsätzlichen Wende beitragen würde, wenn der SPD-Vorsitzende und seine europäischen Parteifreunde gelegentlich einen Satz hinwerfen wie: »Das Setzen auf reine Sparpolitik ist gescheitert.«[9] Angela Merkel ließ keinen Zweifel daran, dass das von ihr durchgesetzte Austeritätsdiktat namens »Stabilitäts- und Wachstumspakt« auch in Zukunft gelten würde: »Wir sind uns einig, dass es keine Notwendigkeit gibt, den Stabilitätspakt zu verändern.«[10] Der neue Präsident der EU-Kommission, Jean-Claude Juncker, kündigte vor seiner Wahl zwar ein Investitionsprogramm von 300 Milliarden Euro an, ließ aber offen, wie viel davon aus öffentlichen Kassen kommen soll – und bekannte sich ausdrücklich zum »Stabilitäts- und Wachstumspakt«.[11] Auch im Europäischen Parlament hat sich nun faktisch eine große

Koalition aus Konservativen und Sozialdemokraten gebildet, die Juncker zur Mehrheit verhalf.

So wenig Konsequenz wie bei öffentlichen Investitionen ist auch bei der Bändigung der Finanzmärkte zu sehen. Die europäische Bankenunion, die in den Jahren nach dem Höhepunkt der Finanzkrise entstand, dient diesem Zweck absolut unzureichend. Die Wissenschaftler der »Arbeitsgruppe Alternative Wirtschaftspolitik« zeigen das am Beispiel des von den Banken zu bestückenden europäischen Abwicklungsfonds, der die Staatshaushalte von den Kosten künftiger Bankenpleiten entlasten soll: »Dieser Abwicklungsfonds soll in acht Jahren gerade einmal 55 Milliarden Euro eingenommen haben. (…) 55 Milliarden Euro sind ein geringer Betrag, gemessen an den bisherigen Finanzspritzen und Bürgschaften, die die Bankenkrise in Europa an Kosten verursacht hat. Auch das schon praktizierte deutsche Beispiel zeigt, dass mit dem Bankenfonds im Grunde nur Symbolpolitik betrieben wird. In Deutschland hat dieser Bankenfonds – (…) im Jahr 2011 gebildet – gerade einmal 1,8 Milliarden Euro eingenommen, das sind pro Jahr durchschnittlich 600 Millionen Euro. Die unmittelbaren Bankenrettungskosten betrugen bisher in Deutschland siebzig Milliarden Euro. Da braucht es mehr als hundert Jahre, um diese Kosten zu kompensieren.«[12]

Die Grünen-Vorsitzende Simone Peter fasste treffend zusammen, wer für diese Mängel der Bankenunion verantwortlich ist: »Bereits die bisherige Ausgestaltung musste gegen heftigen Widerstand Deutschlands durchgesetzt werden. Auch wenn das Europaparlament hier einen großen Erfolg gefeiert hat, ist die Gefahr einer Übertragung von Bankschulden auf die Nationalstaaten längst nicht gebannt. Eine Schuldenbremse für Banken wie in den USA lehnt die Bundesregierung entgegen der Empfehlung ihres eigenen Sachverständigenrats weiterhin ab.«[13]

Deutschland als exportstarke Nation, die mit der Agenda 2010 auch noch Exportförderung durch »Kostensenkung« zum Schaden der Ärmsten hierzulande betrieben hat, profitiert (lässt man die interne Verteilung des Wohlstands zu Ungunsten der unteren Schichten zynisch weg) von dieser Politik am meisten. Dieser Erfolg stand und steht allerdings auf tönernen Füßen. Denn er war in hohem Maße der Tatsache zu verdanken, dass Schwellenländer wie Brasilien, Südafrika und China während der europäischen Krise boomten und als Abnehmer für deutsche Exporte »einspringen« konnten. Allerdings war dieser Boom nicht von Dauer: »In Südeuropa durchschreiten wir ja schon seit einigen Jahren ein Konjunkturtal. 2013 konnten aber auch die BRIC-Staaten China, Indien, Brasilien und Russland nicht mehr die Umsatzzuwächse der vergangenen Jahre beisteuern. Indien ist in der Rezession, die wirtschaftliche Lage in Brasilien und Russland ist schwierig. China ist auch ein gutes Stück von den früheren zweistelligen Wachstumsraten entfernt«, fasste der Unternehmensberater Frank Riemensperger im Juni 2014 zusammen.[14]

Hoffnungsträger sollen nun wieder einmal die USA und Südeuropa sein: »Die Re-Industrialisierung in den Vereinigten Staaten ist eine Riesenchance für die deutsche Industrie. Aber auch in Südeuropa, insbesondere in Spanien, wird in Erwartung einer deutlichen Konjunkturerholung wieder investiert.«[15] Wie weit das trägt, während die Finanzmärkte »längst zu ihrer alten Geschäftspraxis zurückgefunden«[16] haben, steht in den Sternen. Es ist das alte Spiel, auf eine »Wettbewerbsfähigkeit« zu setzen, die die Benachteiligung, ja teils Verarmung ganzer Bevölkerungsgruppen zur Basis ökonomischer »Gesundung« erklärt.

Als es Griechenland im April 2014 gelang, eine neue Staatsanleihe am Markt zu platzieren, da jubelten die Politik und ihre Hofberichterstatter, als hätte sich für die 26 Prozent Arbeitslosen irgendetwas geändert. Zwar bestand der »Erfolg« vor allem darin, dass Griechenland sich erneut bei Hedgefonds und anderen Spekulanten verschulden »durfte«, und er war nur möglich, weil jeder wusste, dass die Europäische Zentralbank die Papiere im Notfall aufkaufen würde. Aber das tat offenbar nichts zur Sache, die Platzierung der Anleihen wurde an den Börsen sowie in Politik und Medien gefeiert.[17]

Rudolf Hickel, einer der wichtigsten Verfechter einer alternativen Wirtschaftspolitik in Deutschland, analysierte den Preis der »Euro-Rettung« im Sommer 2014 am Beispiel Griechenlands: »Die Staatsausgaben bezogen auf das Bruttoinlandsprodukt sind zwar deutlich gesenkt worden. Aber der Anteil der Staatsverschuldung an der gesamtwirtschaftlichen Produktion wächst absehbar auch in den kommenden Jahren. Mit den Finanzhilfen bei der Abwicklung des Schuldendienstes zugunsten der Gläubiger und einem Schuldenschnitt mit über 100 Milliarden Euro im März 2012 ist die Quote der gesamten Staatsverschuldung mit einer Ausnahme (2012) kontinuierlich gestiegen: von 107,3 Prozent im Jahr 2006 auf 179,5 im Jahr 2013. 2020 erwartet die Troika immer noch eine Schuldenstandsquote von 124 Prozent. (...) Die Troika aus Europäischer Zentralbank, EU-Kommission und Internationalem Währungsfonds begründet ihre Politik eines schrumpfenden Staatsbudgets mit dem propagierten Ziel sinkender öffentlicher Kreditaufnahme, aber faktisch steigt die Schuldenlast im Verhältnis zur gesamtwirtschaftlichen Produktion.«[18]

Hickel konnte diese Abwärtsspirale auch erklären: »Zwischen der staatlichen Schrumpfpolitik und der gesamtwirtschaftlichen Entwicklung gibt es generell eine Rückkoppelung. Die Wirtschaft ist über den erzwungenen Rückgang der binnenwirtschaftlichen Nachfrage seit dem dritten Quartal 2008 ohne Unterbrechung geschrumpft, insgesamt um ein Viertel. Da jedoch das Bruttoinlandsprodukt schneller sank, als die Neuverschuldung reduziert wurde, musste die Staatsschuldenquote steigen.«[19] Schließlich benannte der Bremer Wissenschaftler die auch von der SPD ignorierte Alternative: »Ein radikaler Kurswechsel ist unvermeidbar. Sigmar Gabriel hat mit seiner Forderung – mehr Zeit für den Schuldenabbau bei einer forcierten Reformpolitik – das Grundproblem allerdings nur oberflächlich angesprochen. Reformpolitik kann nur dann erfolgreich sein, wenn der Schuldenabbau nicht nur zeitlich verzögert, sondern durch eine Politik der wirtschaftsstrukturellen Stärkung Griechenlands abgelöst wird. Nicht über das Einsparen, sondern über den Auf- und Ausbau moderner Wirtschaftsstrukturen lassen sich mit steigenden Steuereinnahmen die Staatsschulden organisch abbauen. Die Alternative zur erfolglosen Austeritätspolitik ist ein ›Marshall-Plan‹, der sich auf die Stärkung der Wachstumskräfte konzentriert. Dazu gehört allerdings auch der Beitrag Griechenlands, ein effizientes Steuersystem und Regulierungen gegen Korruption der Finanzoligarchen aufzubauen.«[20]

Selbst der Internationale Währungsfonds forderte Deutschland auf, mehr zu investieren (vor allem in die Infrastruktur)[21], statt nur zu sparen und andere zum Sparen zu zwingen. Es gab darauf in der Politik keine Resonanz – weder von Angela Merkel noch von ihrem Wirtschaftsminister Sigmar Gabriel. Und erst recht war von eigentlich notwendigen Schritten – wie gemeinsamen europäischen Mindeststandards bei Steuern und Sozialleistungen oder einer fairen Verteilung der Krisenlasten zwischen den Staaten (etwa durch die Vergemeinschaftung eines Teils der Schulden) – im schwarz-rot dominierten Politik- und Medienbetrieb nichts zu hören.

Steuern: Staatsschiff mit Schlagseite

Die Steuerpolitik war das wohl wichtigste Unterscheidungsmerkmal zwischen Merkels Union und dem vor der Wahl von 2013 noch halbwegs intakten rot-rot-grünen »Lager«. Alle drei Parteien, die von 2009 bis 2013 gemeinsam die Opposition gebildet hatten, waren sich vor dieser Wahl einig: Gegen die Schlaglöcher in unseren Straßen und gegen die Schlagseite der sozialen Verhältnisse hilft nur eine bessere finanzielle Ausstattung des Staates. Und es war klar, dass dazu nun diejenigen herangezogen werden sollten, die von der seit mindestens zwei Jahrzehnten gewachsenen Ungleichheit bei Einkommen und Vermögen profitieren.

Die SPD forderte einen Spitzensteuersatz von 49 Prozent für Einkommen über 100 000 Euro und eine »angemessene« Vermögensteuer, und zwar mit folgender Begründung: »Die Schere der Einkommens- und Vermögensverteilung geht auseinander: Die Löhne im oberen Bereich sind in den letzten zehn Jahren gestiegen. Die unteren 40 Prozent der Vollzeitbeschäftigten haben nach Abzug der Inflation Reallohnverluste erlitten. Das Vermögen privater Haushalte wächst und beträgt fast zehn Billionen Euro. Vor allem die obersten zehn Prozent der Haushalte haben von den Zuwächsen profitiert. Während sie 1970 44 Prozent des gesamten Nettovermögens besaßen, sind es heute über 60 Prozent.«[22]

Nun wäre ein Spitzensteuersatz von 49 Prozent, beginnend bei 100 000 Euro, wahrlich keine Revolution gewesen – in der Schlussphase der Regierung von Helmut Kohl betrug er in Deutschland noch 53 Prozent, und seit 1958 hatte die Höchstbelastung, in der Fachsprache »Grenzsteuersatz« genannt, nie unter dieser Marke gelegen. Erst unter der rot-grünen Regierung von Gerhard Schröder wurde der Satz schrittweise auf 42 Prozent gesenkt, wo er seit 2005 und bis heute liegt.[23] Es muss der Fairness halber angemerkt werden, dass es auch am unteren Ende der Steuertabelle seit den Schröder-Jahren Entlastungen gab: Für ein Jahreseinkommen knapp über 10 000 Euro fielen im Jahr 2014 17,2 Prozent Steuern an, 1999 waren es noch 27,2 Prozent.[24] Allerdings gleichen die Entlastungen »unten« die Entlastungen »oben« keineswegs aus: Zahlte ein Geringverdiener mit 10 000 Euro Einkommen im Jahr 1999 noch 867 Euro Steuern, so waren es 2014 lediglich 256 Euro[25] – eine fraglos erfreuliche Entlastung um 611 Euro. Wer aber 120 000 Euro verdiente, zahlte 1999 51 894 Euro Steuern, das waren 43,2 Prozent seines Einkommens. 2014 waren es nur noch 42 161 Euro (35,1 Prozent) – eine Entlastung um 9 733 Euro im Jahr.

Nun könnte man sagen: Wer mehr verdient, zahlt auch mehr Steuern, und deshalb ist es nur logisch und gerecht, wenn er oder sie von Entlastungen stärker profitiert. Das allerdings würde bedeuten, den Gedanken der Umverteilung zu vernachlässigen, wie die herrschende Politik es leider tut. Wer mehr Verteilungsgerechtigkeit erreichen wollte, müsste gezielt die unteren Einkommensschichten entlasten, aber die oberen eben gerade nicht. Nur so ist eine Politik des sozialen Ausgleichs mit einer ausreichenden Finanzausstattung des Staates zu verbinden.

Die Reichen zahlen in einem gewissen Maß für die Armen: Dieses Grundprinzip der Steuerpolitik hatte die Regierung von Gerhard Schröder während ihrer Amtszeit von 1998 bis 2005 entscheidend geschwächt, als sie den Spitzensteuersatz ganz im Zeitgeist des Neoliberalismus senkte. Mit ihrem Wahlprogramm 2013 war die SPD endlich so weit, den Fehler wenigstens im Ansatz zu korrigieren – auch wenn ein Spitzensteuersatz von mindestens 53 Prozent das bessere Signal für eine sozial ausgewogene Haushaltssanierung gewesen wäre.

Doch es verging nach der Wahl vom September 2013 kein halbes Jahr, bis die SPD ihre vorübergehende Wiederentdeckung sozialdemokratischer Verteilungspolitik schon wieder vergessen hatte. Es war der Parteivorsitzende Sigmar Gabriel persönlich, der im Frühjahr 2014 den Abschied von der gerechteren Finanzpolitik verkündete. Und es war schon erstaunlich, mit welcher schläfrigen Gelassenheit die Öffentlichkeit diese neue Kehrtwende zur Kenntnis nahm – kein Proteststurm weit und breit. Vielleicht lag es daran, dass Gabriel seine Rolle rückwärts so unauffällig wie möglich vollzog. Er nutzte dazu eine Debatte, in deren Zentrum nicht etwa grundsätzliche Verteilungsfragen standen (von denen redete die SPD ja nicht mehr), sondern ein eher bescheidener Teilaspekt: die »kalte Progression«. So wird der Effekt bezeichnet, der entsteht, wenn jemand nominal mehr verdient als vorher, aber durch die regelmäßigen Preissteigerungen und die mit dem Einkommen steigende Steuerlast real weniger in der Tasche hat.[26]

Der Wunsch, die kalte Progression durch Veränderungen im Steuerrecht zu mildern, kommt in der Politik immer wieder auf, sobald von Steuern die Rede ist. So auch im Frühjahr 2014, als die neuesten Zahlen über die gestiegenen Steuereinnahmen der öffentlichen Hand bekanntgeworden waren: 570,2 Milliarden Euro hatten allein Bund und Länder im Jahr 2013 eingenommen, 3,3 Prozent mehr als 2012 und so viel wie nie zuvor.[27] Auch unter Einbeziehung der Gemeindesteuern sah die Lage ähnlich gut aus: Das gewerkschaftseigene Institut für Makroökonomie und Konjunkturforschung (IMK) bezifferte für 2013 die Gesamteinnahmen auf 619,7 Milliarden Euro.[28] Dass die Zunahme allerdings bei Abzug der Inflationsrate auf netto 1,8 Prozent schrumpfte, ging im allgemeinen Jubel ebenso unter wie die Warnungen jener nachdenklichen Wissenschaftler, die sich der Begeisterung über immer neue »Rekorde« nicht anzuschließen vermochten.

Zu ihnen gehörte nicht zuletzt das IMK, das den wahren Charakter der Rekorde klar und deutlich beschrieb, ohne dass allerdings die große Öffentlichkeit davon Kenntnis genommen hätte: »Zur Untermauerung der Forderung nach Steuersenkungen oder zumindest zur argumentativen Abwehr von Steuererhöhungen werden seit geraumer Zeit immer wieder ›historische Steuerrekorde‹ ausgemacht, womit gemeint ist, dass die nominalen Steuereinnahmen im jeweils betrachteten Jahr einen Höchststand in der bundesdeutschen Steuergeschichte erreicht haben oder haben werden.« Wie unsinnig dieser Rekordjubel ist, lag für die Forscher auf der Hand: »Wie das IMK wiederholt dargelegt hat, sind solche Aussagen bedeutungslos bis grob irreführend: In fast allen Jahren, wenn nicht schwere Rezessionen und/oder Steuersenkungen dies verhindern, entwickeln sich die Steuereinnahmen im Einklang mit dem nominalen Bruttoinlandsprodukt. In 59 von 64 Jahren bis 2013 lagen die Einnahmen deshalb höher als im Jahr zuvor. In 55 Jahren konnten tatsächlich ›Rekordeinnahmen‹ verzeichnet werden, in denen mehr eingenommen wurde als je zuvor in der bundesdeutschen Geschichte. Westdeutschland hatte seit 1950 sogar 40 Jahre lang ausschließlich ›Rekordeinnahmen‹ aufzuweisen.«[29] Die »Rekorde« sind demnach, über längere Zeit betrachtet, nichts anderes als Ausdruck eines stetigen Wirtschaftswachstums und keineswegs ein Anzeichen für eine relative Mehrbelastung der Steuerzahler oder eine verbesserte Finanzausstattung des Staates.

Die IMK-Forscher können das belegen: »Eine angemessene Analyse«, schreiben sie, betrachte die Steuereinnahmen im Verhältnis zum Bruttoinlandsprodukt, also zur gesamten Wirtschaftsleistung (Steuerquote). »Für die kassenmäßigen Steuereinnahmen ist das Niveau der Steuerquote im Jahr 2013 mit 22,6 Prozent zwar deutlich höher als in den letzten zwölf Jahren, mit Ausnahme des Jahres 2008. Es ist aber vergleichbar mit den meisten Werten der 1980er und 1990er Jahre und deutlich niedriger als im Durchschnitt der Jahre 1958 bis 1980. Noch viel frappierender ist, dass die Steuerquote von 2001 bis 2006 historische Tiefstände erreichte.«[30] Mit anderen Worten: Nimmt man die reale Wirtschaftslage zum Maßstab, tragen die Steuerzahler seit Jahrzehnten nichts zusätzlich zur finanziellen Ausstattung des Staates bei, eher im Gegenteil.

Trotz dieser offenkundigen Tatsachen bot im April 2014 die angeblich so hohe Steuerbelastung wieder einmal den willkommenen Anlass für die Politik, über die kalte Progression zu diskutieren. Allerdings gab es zwischen den Regierungspartnern Union und SPD einen großen Unterschied. Die SPD bestand zunächst auf dem wichtigsten Grundsatz: Wer Steuern senken will – und die Entlastung von der kalten Progression hätte nichts anderes bedeutet –, der müsse die dadurch entstehenden Ausfälle durch Mehreinnahmen an anderer Stelle kompensieren. Und zwar nicht durch »Rekordeinnahmen« in

Zeiten guter Konjunktur – denn sie können bei schlechterer Lage auch mal geringer ausfallen –, sondern durch eine strukturelle, dauerhafte Mehrbelastung am oberen Ende der Einkommensskala. Denn nichts ist in der Steuerpolitik gefährlicher, als auf konjunkturell bedingte, also vergängliche Einnahmesteigerungen mit strukturellen, also dauerhaft wirksamen Mindereinnahmen zu reagieren, wie sie durch Entlastungen der Steuerzahler zwangsläufig entstehen.

Genau hier schien die SPD noch im April 2014 eine klare, ihrem Wahlprogramm entsprechende Meinung zu haben. Im Bundestag sagte ihr Fraktionsvorsitzender Thomas Oppermann: »Deshalb bin ich der Meinung, dass wir über den Abbau der kalten Progression reden müssen, aber (…) ohne solide und vollständige Gegenfinanzierung wird das nicht möglich sein.«[31]

Oppermanns CDU/CSU-Kollege Volker Kauder verstand sofort, dass der sozialdemokratische Koalitionspartner damit die alte SPD-Forderung nach Steuererhöhungen für Vermögende, Spitzenverdiener oder Kapitalbesitzer gemeint haben musste. Er antwortete postwendend: »Es wird, ganz egal, welches Projekt angedacht wird, auf keinen Fall eine Gegenfinanzierung durch Steuererhöhungen geben. Wer das will – ich habe das ein bisschen herausgehört –, muss seine Pläne gleich begraben. Es nützt relativ wenig – darüber sollten wir uns vielleicht demnächst einmal unterhalten –, ständig zu sagen: ›Wir könnten uns dies oder jenes vorstellen‹, und dabei den heimlichen Dissens zu haben, dass die einen Steuererhöhungen wollen und die anderen nicht. Dann lassen wir das mit der kalten Progression lieber. Steuererhöhungen sind kein Ziel und keine Maßnahme.«[32]

Dass Oppermann an dieser Stelle aus Versehen fast Beifall geklatscht hätte[33], werteten sicher nur bösartige Beobachter als unbewussten Ausdruck seiner eigentlichen Meinung oder gar als endgültigen Abschied der SPD von ihren steuerpolitischen Überzeugungen. Wohlmeinende dürften Oppermann einen simplen, in der Sache unbedeutenden Reflex zugutegehalten haben, als ihm beinahe die Hände zum Applaus für seinen neuen Koalitionspartner ausrutschten.

Aber schon bald sollte sich zeigen, dass der Klatschreflex nicht ganz so harmlos gewesen war: Knapp drei Wochen nach Oppermanns

Auftritt im Bundestag schlug der SPD-Vorsitzende Sigmar Gabriel die eigene Forderung nach gerechter Gegenfinanzierung in den Wind und schloss sich stattdessen der Logik von Kauder & Co. umstandslos an. Am 28. April 2014 schrieb er auf seiner Facebook-Seite: »Für die SPD ist klar, dass die große Koalition in dieser Wahlperiode drei Ziele erreichen muss: Konsolidieren, investieren und entlasten. Alle drei Maßnahmen sind für den wirtschaftlichen Erfolg Deutschlands wichtig. Die steuerliche Entlastung bei der kalten Progression ist zudem sozial gerechtfertigt. Die SPD teilt hier ausdrücklich die Forderung der Gewerkschaften. Das muss aufgrund der hohen Steuereinnahmen in dieser Legislaturperiode auch ohne Steuererhöhungen und ohne soziale Kürzungen möglich sein.«[34]

Damit war die einzig vernünftige Gegenfinanzierung – höhere Steuern auf Spitzeneinkommen und Vermögen – auch als Forderung der SPD vom Tisch. Nicht einmal mehr verbal distanzierte sich der Parteivorsitzende vom Unions-Mantra »Keine Steuererhöhungen« – Wahlprogramm hin oder her. Und wer mochte ihm nach dieser Wende noch glauben, wenn er auch die Kürzung von Sozialleistungen zur Gegenfinanzierung von Steuerentlastungen ausschloss? Frühere Erfahrungen mit regierenden Sozialdemokraten – siehe Gerhard Schröder – lassen anderes befürchten.

Selbst wer der bei SPD-Führung und Medien so beliebten Meinung folgt, die große Koalition sei sozusagen alternativlos, wird an dieser Stelle zugeben müssen: Auch mit dem Sieg der Union in der Steuerfrage mag eine Korrektur der Steuertarife zur Minderung der kalten Progression noch vorübergehend finanzierbar sein.[35] Aber die Idee einer Politik, die die gewachsene Ungleichheit zu korrigieren und die staatliche Infrastruktur handlungsfähig zu halten versucht, bricht mit der Weigerung, diese Politik auch zu finanzieren, endgültig in sich zusammen. Sicher, die Union hat die Wahl gewonnen und besitzt jedes Recht, in solch zentralen Fragen die Richtung zu bestimmen. Aber genau darin liegt das Problem der großen Koalition. Niemand hat die SPD gezwungen, sich der gegnerischen Ideologie zu beugen und mit der Union zu regieren. Den steuer- und sozialpolitischen Stillstand und das Fehlen einer Alternative zum gefährlichen »Weiter so« verantwortet sie daher mit.

Sozialsysteme: Auf brüchigem Fundament

Eine landläufige Meinung lautet: Immerhin hätten die Sozialdemokraten in der schwarz-roten Regierung wichtige sozialpolitische Vorhaben umgesetzt. Tatsächlich hat sich der kleinere Partner während der Koalitionsverhandlungen die Zuständigkeit für Reformbaustellen wie Mindestlohn und Rente gesichert, auf denen die »roten« Ministerinnen und Minister sofort kräftig zu wirken begannen: Es war kaum ein halbes Jahr Schwarz-Rot vergangen, da lagen eine Reihe von Gesetzen bereits vor, vorneweg die »Reformen« bei Mindestlohn und Rente (dazu später in den jeweiligen Unterkapiteln mehr).

Wer der gängigen Politlogik folgte, wonach eine SPD-Ministerin Andrea Nahles schon sozialdemokratische Politik bedeutet, mag angesichts dieser Stichworte geglaubt haben, hier finde die Wende nun tatsächlich statt. Wer aber genauer hinschaute, musste feststellen: Mit der zentralen innenpolitischen Zukunftsaufgabe, die Sozialsysteme grundlegend zu reformieren sowie den Reichtum zur Finanzierung echter Reformen zu nutzen und im notwendigen Maße umzuverteilen, hatte und hat die Politik der großen Koalition so gut wie nichts zu tun. Das gilt nicht nur in der Steuerpolitik, sondern auch bei den »Erfolgen«, die sich die SPD so stolz auf die Fahne schreibt. Es ist erstaunlich, wie gut es gelang, die zwar relativ teuren[36], aber angesichts des eigentlichen Reformbedarfs sehr bescheidenen Ergebnisse zu großen Erfolgen umzudeuten. Und der politisch-mediale Komplex der deutschen Hauptstadt verweigerte sich wieder einmal der Aufgabe, die Politik dieser Regierung wenigstens an den Zielen zu messen, die die beteiligten Parteien zuvor in ihre Wahlprogramme geschrieben hatten. Von ihnen ist wenig geblieben – jedenfalls in Bezug auf die SPD.

Das schwarz-rote Bündnis und die Kompromissmöglichkeiten, die es bietet, werden seit Beginn wie eine naturgegebene Begrenzung jeder Reformpolitik dargestellt. Nur daran werden die Ergebnisse gemessen – oder sie werden gar pauschal als erfolgreiche Durchsetzung von SPD-Politik verkauft. Nur ein Beispiel: »Schließlich haben die SPD-Minister in den ersten 100 Tagen ziemlich auf die Tube gedrückt: Arbeitsministerin Andrea Nahles legte Gesetzespakete zur Rentenreform (mit der Rente mit 63, der Mütterrente und der Verbesserung der Erwerbsminderungsrente) und zum Mindestlohn vor. Justizminister Heiko Maas präsentierte die Mietpreisbremse.[37] Familienministerin Manuela Schwesig brachte die Frauenquote für Unternehmen auf den Weg. Damit sind gleich mehrere Projekte angestoßen, mit denen die SPD vergangenes Jahr in den Bundestagswahlkampf gezogen war.«[38]

Diese Sichtweise, durchaus vorherrschend in der ersten Phase der großen Koalition, beruht auf einer erstaunlichen Vergesslichkeit. Wer sich nicht zufriedengeben wollte mit dem, was auf den Etiketten stand (zum Beispiel »Mindestlohn« oder »Rentenreform«), und wer auch nur ein paar Monate zurückblickte auf die Wahlziele der SPD – für Journalisten eigentlich eine zumutbare Aufgabe –, der wurde schnell eines Schlechteren belehrt. Wieder einmal setzte sich ein Denken durch, das ausschließlich die gerade herrschenden Verhältnisse zum Maßstab nimmt – in diesem Fall die große Koalition – und weitgehend darauf verzichtet, das Erreichte an der Idee einer umfassenden Daseinsvorsorge zu messen oder zumindest an den ursprünglichen Zielen der Beteiligten.

Wohlgemerkt: Nicht, dass Reformschritte ganz ausgeblieben sind. Aber das, womit die SPD »in den Bundestagswahlkampf gezogen war«, hatte ganz anders ausgesehen als die Wirklichkeit der großen Stillstandskoalition. Vor dem 22. September 2013 hatten die Sozialdemokraten nicht nur in Sachen Steuerpolitik, sondern auch für die Sozialsysteme ein paar sachdienliche Hinweise auf eigentlich notwendige Reformen gegeben – übrigens weitgehend in Übereinstimmung mit Linken und Grünen. Misst man die reale Politik der großen Koalition an diesen Versprechungen, gerade auch in Bezug auf die Sozialsysteme, dann zeigt sich, wie wenig von den Reformprojekten der damaligen Opposition geblieben ist.

Im »Regierungsprogramm 2013 bis 2017« hatte die SPD die dringendsten Projekte kurz und klar zusammengefasst: »Alle Bürgerinnen und Bürger sollen durch die Bürgerversicherung unabhängig von ihrer Lebenslage oder ihrem Erwerbsstatus eine gute Kranken- und Pflegeversicherung haben. Wir wollen die Arbeitslosenversicherung zu einer Arbeitsversicherung für alle weiterentwickeln. (…) Mit der Ausweitung des Versichertenkreises in der gesetzlichen Rentenversicherung machen wir einen Schritt zu einer Erwerbstätigenversicherung, in der alle zu gleichen Bedingungen für das Alter und bei Erwerbsminderung versichert sind.«[39]

Das entspricht wenigstens in Teilen[40] dem, was die Sozialsysteme bräuchten. Der entscheidende Punkt ist lange bekannt: Die Absicherung gegen Krankheit, Arbeitslosigkeit und Altersarmut kann auf Dauer nicht mehr weitgehend aus Beiträgen auf klassische, sozialversicherungspflichtige Einkommen finanziert werden. Eine echte Reform müsste alle Einkommensarten, also zum Beispiel auch Erträge aus Vermögen oder die Diäten von Abgeordneten, beitragspflichtig machen. Die Beitragsbemessungsgrenzen in der Renten- und Krankenversicherung, die hohe Einkommen begünstigen, müssten aufgehoben werden, während es für die Leistungen, also etwa Renten, eine Höchstgrenze gäbe. Die Umverteilung entstünde dadurch, dass hohe Einkommen mehr beitragen als andere, ohne dass die Gutverdienenden mehr bekommen (zumal sie ja die Möglichkeit privater Zusatzvorsorge besitzen). Und durch die Mehreinnahmen aus hohen Einkommen könnte der Beitragssatz für alle sogar sinken. Wer das für unrealistisch hält, sollte einen Blick auf die Schweiz riskieren, wo das Rentensystem genau so funktioniert.[41]

Der Bedarf, die deutschen Sozialsysteme grundlegend zu verändern, ergibt sich geradezu zwingend aus der wirtschaftlichen Entwicklung der vergangenen Jahrzehnte, vor allem am Arbeitsmarkt: Der Anteil fester Stellen an der Beschäftigung ist zugunsten prekärer Jobs oder (ebenfalls oft prekärer) selbständiger Arbeit zurückgegangen. Er sank zwischen 1992 und 2012 von 74,1 auf 68,9 Prozent in Westdeutschland und sogar von 87,5 auf 72,1 Prozent in den neuen Ländern.[42] Das Statistische Bundesamt bezifferte den Anteil der »Normalarbeitnehmer/-innen« an den Erwerbstätigen für ganz Deutschland ähnlich: Er ging von 1991 bis 2012 von 79 auf 67 Prozent zurück, während der Anteil der »atypisch Beschäftigten« (also Personen in Teilzeitbeschäftigung mit bis zu zwanzig Wochenarbeitsstunden, befristeter Beschäftigung, Zeitarbeit oder Mini-Jobs) von dreizehn auf 22 Prozent stieg. Selbständig arbeiteten 1992 acht und 2012 elf Prozent der Erwerbstätigen.[43]

Nun ist zwar der Hinweis richtig, der von allen Parteien außer der Linken immer wieder zu hören ist: Seit 2005, also nach Inkrafttreten der rot-grünen Agenda 2010, ist die Zahl der sozialversicherungspflichtigen Jobs und damit der Beitragszahler wieder gestiegen, wenn auch keineswegs auf das Niveau von 1992.[44] Damit soll in der Regel die Weisheit und der Erfolg der »Reformen« aus der Kanzlerschaft von Gerhard Schröder bewiesen werden. Aber sowohl den meisten Betroffenen als auch den Sozialversicherungen brachte der Anstieg in der Summe wenig, denn er wurde durch die skandalöse Ausweitung des Niedriglohnsektors erkauft (dessen Wachstum zwar schon vor Schröder begonnen hatte, aber durch die Agenda 2010 dann zusätzlich gefördert wurde). Und das bedeutet nichts anderes als die massenhafte Absenkung sozialversicherungspflichtiger Einkommen am unteren Ende der Skala. So berechnete das Institut Arbeit und Qualifikation an der Universität Duisburg-Essen folgende Entwicklung: Von 1995 bis 2010 stieg die Zahl der Arbeitnehmerinnen und Arbeitnehmer, deren Verdienst mindestens ein Drittel unter dem mittleren Einkommen aller Beschäftigten liegt, in Deutschland von 5,59 Millionen auf fast 7,92 Millionen. Das ist eine Zunahme um knapp 42 Prozent.[45] Der Anteil der Niedriglohnbeschäftigten an allen Arbeitnehmerinnen und Arbeitnehmern erhöhte sich damit von 17,7 auf 23,1 Prozent.[46]

Diese Entwicklung wirkt sich natürlich auch auf die Summe der Lohneinkommen aus – und eben davon leben die Sozialversicherungen, weil Arbeitgeber- und Arbeitnehmerbeiträge daraus abgeleitet werden. Das Deutsche Institut für Wirtschaftsforschung stellte im Jahr 2012 denn auch trocken fest, »dass der Anstieg der verfügbaren Einkommen wesentlich auf einem kräftigen Zuwachs bei den Selbständigen- und Vermögenseinkommen beruhte, während die gesamtwirtschaftlichen Lohneinkommen sich insbesondere ab 2002 dagegen so schwach entwickelt haben, dass zeitweise nicht einmal die Teuerungsrate ausgeglichen wurde. Preisbereinigt sind die Lohneinkommen also zeitweise zurückgegangen, während bei den Gewinneinkommen kräftige Zuwächse zu verzeichnen waren.«[47]

Auch innerhalb der Gruppe der abhängig Beschäftigten hat die Ungleichheit auf Kosten der ohnehin Benachteiligten zugenommen. So stellte schon die schwarz-gelbe Bundesregierung seinerzeit fest, »dass das mittlere monatliche Bruttoerwerbseinkommen von Vollzeitbeschäftigten (Median) preisbereinigt im Jahr 2011 auf dem selben Niveau lag wie im Jahr 2007. Dabei entwickelten sich die realen Bruttoerwerbseinkommen in diesem Zeitraum bis zum achten Dezil rückläufig oder blieben konstant.«[48] Auf Deutsch: Bei den unteren dreißig Prozent der Beschäftigten (achtes bis zehntes »Dezil«) kam kein Cent zusätzlich in die Kasse, bei vielen sogar weniger als vorher. Was das Arbeitsministerium der Ursula von der Leyen nicht daran hinderte, die Politik der durch Lohndumping erzielten Beschäftigung erneut zu lobpreisen. Die Zahlen ließen schließlich unberücksichtigt, »dass zwischen 2007 und 2011 viele Arbeitslose oder in geringer Stundenzahl Beschäftigte eine Vollzeitbeschäftigung im unteren Lohnbereich neu aufgenommen haben. Die im Beobachtungszeitraum sinkenden Reallöhne in den unteren Dezilsgruppen sind also auch Ausdruck struktureller Verbesserungen.«[49] So also sehen »strukturelle Verbesserungen« aus: Niedriglöhner bezahlen durch Lohnverzicht die Jobs für noch mehr Niedriglöhner.

Für die Sozialsysteme bedeutet das: Verloren hat ein großer Teil derjenigen Lohnempfänger, die von ihrem Einkommen tatsächlich den vollen Beitragssatz für die Sozialversicherungen abführen, weil dieses Einkommen unterhalb der Beitragsbemessungsgrenzen liegt. Die Zahl der Jobs in diesem Bereich hat zwar zugenommen, aber das konnte wegen des kläglichen Lohnniveaus nicht zu entsprechend höheren Einnahmen der Sozialversicherungen führen. Gewinner bei der Einkommensentwicklung waren dagegen genau diejenigen, die zu den solidarischen Sozialversicherungssystemen in der Regel keinen Beitrag leisten. Also die Glücklichen, die von hohen Erträgen aus selbständiger Arbeit oder aus ihrem Vermögen gut leben können. Und auch die Spitzenverdiener in abhängiger Beschäftigung zahlen zwar Beiträge, gleichen aber die Absenkung am unteren Ende logischerweise nicht aus, da selbst die Einkommen von Top-Managern nur bis zur Beitragsbemessungsgrenze herangezogen werden. Das heißt: Wer »oben«, also jenseits der Beitragsbemessungsgrenzen[50], mehr verdient als zuvor, zahlt keinen Cent zusätzlich in die Renten- oder Krankenversicherung ein.

So hat Gerhard Schröders gezielte Niedriglohnpolitik – an der Angela Merkel und Sigmar Gabriel nichts Grundlegendes ändern wollen – nicht nur Millionen arbeitende Menschen getroffen, sondern auch die Sozialsysteme geschwächt. An diesem strukturellen Problem ändert auch die gute Einnahmesituation der Sozialversicherungen in konjunkturellen Hoch-Zeiten und in den seltenen Phasen positiver Lohnentwicklung nichts.[51] Der gesetzliche Mindestlohn kann diese Entwicklung zwar wohl abmildern, aber nicht beheben.

Es ist eine besondere Pointe, dass nicht einmal das wichtigste und bis heute ständig wiederholte Argument des Basta-Kanzlers einer wissenschaftlichen Überprüfung standhält: die Behauptung, dass erst die Senkung des Lohnniveaus Menschen überhaupt in Beschäftigung bringe. »Wir müssen«, sagte Schröder schon 1999, »einen Niedriglohnsektor schaffen, der die Menschen, die jetzt Transfer-Einkommen beziehen, wieder in Arbeit und Brot bringt.«[52] Knapp eineinhalb Jahrzehnte später, als das Experiment »Niedriglohnsektor« auf Kosten von Millionen Arbeitnehmerinnen und Arbeitnehmern »gelungen« war, untersuchte das Institut für Arbeitsmarkt- und Berufsforschung der Bundesagentur für Arbeit (IAB) den Zusammenhang zwischen Niedriglohnsektor und Beschäftigung im europäischen Vergleich. Das Ergebnis: Einerseits weisen die Niedriglohnquoten »für Deutschland mit einem Anteil von 24,1 Prozent an allen Beschäftigten den höchsten Wert unter den Vergleichsländern auf, wenn man einmal von Litauen (27,5 Prozent) absieht«[53]. Die immer wieder behauptete, segensreiche Wirkung auf dem Arbeitsmarkt erweist sich hingegen als überhaupt nicht nachweisbar: »Im Ländervergleich ergeben sich allerdings keine Hinweise auf einen Zusammenhang zwischen dem Anteil der Niedriglohnempfänger und dem Beschäftigungsstand. Dies würde dafür sprechen, dass eine erhöhte Lohnspreizung keine zwingende Voraussetzung für dauerhafte Erfolge am Arbeitsmarkt ist.«[54]

Mit anderen Worten: Der Zuwachs an Beschäftigung muss keineswegs Folge der Schröder'schen Niedriglohnpolitik gewesen sein. Er wäre auch möglich gewesen, ohne Millionen Menschen am unteren Ende der Lohnskala zu deklassieren. Es gehört zu den erstaunlichsten »Erfolgen« des Neoliberalismus, dass solche Erkenntnisse in Politik und Medien entweder verschlafen oder bewusst nicht zur Kenntnis genommen werden. Stattdessen beten sie die Geschichte vom angeblichen Beschäftigungserfolg der Schröder-Agenda immer weiter nach.

Fast schon gespenstisch ist die Stille im politischen Raum, wenn es um den umstrittensten und schmerzhaftesten Teil dieser Agenda geht: Hartz IV. Als hätte es die Diskussion über die skandalös niedrigen und auf fragwürdiger Berechnung des Existenzminimums basierenden Regelsätze beim Arbeitslosengeld II[55] nie gegeben. Nicht nur CDU und CSU haben die knapp 1,9 Millionen Hartz-IV-Empfänger[56] abgeschrieben, sondern auch die SPD. Sie gehen ja auch schließlich kaum noch wählen (siehe dazu Seite 21 ff.).

Im Ergebnis zeigt sich: Die von der klassischen, sozialversicherungspflichtigen Beschäftigung abhängige Finanzierung der Sozialsysteme steht sowohl durch die schwindende Bedeutung des Normalarbeitsverhältnisses als auch durch die ungleiche Verteilung der Einkommen enorm unter Druck oder sogar infrage. Hieraus ergibt sich ein akuter Reformbedarf, den die große Koalition jedoch schlicht verschläft. Dabei hatte die SPD, bevor sie im schwarz-roten Bündnis verschwand, einige Alternativen zum Nichtstun sehr wohl im Programm.

Diese Alternativen liegen, angesichts der Erosion des bisherigen Finanzierungssystems, auf der Hand: Entweder man erweitert die Finanzierungsgrundlage, indem man möglichst alle Einkommensarten oder zumindest alle Einkommen aus Erwerbstätigkeit in die Beitragspflicht einbezieht – das ist mit Bürger- oder Erwerbstätigenversicherung gemeint. Es würde bedeuten, auch Selbständige, Beamte und Bundestagsabgeordnete der Versicherungspflicht zu unterwerfen, im Idealfall auch Erlöse aus Vermögen, also Gewinne, Zinsen oder Dividenden. Oder man entscheidet sich, alternativ beziehungsweise zusätzlich zur Bürgerversicherung, die Leistungen ganz oder teilweise aus Steuern zu finanzieren. Denn auch die werden auf alle Einkommensarten erhoben. Dann allerdings müsste man höhere Einnahmen erzielen, indem man die Schonung der hohen Einkommen und Vermögen endlich beendet – siehe oben.

Beide Varianten fanden sich noch im Wahlprogramm 2013 der Sozialdemokraten wieder, ebenso wie bei den Grünen und der Linkspartei. So forderte die SPD nicht nur, die Kranken- und Rentenversicherung in eine Bürger- beziehungsweise Erwerbstätigenversicherung zu verwandeln.[57] Sie schlug auch vor, bestimmte Leistungen aus Steuern zu finanzieren, vor allem solche, die sie eher als gesamtgesellschaftliche Aufgaben denn als Verpflichtung für die Sozialsysteme betrachtete. Das galt unter anderem für die Sicherung einer Mindestrente für Niedrigverdiener (»Solidarrente«) und die Anerkennung von Kindererziehungszeiten für ältere Mütter: »Zur Solidarrente zählt auch, familienbedingte Erwerbsverläufe in der Alterssicherung besser abzubilden. Wir wollen in angemessenem Umfang Berücksichtigungszeiten auch auf Eltern ausdehnen, deren Kinder vor 1992 geboren wurden. (...) Die Kosten der Solidarrente finanzieren wir aus Steuermitteln.«[58]

Bürgerversicherung? Gerechtere Finanzierung der Sozialsysteme? Nichts ist geblieben von dem schönen Reformgebäude, außer ein paar unverbundenen Fertigteilen. Und zwar solchen, die nicht einmal geeignet sind, als tragende Säulen für einen künftigen Ausbau zu dienen. Es sind vielmehr jene Einzelteile, die die Koalitionsparteien für besonders geeignet halten, um damit die Fassade zu verzieren.

Rente: Stückwerk statt Umbau

Bei der Union war dieser Fassadenschmuck vor allem die Mütterrente, also die Teilanpassung des Anspruchs älterer Frauen an das, was jüngeren Müttern gesetzlich zusteht. Darin steckt ja immerhin der Anspruch, eine Ungleichbehandlung zu mildern. Aber der entscheidende Dissens zwischen Union und SPD wurde klar zugunsten von CDU und CSU entschieden: Die Mütterrente wird überwiegend nicht aus Steuern, sondern aus dem Beitragstopf finanziert, also aus den Löhnen der abhängig Beschäftigten und nicht aus den Zinsen und Dividenden der seit Jahren begünstigten Vermögensbesitzer. Das ist auch insofern kein Wunder, als die SPD, wie erläutert, ihr entscheidendes Argument in allen Gerechtigkeitsfragen an der Garderobe des Kanzleramts abgegeben hatte: dass nämlich die Steuereinnahmen von Vermögenden und Großverdienern erhöht werden müssten, wenn sozialer Ausgleich nicht nur im Rentensystem ausgewogen finanziert werden soll.

Das zweite Einzelteil neben der Mütterrente ist der vorzeitige Ruhestand mit 63 nach 45 Beitragsjahren. Damit gelang der SPD sogar das Kunststück, Kritik von rechts und links in gleichem Maße auf sich zu ziehen. Sie kam nicht nur, wie zu erwarten, von Wirtschaftslobbyisten, die bei jeder Leistungsverbesserung schreien. Kritik übten vielmehr – wesentlich einleuchtender – auch diejenigen, die nicht einsahen, dass ausgerechnet die Beschäftigten mit den glattesten Erwerbsbiografien, also auch mit den ohnehin besseren Rentenerwartungen, nun zusätzlich bedient werden sollten. Zumal, wenn für alle anderen die Rente künftig erst mit 67 Jahren uneingeschränkt gelten soll.[59]

Natürlich ist Beschäftigten mit klassischer und weitgehend ungebrochener Erwerbsbiografie der zusätzliche Lohn für jahrzehntelange Arbeit nicht zu missgönnen. Der Skandal liegt vielmehr darin, dass vergleichsweise Bessergestellte begünstigt werden, während für die Masse der von echter Altersarmut Bedrohten nichts Einschneidendes geschieht. So schrieb der Paritätische Gesamtverband in seiner Stellungnahme zur Koalitionsvereinbarung: »Die Einigung ist verteilungspolitisch verfehlt. Besonders begünstigt werden dadurch in der Regel überdurchschnittlich gut abgesicherte Arbeitnehmer mit einer geschlossenen Erwerbsbiografie. Der durchschnittliche Rentenzahlbetrag dieser besonders langjährig Versicherten beträgt heute mit 65 Jahren zum Renteneintritt durchschnittlich 1 464,74 Euro bei Männern und 1 096,77 Euro bei

Frauen. Die durchschnittliche Regelaltersrente zum gleichen Zeitpunkt beträgt heute 591,47 Euro bei Männern und 315,80 Euro bei Frauen. Die Mehrkosten der vereinbarten Besserstellung besonders langjährig Versicherter sollen durch Beiträge finanziert werden. Diese belasten auch Geringverdiener zusätzlich – insbesondere auch Frauen, die selbst kaum eine Chance haben, von dieser Regelung zu profitieren.«[60] Eine kleine Millionenkampagne der Bundesregierung mit Rentenpaketplakaten konnte diese Schieflage vielleicht kaschieren, geändert hat sie daran nichts.

Tatsächlich hatte es die große Koalition mit Verbesserungen für diejenigen, die sie am dringendsten bräuchten, nicht ganz so eilig – als wäre in Deutschland nicht genug Reichtum vorhanden, um sowohl für Mütter und langjährige Facharbeiter als auch für Geringverdiener eine anständige Alterssicherung auf die Beine zu stellen. Die »solidarische Lebensleistungsrente«, wie sie in geradezu Orwell'scher Sprache genannt wird, packte sie im Gegensatz zur Mütterrente und zur Rente mit 63 nicht in ihr Beschlusspaket für 2014. Anders als Mütter und anders als relativ gut versorgte Facharbeiter müssen die Bedürftigsten stattdessen warten: Die Einführung der »Lebensleistungsrente« werde »voraussichtlich bis 2017 erfolgen«, heißt es im Koalitionsvertrag.[61] Und selbst wenn sie dann kommen sollte, versteckt sich auch hinter dieser »Reform«, so wie Schwarz-Rot sie anlegt, ein weiterer sozialpolitischer Skandal: Für die »solidarische Lebensleistungsrente« soll künftig »zusätzliche Altersvorsorge als Zugangsvoraussetzung erforderlich sein«. Das heißt: Wer wenig verdient und im Alter wenigstens das Existenzminimum haben will, muss entweder das Glück einer Betriebsrente haben – oder einen Teil seines ohnehin geringen Lohns mittels Lebensversicherung an die Finanzmärkte verfüttern.

Die dritte Neuerung im schwarz-roten Altersvorsorgepaket 2014 betrifft die Erwerbsminderungsrente. Dazu fanden Union und SPD in ihrem Koalitionsvertrag die folgenden warmen Worte: »Wer nichts mehr an seiner Erwerbssituation ändern kann, ist in besonderem Maße auf die Solidarität der Versichertengemeinschaft angewiesen. Deswegen wollen wir Rentenansprüche von Erwerbsgeminderten spürbar verbessern. Ziel ist es, diejenigen besser abzusichern, die auf diese Leistung angewiesen sind.« Was natürlich – der Missbrauchsverdacht darf in der Sozialpolitik nie fehlen – unbedingt funktionieren muss, »ohne damit neue Fehlanreize für nicht zwingend notwendige Frühverrentungen zu schaffen«.[62]

Wer aus gesundheitlichen Gründen nicht mehr arbeiten kann, soll also bessergestellt werden. Das Werkzeug dafür sind die sogenannten »Zurechnungszeiten«. Dieser bürokratische Begriff bedeutet: Die Erwerbsminderungsrente wird so berechnet, als hätte der Betreffende bis zum 60. Lebensjahr weiterarbeiten und Beiträge zahlen können wie bisher. Künftig wird er so behandelt, als hätte er bis zum Alter von 62 Jahren und nicht nur bis sechzig gearbeitet und Beiträge bezahlt, was seine Erwerbsminderungsrente natürlich etwas steigert. Um aber zu sehen, was fehlt, genügt wiederum ein Blick ins SPD-Wahlprogramm: Die Sozialdemokraten hatten – gemeinsam mit einigen Sozialverbänden[63] – gefordert, für Erwerbsgeminderte die Rentenkürzung zu streichen, die in Kauf nehmen muss, wer vor dem gesetzlich festgelegten Termin in den Ruhestand geht. Die SPD hatte schlicht erkannt, dass es einen Unterschied macht, ob jemand aus freien Stücken früher ausscheidet und sich diese Freiheit durch Rentenverzicht erkauft – oder ob jemand aufhört, weil er gesundheitlich einfach nicht mehr kann. Auch davon ist mit keinem Wort mehr die Rede: Die Rentenkürzung um 0,3 Prozent pro Monat[64], die bei freiwillig vorgezogenem Renteneintritt vorgesehen ist, gilt weiterhin auch für die Bezieher einer Erwerbsminderungsrente.

Wer nun immer noch nicht glaubt, wie unangebracht das Selbstlob führender Sozialdemokraten ist, darf über den folgenden, in der Berichterstattung weitgehend ausgeblendeten Tatbestand staunen. Die Verlängerung der Zurechnungszeiten, also die faktische leichte Erhöhung der Erwerbsminderungsrenten, ist keineswegs die erfolgreich durchgesetzte, neue Idee einer unermüdlich kämpfenden Partei. Sie ist die verspätete Einlösung eines alten, nicht eingehaltenen Versprechens aus schwarz-gelber Zeit: »Die Bundesregierung plant, die Zurechnungszeit wegen der schrittweisen Anhebung der Altersgrenzen auf 67 Jahre ebenfalls schrittweise bis zum 62. Geburtstag des Versicherten zu verlängern.«[65] Dieses Zitat stammt nicht aus dem Koalitionsvertrag von Ende 2013, sondern aus einer Information der Rentenversicherer von 2012.

Tatsächlich hieß es in einem Referentenentwurf aus dem Haus von Ursula von der Leyen, seinerzeit noch Sozialministerin: »Die Anpassung an das Arbeiten bis 67 wird bei der Erwerbsminderungsrente nachgeholt. Menschen mit verminderter Erwerbsfähigkeit sollen langfristig besser abgesichert werden. Denn diejenigen, die aus gesundheitlichen Gründen nicht mehr erwerbstätig sein können, sind auf die Solidarität der Versichertengemeinschaft angewiesen. (…) Die Zurechnungszeit wird daher bei Erwerbsminderungsrenten stufenweise von heute sechzig Jahren auf das vollendete 62. Lebensjahr angehoben.«[66] Immerhin will die große Koalition diese Verbesserung nicht mehr stufenweise einführen, sondern auf einen Schlag. Aber der große Wurf ist auch das, wie erläutert, nicht.

Dass mit anderen Mehrheiten das Gleiche und wahrscheinlich mehr durchzusetzen gewesen wäre, liegt angesichts rot-rot-grüner Versprechungen vor der Wahl auf der Hand. Eine Bürgerversicherung, in der alle Einkommensarten an der Finanzierung der Sozialsysteme beteiligt werden, eine steuerfinanzierte auskömmliche Alterssicherung für Geringverdiener und Mütter sowie eine Rente für Erwerbsgeminderte, die sie nicht mit Abschlägen für ihr Schicksal bestraft – all das hatten SPD, Linke und Grüne vor der Wahl weitgehend übereinstimmend im Programm.

Mindestlohn: Schmuckstück mit Mängeln

Zu den fragwürdigen Einzelteilen bei der Altersvorsorge, die die SPD als »Reformen« verkauft, gesellt sich ein weiterer sozialpolitischer »Erfolg«: der Mindestlohn, mit Recht ein Lieblingsvorhaben der SPD. Sie trägt es mit Stolz und Freude wie ein riesiges Transparent vor sich her, hinter dem sich alles verbergen lässt, was Schwarz-Rot in der Sozial- und Steuerpolitik sträflich versäumt.

Tatsächlich klingen die Fakten beim Mindestlohn zum Teil auch beeindruckend, und niemand wird bestreiten, dass das Gesetz für viele Beschäftigte echte Verbesserungen enthält. Bei gut 5,2 Millionen – nach den jüngsten verfügbaren Zahlen von 2012 – liegt bisher die Zahl derjenigen, die pro Stunde weniger bekamen als den Mindestlohn von 8,50 Euro. Das sind 15,4 Prozent aller Beschäftigten, bei Frauen sogar 20,4 Prozent (Männer: 10,7 Prozent). Viele der Geringverdiener beim Stundenlohn arbeiten zusätzlich nur in Teilzeit, und bei manchen mag es sich um Nebenverdienste handeln. Aber selbst bei Vollzeitbeschäftigten ergibt sich nach den Zahlen von 2012 immer noch eine Quote von 8,6 Prozent Geringverdienern mit weniger als 8,50 Euro pro Stunde, das sind pro Monat je nach Stundenzahl um die 1 400 Euro – brutto! Und bei den hundert Prozent, von denen diese Zahlen abgeleitet werden, sind zahlreiche Gruppen gar nicht berücksichtigt: zum Beispiel Freiberufler und Selbständige, zu denen ebenfalls viele Geringverdiener gehören[67], Praktikanten und Auszubildende sowie »Personen, die in Werkstätten für behinderte Menschen arbeiten, mithelfende Familienangehörige und Arbeitslose in arbeitsmarktpolitischen Beschäftigungsmaßnahmen und sogenannten Ein-Euro-Jobs«[68]. Und für all diese Gruppen wird auch der Mindestlohn die Einkommenslage nicht verbessern.

Immerhin: Mehr Geld für jede Siebte und jeden Siebten mit Arbeitsvertrag, also für mehr als fünf Millionen Menschen – das hätte sich tatsächlich sehen lassen können. Allerdings gilt auch hier: Der große Wurf ist dieser Mindestlohn keineswegs, erst recht nicht in der Form, die am Ende Gesetz geworden ist.

Zunächst: Mit 8,50 Euro pro Stunde bewegen sich Arbeitnehmerinnen und Arbeitnehmer noch immer knapp unterhalb der vom Deutschen Gewerkschaftsbund berechneten »Armutslohn«-Grenze von fünfzig Prozent des Durchschnittseinkommens, das sind 8,67 Euro.[69] Der DGB weist allerdings darauf hin, dass »eine in Politik und Öffentlichkeit benutzte Angabe der relativen Armutsgrenze« bei »fünfzig Prozent oder sechzig Prozent des Durchschnittseinkommens« liege.[70] Wählte man die großzügigere Variante, also sechzig Prozent des Durchschnitts, dann läge der Mindestlohn schon bei 10,40 Euro. Das entspräche auch der Niedriglohngrenze, die nach internationalen Standards, wie sie unter anderem bei der Organisation für wirtschaftliche Zusammenarbeit und Entwicklung (OECD) gelten, bei zwei Dritteln des mittleren Verdienstes angesetzt wird.[71] Sie lag laut Statistischem Bundesamt 2010 (neuere Erhebungen liegen nicht vor) bei 10,36 Euro.[72] Dieser Erhebung zufolge ist übrigens die Zahl der Niedriglöhner zwischen 2006 und 2010 von 18,7 auf 20,6 Prozent der Beschäftigten gestiegen. Ein Skandal für sich, der die hitzigen Debatten über die angeblich so großzügigen 8,50 Euro in der Stunde fast absurd erscheinen lässt.

Aber selbst wer nur das als Maßstab nimmt, was die SPD einst forderte, wird das sozialdemokratische Selbstlob – »ein Meilenstein in der deutschen Wirtschafts- und Sozialgeschichte«[73] – erheblich relativieren müssen.

Zur bescheidenen Höhe kommt nämlich die Tatsache hinzu, dass neben den auf Dauer nicht begünstigten Gruppen viele Niedriglöhner vorübergehend vom gesetzlichen Mindestlohn ganz ausgeschlossen bleiben – nämlich diejenigen, die unter den Bedingungen eines geltenden Tarifvertrags weniger verdienen. Möglich sind, so der Koalitionsvertrag, »Abweichungen für maximal zwei Jahre bis 31. Dezember 2016 durch Tarifverträge repräsentativer Tarifpartner auf Branchenebene«[74]. Es störte die schwarz-roten Koalitionäre offenbar nicht, dass sie den schönen Satz »Zum 1. Januar 2015 wird ein flächendeckender gesetzlicher Mindestlohn von 8,50 Euro brutto je Zeitstunde für das ganze Bundesgebiet gesetzlich eingeführt« ganze sieben Zeilen später erheblich relativierten: Erst »ab 1. Januar 2017 gilt das bundesweite gesetzliche Mindestlohnniveau uneingeschränkt«. Ein Etikettenschwindel der plumperen Art, an dessen Wirkung beim Wähler die SPD allerdings offensichtlich glaubte.[75]

Vor der Verabschiedung des Mindestlohngesetzes im Bundestag im Juli 2014 gab es immer wieder Wünsche nach weiteren Ausnahmen: Taxifahrer und Zeitungsträger wurden ins Gespräch gebracht, ebenso Arbeitnehmer mit Hilfstätigkeiten, Saisonarbeitskräfte, Rentner und Jugendliche sowie Studierende. Allerdings erwiesen sich diese Wünsche zum großen Teil als schlicht verfassungswidrig, weil sie gegen den Grundsatz der Gleichbehandlung verstoßen hätten. Es war nicht etwa eine Interessengruppe, sondern der Wissenschaftliche Dienst des Bundestages, der feststellte: Bei den genannten Gruppen handele es sich »ausnahmslos um Arbeitnehmer«, und die müssten laut Verfassung genauso behandelt werden wie andere Arbeitnehmer auch. »Dass es sich bei den Tätigkeiten, für die ein

Ausschluss vom Mindestlohn vorgeschlagen wird, um Arbeiten von besonders niedriger Arbeitsproduktivität handelt, wie dies bei Hilfstätigkeiten, Zeitungsausträgern oder Saisonarbeitskräften zumeist der Fall ist, ist im Hinblick auf ihre Einordnung als Arbeitnehmer nicht von Bedeutung. (…) Auch soweit für die geforderten Ausnahmen an den Status der betroffenen Arbeitnehmergruppen angeknüpft wird, wie dies bei Rentnern oder Studierenden der Fall wäre, sind Anhaltspunkte für verfassungsrechtlich relevante Unterschiede nicht erkennbar.«[76]

Das hinderte die schwarz-roten Koalitionäre nicht daran, gegenüber den am lautesten schreienden Lobbygruppen zumindest teilweise einzuknicken: Kurz vor Verabschiedung des Gesetzes tauchte ein Passus auf, der Zeitungszustellerinnen und -zusteller vorerst vom Mindestlohn ausschloss. Und das, obwohl die Verleger sich bis zum Schluss geweigert hatten, einen Tarifvertrag zu schließen, der ihnen die vorübergehende Abweichung ja ebenfalls erlaubt hätte. So war der Wunsch dieser Arbeitgeber der Regierung Befehl und wurde Gesetz: Der Anspruch der Zustellerinnen und Zusteller wird für 2015 auf 75 Prozent des Mindestlohns reduziert – das sind nicht einmal 6,40 Euro – und für 2016 auf 85 Prozent.[77]

Leichter gemacht wird es auch den Unternehmen, die Saisonarbeiter beschäftigen. Hier soll zwar der Mindestlohn gelten, aber dafür wird die gesetzlich vorgesehene Befreiung von der Sozialversicherungspflicht von zwei auf drei Monate im Jahr ausgeweitet.[78] Was den Arbeitgebern hilft und den Sozialsystemen zusätzlich schadet.

Außerdem bleiben zwei generelle Ausnahmen übrig: Jugendliche unter achtzehn Jahren – auch wenn sie in regulärer Beschäftigung sind und nicht in der Ausbildung – bekommen den Mindestlohn nicht. Und auch Langzeitarbeitslose, die einen Job finden, dürfen vom Arbeitgeber für ein halbes Jahr mit Billiglöhnen unterhalb von 8,50 Euro abgespeist werden. Damit hat die Wirtschaft zwar nicht alles erreicht, was sie wollte. Aber es bleibt ihr der Zugriff auf ein Reservoir von Arbeitskräften, die die Unternehmen zu Dumpingpreisen einkaufen können. Und genau das war auch ihr Ziel, weshalb der Arbeitgeberpräsident sein Augenmerk schon früh auf die

Langzeitarbeitslosen gerichtet hatte: »Nachdem sie über lange Zeit einen Mindestlohn grundsätzlich abgelehnt haben, setzen sich auch die Arbeitgeber nunmehr für weit reichende Ausnahmen ein. Der Arbeitgeberpräsident Ingo Kramer nennt zum Beispiel namentlich Langzeitarbeitslose, die nach seiner Auffassung auch zukünftig unterhalb des Mindestlohns beschäftigt werden sollen (*Rheinische Post* vom 19.1.2014).«[79] Auch dieser Wunsch war der großen Koalition – einschließlich SPD – am Ende Befehl.

Ob die Ungleichbehandlung von Jugendlichen dem Gleichheitsgebot des Grundgesetzes entspricht, blieb bis zum Schluss umstritten. Der Bundestagsgutachter folgt hier eher denjenigen Politikern, die Jugendlichen pauschal unterstellen, lieber für 8,50 Euro zu jobben, als sich in Schule oder Ausbildung für die Zukunft zu qualifizieren: »Eine Ausnahme dieser Gruppe von Arbeitnehmern könnte durch das Ziel gerechtfertigt werden, falsche Anreize zu vermeiden. Jugendliche sollten mit der Aussicht auf eine Entlohnung nach Mindestlohn nicht verleitet werden, auf eine Berufsausbildung zu verzichten.«[80]

Dagegen sehen die Kölner Arbeits- und Sozialrechtler Ulrich Preis und Daniel Ulber in einem Gutachten für die Hans-Böckler-Stiftung des Deutschen Gewerkschaftsbundes einen klaren Verstoß gegen Europa- und Bundesrecht. So wie eine Ausnahme für Rentner »krass gegen das unionsrechtliche Verbot der Altersdiskriminierung« verstoße, »ist auch die Herausnahme von unter 18-Jährigen (…) unter dem Gesichtspunkt der Altersdiskriminierung ebenfalls verfassungs- und unionsrechtswidrig. Soweit der Gesetzgeber diese Regelung damit begründet, der Mindestlohn solle keinen Anreiz setzen, zugunsten einer mit dem Mindestlohn vergüteten Beschäftigung auf eine Berufsausbildung zu verzichten, hat diese Begründung wegen evidenter Sachwidrigkeit keinen Bestand. Dies gilt zum einen deshalb, weil die meisten Schüler/innen ihre Berufsausbildung ohnehin erst nach Vollendung des 18. Lebensjahres beginnen. Ungeeignet und unverhältnismäßig ist überdies der Grundgedanke, man müsse als Gesetzgeber einen Arbeitnehmer dadurch schützen, dass man ihn benachteiligt. (…) Anstößig ist die Regelung, weil sie unseriöse Arbeitgeber geradezu dazu anreizen dürfte, einfache Tätigkeiten (zum Beispiel Regaleinräumer) in Teilzeit (neben dem Schulunterricht) an Minderjährige zu vergeben. Die Norm sollte gestrichen werden, um die nicht von der Hand zu weisende Gefahr der Förderung niedrigbezahlter Arbeit von Kindern und Jugendlichen zu vermeiden. Diese Gefahr erscheint uns mindestens so groß wie die Annahme, dass ein Schüler einen Ausbildungsplatz ausschlägt, weil er ungelernt zum Mindestlohn arbeiten kann.«[81]

Der Appell blieb ungehört, auch bei der einstigen SPD-Linken, bei Arbeitsministerin Andrea Nahles. Allerdings dürfte zumindest die Altersgrenze zur Überprüfung in Karlsruhe landen: Der Vorsitzende der Linkspartei, Bernd Riexinger, hatte schon vor der Verabschiedung des Gesetzes eine Klage beim Bundesverfassungsgericht angekündigt.[82]

Kein verfassungsrechtliches Problem, aber erhöhte Missbrauchsgefahr sehen Preis und Ulber bei den Arbeitslosen: »Die Regelung ist durch den Gedanken der Förderung des Wiedereinstiegs in das Berufsleben sachgerecht zu rechtfertigen. Sie birgt aber die Gefahr der Umgehung (›Drehtüreffekt‹).«[83] Arbeitgeber könnten also Langzeitarbeitslose jeweils für das halbe Jahr beschäftigen, in dem der Mindestlohn für sie nicht gilt, und dann entlassen, um sie durch neue, wiederum billige Kräfte zu ersetzen. Aber auch hier stellte sich die zuständige Ministerin schlafend und beugte sich dem Druck aus Wirtschaft und Union.

Ein spezieller, positiver Aspekt des Gesetzes soll an dieser Stelle nicht verschwiegen werden: Ein Teil der Praktikantinnen und Praktikanten könnte ebenso wie reguläre Angestellte vom Mindestlohn profitieren. Für diejenigen, die ihr Praktikum als Schüler, Auszubildende oder Studierende beziehungsweise zur Berufsorientierung oder Einstiegsqualifizierung absolvieren, gilt er zwar nicht (eine Ausnahme, die angesichts des Ausbildungscharakters auch nicht umstritten ist).[84] Wer aber außerhalb solcher Ausbildungsgänge ein Praktikum absolviert, erhält den Mindestlohn. Damit wäre immerhin der verbreiteten Praxis ein Riegel vorgeschoben, Arbeitsverhältnisse für fertig ausgebildete Personen als Praktika auszugeben. Eine klare Verbesserung – jedenfalls, soweit die Betroffenen vorher mit Hungerlöhnen noch unter 8,50 Euro abgespeist wurden oder ihr Praktikum gar zum Nulltarif absolvieren mussten.

Allerdings hat sich die große Koalition auch hier an einer wichtigen Stelle den Kritikern aus der Wirtschaft gebeugt und die Regelung für viele Betroffene wieder nutzlos gemacht: Galt der Mindestlohn im ursprünglichen Entwurf nur für Praktika von mehr als sechs Wochen Dauer, wenn sie der Ausbildungsvorbereitung oder -begleitung dienten[85], so wurden daraus am Ende drei Monate[86]. Was schlicht bedeutet, dass eine Vielzahl von Betroffenen ausgeschlossen bleibt. So ist denn auch vom Mindestlohn für die mehr als fünf Millionen Menschen, die weniger verdienen, selbst bei der SPD keine Rede mehr, obwohl sie ja ursprünglich eine »flächendeckende« Untergrenze versprochen hatte. Stattdessen brüstete sich Generalsekretärin Yasmin Fahimi damit, dass »mindestens 3,7 Millionen« Arbeitnehmerinnen und Arbeitnehmer von dem Gesetz profitieren würden.[87] Der Arbeitsmarktexperte Karl Brenke hat ausgerechnet, dass nicht nur zwei Millionen Beschäftigte durch die Übergangsregelungen bis 2017 vom Mindestlohn ausgeschlossen bleiben, sondern wegen der Ausnahmen beziehungsweise möglicher Umgehungen »weitere 1,5 Millionen Arbeitnehmer nach Inkrafttreten des Mindestlohngesetzes mit geringeren Entgelten nach Hause gehen« dürften.[88]

Gesundheit und Pflege: Das Ende der Solidarität

Die magere sozialpolitische Bilanz wäre nicht vollständig, ohne die Themen Gesundheit und Pflege zu erwähnen. Es erstaunt nicht sonderlich, dass die große Koalition auch hier die dringendsten Herausforderungen verschlafen hat.

Da ist zunächst die Krankenversicherung zu nennen. Zitat aus dem SPD-Wahlprogramm: »Arbeitgeber sollen wieder den gleichen Beitrag leisten wie Beschäftigte, die tatsächliche Parität muss wiederhergestellt werden.«[89] Das war für die SPD, die ja eigentlich den Weg hin zur Bürgerversicherung gehen wollte, nur ein erster Schritt. Aber immerhin hätte er einen der größten Sündenfälle der vergangenen Jahre korrigiert: Entgegen dem Grundprinzip solidarischer Sozialversicherungen trugen Arbeitgeber seit 2005 nicht mehr die Hälfte der Beiträge. Zunächst wurde ein Zusatzbeitrag von 0,9 Prozent des

Einkommens eingeführt (vor allem für Zahnersatz), den die Versicherten alleine tragen mussten.[90] Von 2011 an wurde dieser Zusatzbeitrag dann von der schwarz-gelben Regierung noch einmal gesetzlich festgeschrieben. Die Versicherten zahlten 8,2 Prozent ihres Einkommens, die Arbeitgeber steuerten nur 7,3 Prozent bei. Damit ist der Abschied vom Prinzip der Parität zum festen Bestandteil des Gesundheitssystems geworden. Dass er aber bereits 2005 durch den Zusatzbeitrag faktisch besiegelt war, ist ein Beispiel dafür, wie sehr die bis Ende 2005 regierende rot-grüne Koalition ins neoliberale Fahrwasser geraten war. Und zugleich spricht die fortgesetzte Ungleichbehandlung von Arbeitgebern und Arbeitnehmern dem Bild einer das Soziale wahrenden Kanzlerin Angela Merkel Hohn – ohne dass in Politik und Gesellschaft nennenswerter Protest aufgekommen wäre.

Laut Wahlprogramm sollte nun also die Parität, so die von der Schröder-Agenda vermeintlich emanzipierte SPD, wiederhergestellt werden. Aber das Ergebnis im Koalitionsvertrag verfehlte letztlich nicht nur dieses Ziel, sondern belog auch noch die Menschen: »Der allgemeine paritätisch finanzierte Beitragssatz wird bei 14,6 Prozent festgesetzt«, heißt es da zunächst ganz im Sinne der SPD – allerdings auf dem Fuße gefolgt von der Bemerkung, der Arbeitgeberanteil werde »bei 7,3 Prozent gesetzlich festgeschrieben«[91]. Auf Deutsch: Alles, was über einen Beitrag von 14,6 Prozent hinausgeht, zahlen die Versicherten künftig allein, und zwar in Form von Zusatzbeiträgen, die ihre Kassen erheben. Auch wenn also Arbeitgeber und Arbeitnehmer theoretisch je 7,3 Prozent beitragen, ist genau das eine dreiste Mogelpackung. So schrieb zum Beispiel die keineswegs überkritische Wochenzeitung *Das Parlament*: »Von einer Parität kann aber nicht gesprochen werden, denn während der Arbeitgeberbeitrag gesetzlich festgeschrieben wird, müssen Arbeitnehmer mit Aufschlägen rechnen, zumal der bisherige Arbeitnehmer-Sonderbeitrag in Höhe von 0,9 Prozent entfällt. (…) Bald wird sich zeigen, wie viele Kassen die 0,9 Prozent gleich wieder aufschlagen und wie viele darunter bleiben, denn immerhin liegt die dadurch entstehende Deckungslücke bei rund elf Milliarden Euro. Gesundheitsökonomen rechnen mit einer sukzessiven Anhebung der Sätze, weil die Ausgaben schneller steigen als die Einnahmen.«[92]

Den Gipfel der Unverschämtheit erklomm Gesundheitsminister Hermann Gröhe (CDU), als er im Mai 2014 verkündete: »Mit dem heute vorgelegten ›Gesetz zur Weiterentwicklung der Finanzstruktur und der Qualität in der gesetzlichen Krankenversicherung‹ legen wir einen Regelungsentwurf vor, der die solidarische Finanzierung unseres Gesundheitswesens zukunftsfest macht.«[93] Es folgten noch ein paar Bemerkungen zu Wachstum und Lohnnebenkosten, bevor der Minister von »Beifall bei der CDU/CSU und der SPD«[94] unterbrochen wurde.

Was die SPD daraufhin eigentlich hätte antworten müssen, wäre sie ihren Prinzipien treu geblieben, das sagten Linke und Grüne. Harald Weinberg von den Linken: »Seit 2005 zahlen Arbeitnehmerinnen und Arbeitnehmer jährlich 9 bis 10 Milliarden Euro mehr an Beiträgen an die Krankenkassen als die Arbeitgeberseite. Das sind in diesen neun Jahren zwischen 80 und 90 Milliarden Euro. (…) An dieser Stelle wird gar nichts korrigiert.«[95] Und Maria Klein-Schmeink von den Grünen ergänzte: »Es handelt sich um nicht weniger als einen Systemwechsel in die Richtung, dass in Zukunft ausschließlich die Versicherten den Kostenanstieg im Gesundheitswesen tragen sollen. Das ist zutiefst ungerecht, das ist zutiefst unrational gedacht, und das wird Folgen haben, die sich in der Zukunft nachhaltig bemerkbar machen werden.«[96]

Achtzig bis neunzig Milliarden Euro, das heißt konkret: Im Durchschnitt hat in diesen neun Jahren jede und jeder der fünfzig Millionen Krankenversicherten den Arbeitgebern 1 600 bis 1 800 Euro geschenkt. Doch Deutschland schweigt, zahlt – und wählt die Leute, die so etwas beschließen.

Anders als bei der Krankenversicherung wagte sich die Politik im Bereich Pflege an die paritätische Finanzierung durch Arbeitgeber und Arbeitnehmer nicht heran, auch Gesundheitsminister Gröhe nicht. Die Pläne der großen Koalition fielen zwar bescheiden aus, wurden aber von niemandem grundsätzlich infrage gestellt: Gegen Vorhaben wie die Einbeziehung psychischer Alterserkrankungen (vor allem Demenz) in den Pflegebegriff, etwas höhere Pflegesätze, eine Neuordnung der Pflegestufen oder die kostenlose Ausbildung für Pflegeberufe[97] war nichts einzuwenden, ebenso wenig wie gegen den im Sozialministerium von Manuela Schwesig (SPD) betriebenen Plan, pflegenden Angehörigen eine zehntägige bezahlte Freistellung von der Arbeit zu ermöglichen.[98]

Um diese »Reform« (und eine Rücklage für die wachsende Zahl der Pflegebedürftigen in späteren Jahren) zu finanzieren, beschloss die Regierung eine Beitragserhöhung um 0,3 Prozentpunkte zum 1. Januar 2015 und noch einmal um 0,2 für spätestens 2017. Der Pflegebeitrag, den sich Arbeitgeber und Arbeitnehmer teilen, steigt damit 2015 auf zunächst 2,35 Prozent des Einkommens.[99] Im Ergebnis stehen von 2015 an zunächst etwa 2,4 Milliarden Euro mehr pro Jahr zur Verfügung. Das klingt ansehnlich, und manche Arbeitnehmer werden sich über die Zusatzbelastung sicher geärgert haben. Aber das Wort »Reform«, mit dem das Vorhaben allenthalben bezeichnet wurde und wird, ist dennoch viel zu groß.

In Wahrheit fallen die Ergebnisse der großen Koalition auch bei der Pflege gemessen an der Lage äußerst bescheiden aus, wie zum Beispiel eine Studie des Paritätischen Gesamtverbandes beweist. Seine Forschungsstelle hat am Beispiel der ambulanten Pflege die Entwicklung der Personal- und Sachkosten seit 1998 mit der Entwicklung der von der gesetzlichen Versicherung gezahlten Vergütung für die Pflegedienste verglichen. Ergebnis: Wollte man nur die gleiche Kostendeckung erreichen wie 1998 – ohne jede Verbesserung bei der Qualität der Pflege –, dann müssten die Vergütungen der Pflegeversicherung für die Pflegedienste um 48,2 Prozent steigen[100] – statt, wie von der großen Koalition beschlossen, um vier Prozent.

Diese massive Unterfinanzierung rührt keineswegs daher, dass die Lohnkosten, also die Gehälter der Pflegekräfte, in die Höhe geschossen wären: Sie stiegen zwar in den fünfzehn Jahren von 1998 bis 2013 brutto um knapp 36 Prozent, aber schon nach Abzug der Preissteigerungen im selben Zeitraum (knapp 26 Prozent) blieben den Beschäftigten, die der alternden Wohlstandsgesellschaft zu bescheidenen Löhnen das Leben erleichtern, gerade zehn Prozent mehr – verteilt auf fünfzehn Jahre.[101]

Die Erhöhung der Sätze für stationäre und ambulante Pflege um vier Prozent, die die schwarz-rote Regierung nun beschlossen hat, ist weit davon entfernt, an dieser strukturellen Unterfinanzierung etwas zu ändern. Sie gleicht nicht einmal den akuten Kaufkraftverlust aus: Die Inflation für den Zeitraum seit der letzten Erhöhung (2012) beträgt etwa fünf Prozent. »Eine Anhebung in dieser Größenordnung würde nach Ansicht der Gesundheitspolitiker mit Mehrausgaben von mehr als 1,1 Milliarden Euro jedoch den zur Verfügung stehenden Kostenrahmen sprengen«, vermerkte die *Berliner Zeitung* im Februar 2014 – ganz so, als sei der »zur Verfügung stehende Kostenrahmen« ein Naturgesetz.[102]

Nur eine vollkommen neue Form der Finanzierung würde es ermöglichen, das eigentlich Notwendige zu leisten. Das hatte die SPD – wiederum gemeinsam mit Linken und Grünen – bis zur Wahl 2013 genauso gesehen und deshalb eine echte Reform verlangt: »Die Bürgerversicherung wird als Krankenvoll- und Pflegeversicherung für alle Bürgerinnen und Bürger eingeführt«, schrieben die Sozialdemokraten damals in den Katalog ihrer Wahlversprechen.[103] Nur durch mehr und gerechter verteilte Einnahmen wäre der tatsächliche Reformbedarf finanziell zu bewältigen, und das ginge nur, wenn man die Abhängigkeit der Sozialsysteme vom Normal-Arbeitsverhältnis endlich beenden würde, so das Credo der SPD vor der Wahl. Wieder einmal viel heiße Luft, wie sich unter der großen Koalition dann zeigte. Erneut werden mit den Mehrkosten nur die sozialversicherungspflichtig Beschäftigten und ihre Arbeitgeber belastet, nicht aber Selbständige, Beamte, Abgeordnete oder diejenigen, die von ihren Zinsen leben können.

Wer im politischen Raum nach Kritik an dieser Sozialpolitik nach Kassenlage sucht, wird kaum noch bei der SPD, sondern fast nur noch bei Linken und Grünen fündig. Zum Beispiel bei Pia Zimmermann, der Expertin der Linksfraktion: »Die Arbeit an und mit Menschen bedarf Zeit, Gründlichkeit und Einfühlungsvermögen. Um das zu gewährleisten, braucht es dringend mehr Personal und eine Abkehr von der ›Pflege im Minutentakt‹. Die körperlich schwere und meist auch psychisch belastende Pflegearbeit muss außerdem endlich angemessen entlohnt werden. Ein Pflege-Mindestlohn von 12,50 Euro für Pflegehilfskräfte wäre ein erster Schritt, Dumpinglöhnen einen Riegel vorzuschieben. Die professionelle Pflege insgesamt zu stärken, wäre eine echte Entlastung auch von pflegenden Angehörigen und Pflegebedürftigen und ihrer persönlichen Beziehungen zueinander. Doch die Bundesregierung zieht die kostenintensive Entlastung der familiären Pflege auf diese Weise nicht in Betracht, wie die Pläne des Bundesministeriums zur Reform der Pflegeversicherung zeigen. Mehr als Stückwerk ist nicht zu erwarten, für eine wirkliche Reform fehlt anscheinend der Mut.«[104]

Die SPD hätte es nicht schöner sagen können – vor der Wahl.

Wenig Wende mit viel Energie

Wie man Reformen scheitern lässt, weil man die gerechte Verteilung der Kosten verweigert – dafür ist die Energiewende zum Musterbeispiel geworden. Für die Entlastung der Wirtschaft zahlen auch hier diejenigen, die es sich am wenigsten leisten können. Und die große Koalition, federführend der Wirtschaftsminister und SPD-Vorsitzende Sigmar Gabriel, hat daran nichts geändert. Im Gegenteil. Eines muss man dem SPD-Vorsitzenden allerdings lassen: Beim Thema Energiewende hat er kaum ein Wahlkampfversprechen gebrochen. Das wäre auch gar nicht so einfach gewesen, denn in diesem Fall haben die Sozialdemokraten vor der Bundestagswahl 2013 ohnehin so gut wie nichts versprochen. Jedenfalls nichts, was sich von der Politik der Kanzlerin Angela Merkel großartig unterschieden hätte. Schon das »Regierungsprogramm« trug die Handschrift derjenigen, die nach schlechter alter SPD-Manier den Interessen von Kohlelobby und Energiekonzernen folgen.

Damals hieß es nebulös, man wolle »die Bezahlbarkeit der Energiewende gewährleisten und weitere Belastungen für die produzierende Wirtschaft und die privaten Haushalte vermeiden«[105]. Es war deshalb nicht zu erwarten, dass die SPD an der unausgewogenen Finanzierung der Energiewende etwas ändern würde.

Gabriel und der größte Teil der SPD hatten die Energiewende schon lange zuvor zur »Preisfrage« gemacht. Tatsächlich sind ja auch die Stromkosten für Normalverbraucher über die Jahre erheblich gestiegen: Ein Musterhaushalt mit drei Personen zahlte im Jahr 2013 etwa 83 Euro im Monat gegenüber 44 Euro im Jahr 2000. Und tatsächlich trug die EEG-Umlage, die der Ökostromförderung dienen soll, zu dieser Steigerung um 39 Euro immerhin 14 Euro bei. [106]

Allerdings wird in der Debatte immer wieder »vergessen«, dass der Beitrag zu einer Stromversorgung, die weitgehend ohne krankmachende und umweltvernichtende Energieträger auskommen soll, in der Gesamtbilanz der Privathaushalte eine relativ geringe Rolle spielt: Die gesamten Energiekosten des genannten Musterhaushalts, Heizung und Benzin miteingeschlossen, liegen bei etwa 356 Euro. Die monatlichen 15 Euro EEG-Umlage, mit der eine feste Vergütung für Ökostromproduzenten finanziert wird, machen nicht mehr als 4,2 Prozent dieser Kosten aus.[107]

Dass die EEG-Umlage in den letzten Jahren stark angestiegen ist, kann natürlich nicht bestritten werden. Von 2003 bis 2009 verdreifachte sie sich zwar – allerdings auf einem sehr niedrigen Niveau: In dieser Zeit stieg sie von 0,41 auf 1,3 Cent pro Kilowattstunde. Der große Sprung erfolgte genau von dem Zeitpunkt an, als die schwarzgelbe Regierung ans Ruder kam: Von 2010 bis 2014 stieg die Umlage auf 6,24 Cent.[108]

Das hängt unter anderem mit der erfreulichen Tatsache zusammen, dass die alternative Stromproduktion zugenommen hat. Allerdings: Hätte die EEG-Umlage nur dem ursprünglichen Zweck gedient, die Vergütungen für Ökostromproduzenten von allen Verbrauchern finanzieren zu lassen, dann läge sie im Jahr 2014 nicht bei 6,24 Cent, sondern nur bei 2,54 Cent. Allein 1,26 Cent entfallen auf die von Schwarz-Gelb stark ausgeweiteten Entlastungen für energieintensive Unternehmen. Mit Wirkung vom 1. Januar 2012 hatte die schwarz-gelbe Regierung den Mindestverbrauch, der (vollständig oder in Teilen) zur Entlastung von der EEG-Umlage führt, von zehn auf eine Gigawattstunde gesenkt – was die Zahl der begünstigten Unternehmen sprunghaft ansteigen ließ.[109] Außerdem trugen sinkende Preise an den Strombörsen einen Anteil bei, da die Umlage aus der Differenz zwischen dem Börsenpreis und den Vergütungen für Ökostromproduzenten errechnet wird.[110]

So ist eine paradoxe Situation entstanden: Der Börsenpreis ist einerseits deshalb so niedrig, weil die »externen Kosten« fossiler Energieträger wie Kohle (also etwa Umwelt- und Gesundheitsschäden) von der Allgemeinheit und nicht von den Konzernen bezahlt werden, die sie verursachen. Und zum anderen ist der Preis deshalb gesunken, weil die Erneuerbaren Energien, die ja keine oder keine teuren Brennstoffe benötigen, schlicht billiger sind und ihr Anteil ständig wächst. Die Folge: Die Industrie, die sich über angeblich zu hohe Strompreise beklagt, versorgt sich in der Regel direkt an dieser Börse (anders als die Verbraucher, die von zwischengeschalteten Stromlieferanten und deren Preisen abhängig sind). Sie tut das zu Preisen, die im Mai 2014 so niedrig waren wie seit Mai 2005 nicht mehr.[111] Die Industrie profitiert also vom niedrigen Preis der Öko-Energie. Und noch skandalöser: Je mehr sie verbraucht, desto weniger zahlt sie für die Förderung dieser Energie.

Es gibt durchaus Ideen, wie diese Schieflagen zu überwinden wären. So schlägt der Flensburger Energiewissenschaftler Olav Hohmeyer zum einen vor, die Industrierabatte zu beschränken: Begünstigt werden sollten nur solche Unternehmen, die auch beim europäischen Emissionshandel Vorteile genießen – das wären wesentlich weniger als diejenigen, die jetzt von der EEG-Umlage befreit sind.[112] Er hat auch ein Konzept ausgearbeitet, mit dem die Börsenpreise zugunsten der Energiewende gesteuert werden könnten: Großabnehmer müssten den Preis bezahlen, der ohne Erneuerbare Energien aufgerufen würde – er ist wegen der Kosten für Kohle oder Gas natürlich höher. Die Differenz zu dem Preis, der sich inklusive der Erneuerbaren ergibt, würde dann zur Senkung der EEG-Umlage bei Normalverbrauchern eingesetzt. Mit anderen Worten: Die Preisvorteile der Öko-Energie würden den Verbrauchern zurückgegeben – und die EEG-Umlage läge nur noch bei etwa 2,5 Cent.[113]

Was aber haben Sigmar Gabriel und die schwarz-rote Bundesregierung an der skandalösen Schieflage der Energiewende-Finanzierung geändert? Nichts. Nicht einmal die minimalen Versprechungen des damaligen Kanzlerkandidaten Peer Steinbrück hat Gabriel gehalten. Der hatte eine »Rückführung der Ausnahmen für energieintensive Unternehmen auf das erforderliche Niveau« angekündigt, wollte die Entlastung der Wirtschaft allerdings gerade einmal von etwa fünf auf 4,5 Milliarden Euro reduzieren, also um 500 Millionen Euro.[114] Das Internetportal Telepolis stellte fest, dass das sogar hinter den Plänen der schwarz-gelben Minister Peter Altmaier (Umwelt, CDU) und Philipp Rösler (Wirtschaft, FDP) zurückbleiben würde: »Da waren selbst Altmaier und Rösler mit ihrer ›Strompreis-bremse‹ frecher, die der Industrie 700 Millionen Euro im Jahr streichen wollen.« Zum Vergleich: Steinbrücks Wunschpartner, die Grünen, versprachen im Wahlkampf: »Durch die Beschränkung von Industrieprivilegien bei der EEG-Umlage entlasten wir die Verbraucher um vier Milliarden Euro.«[115]

Am 27. Juni 2014 beschloss der Bundestag mit der erdrückenden Mehrheit der großen Koalition die Novelle des Erneuerbare-Energien-Gesetzes. Kurz zusammengefasst, enthält es zwei entscheidende Botschaften: Erstens wird die Energiewende nicht entschieden vorangetrieben, und zweitens bleiben die Kosten des Umstiegs mindestens so ungerecht verteilt wie unter der schwarz-gelben Vorgängerregierung.

Die Industrierabatte werden um keinen einzigen Cent reduziert. Zwar werden die Verfahren verändert, aber bei der Gesamtsumme von fünf Milliarden Euro soll es ausdrücklich bleiben. Der Regierung fallen nicht fünfzehn zu entlastende Branchen ein, wie beim EU-Emissionshandel, sondern genau 219 – darunter die Hersteller von Bürsten und Besen.[116] Warum die deutsche Wirtschaft nicht zusammenbrach, als (bis zum Jahr 2011) 600 Unternehmen von Ausnahmeregelungen profitierten und nicht wie im Jahr 2013 etwa 2000, das erklärte Gabriel in der Debatte zur Verabschiedung des neuen Gesetzes nicht. Stattdessen sagte er: »Es ist ein großer Erfolg der Bundesregierung, dass wir die Ermäßigung für die energieintensive Industrie und Wirtschaft gesichert haben.«[117] Wäre Philipp Rösler noch im Bundestag gewesen, er hätte es schöner nicht ausdrücken können. Näher an der Wahrheit lag allerdings Caren Lay von der Linkspartei: »Eine Strompreisbremse für die Verbraucher wird es nicht geben, aber eine Strompreisbremse für die Industrie.«[118]

Damit die EEG-Umlage nicht weiter steigt, begrenzt die große Koalition – statt Privilegien zu reduzieren – den Ausbau der Erneuerbaren Energien auf bestimmte Höchstgrenzen. Und spätestens für 2017 sieht sie vor, das System öffentlich festgelegter Vergütungen durch ein Ausschreibungsverfahren zu ersetzen: Wer dann Ökostrom produziert, muss in Konkurrenz zu den anderen Produzenten ein Angebot machen, wie viel (beziehungsweise wie wenig) Subventionen er braucht. Damit gibt die öffentliche Hand das Gemeingut einer naturverträglichen Stromversorgung zum großen Teil an den Markt zurück. Und vernichtet das große Verdienst des ursprünglichen EEG: die Steuerung des Marktes hin zu einer Energiewende, die nicht vom Oligopol der Konzerne beherrscht wird.

Die Folgen sind absehbar: »Ausschreibungen verursachen sowohl für die staatliche Verwaltung als auch für die teilnehmenden Unternehmen erheblichen Mehraufwand und höhere Kosten«, sagt Uwe Leprich, wissenschaftlicher Leiter des Instituts für ZukunftsEnergieSysteme (IZES).[119] In einem Gutachten hat er ermittelt, »dass die theoretisch höhere Kosteneffizienz des Instruments durch deutlich höhere Transaktions- und Finanzierungskosten konterkariert werden und sogar in ihr Gegenteil umschlagen kann; die Folge wären in der Summe höhere Kosten für die Erreichung der Ausbauziele«.[120] Und »viele kleine und mittlere Akteure, die bislang die EEG-Anlagen in Deutschland mehrheitlich finanziert haben, würden mit hoher Wahrscheinlichkeit keine Chance zur Marktteilnahme haben«.[121] Der Windanlagenbauer Windwärts ergänzt: »So wurden beispielsweise in Großbritannien nur 30 Prozent der Onshore-Windenergieanlagen installiert, die bei Ausschreibungen den Zuschlag bekamen. Hier spielen nicht nur normale Ausfallraten eine Rolle, sondern auch der Umstand, dass einzelne Unternehmen Zuschläge auf Vorrat erwerben – mitunter auch, um Mitbewerbern zu schaden.«[122]

Frank-Thomas Wenzel fasste in der *Frankfurter Rundschau* zusammen: »Mit dem Gesamtpaket der Bundesregierung wird der Ausbau der Erneuerbaren gebremst. Das hilft den großen Energiekonzernen, die Kohle-, Atom- und Gaskraftwerke betreiben. Insider vermuten, dass dieser Effekt von der Regierung zumindest billigend in Kauf genommen wird.«[123] So ist selbst das Jahrhundertprojekt Energiewende zum Projekt der Umverteilung von unten nach oben verkommen.

Die letzten Aufrechten in der SPD

Sicher: Es gibt auch noch Sozialdemokraten, die ihre Ziele und Wahlversprechen zu Themen wie Gesundheit, Mindestlohn oder Steuern nicht vergessen haben. In welchem Dilemma sie sich nun im Angesicht großkoalitionärer Schlafwagen-Politik befinden, kann erahnen, wer sich zum Beispiel mit der Parteilinken und Gesundheitspolitikerin Hilde Mattheis unterhält. Die Abgeordnete aus Ulm und Vorsitzende des innerparteilichen Forums »Demokratische Linke 21« verpasste im November 2013 die Wiederwahl in den Parteivorstand, nachdem sie unbeirrt vor dem Eintritt der SPD in die Regierung Merkel gewarnt hatte. Ein halbes Jahr später versuchte sie im Interview mit der *Frankfurter Rundschau* den Spagat zwischen Parteitreue und Koalitionskritik. Hier ein Auszug:

Frage: »Frau Mattheis, stellen Sie sich bitte vor, die SPD wäre in der Opposition und Sie hätten die Pläne des CDU-Gesundheitsministers für die Reform der gesetzlichen Krankenversicherung zu kommentieren.«
Antwort: »Ich würde sagen: Prima, dass er die pauschalen Zusatzbeiträge streicht, denn solche pauschalen Beiträge sind höchst ungerecht. Wir hätten uns allerdings mehr gewünscht, zum Beispiel, dass die Arbeitgeberbeiträge nicht eingefroren werden, womit künftige Steigerungen allein die Versicherten belasten. Natürlich wären wir gern deutlichere Schritte in Richtung auf eine Bürgerversicherung gegangen.«

Frage: »Die einseitige Belastung der Versicherten hätte Sie in der Opposition veranlasst, das Gesetz abzulehnen.«
Antwort: »Ja, davon gehe ich aus.«

Frage: »Und jetzt?«
Antwort: »Das ist eine Definitionsfrage: Ist das Glas halb leer oder halb voll ...«

Frage: »... also in der Opposition ist es halb leer und in der großen Koalition halb voll?«
Antwort: »In der Opposition orientiert sich die eigene Anspruchshaltung natürlich stärker an den eigenen, grundsätzlichen Zielen. Jetzt haben wir im Koalitionsvertrag eine Vereinbarung, die uns weitgehend bindet. Und wir arbeiten im Hintergrund daran, weitere Ergänzungen in unserem Sinne abzustimmen. Das sind kleine Schritte in die richtige Richtung. Aber es ist völlig klar, dass wir von 2017 an die Bürgerversicherung umsetzen wollen.«

Frage: »Wie glaubwürdig wirkt es, wenn ein Parteivorsitzender einen Mindestlohn mit Ausnahmen so darstellt, als habe man in der Regierung die reine sozialdemokratische Lehre durchgesetzt – während derselbe Parteivorsitzende im nächsten Wahlkampf erzählen soll, so sozialdemokratisch sei es doch nicht gewesen, man brauche jetzt einen Regierungswechsel?«
Antwort: »Wir müssen zunächst einfordern, dass der Koalitionsvertrag eins zu eins umgesetzt wird. Nur dann können wir auch Perspektiven für später aufbauen. Aber beim Mindestlohn gebe ich Ihnen recht: Man kann nicht in der Öffentlichkeit reklamieren, man habe den Mindestlohn komplett durchgesetzt, wenn zugleich Langzeitarbeitslose für sechs Monate und Jugendliche unter achtzehn ausgenommen bleiben.«

Frage: »Ein anderes Beispiel, die ›kalte Progression‹. Die SPD hat immer gesagt, dass im Gegenzug für Entlastungen bei Normalverdienern Spitzeneinkommen und Vermögen stärker besteuert werden müssten. Jetzt sagt der Vorsitzende, es gehe auch ohne Steuererhöhungen.«
Antwort: »Diese Diskussion fand ich nicht sehr hilfreich. Wenn man unsere Möglichkeiten für 2017 nicht verengen will, muss man auch jetzt schon klar sagen: Wir fordern zwar die Umsetzung des Koalitionsvertrags ohne Einschränkungen, aber angesichts unserer Zielvorstellungen sind wir damit noch nicht zufrieden.«[124]

Eine Politikerin, die die erheblichen Mängel der sogenannten »Reformen« immerhin, wenn auch vorsichtig, benennt, ist in dieser SPD weitgehend isoliert. Es ist eine Binsenweisheit, dass mit CDU und CSU nichts Besseres zu erreichen war. Dass die Union die weitgehende Reformverweigerung faktisch zum Programm erhoben hat und die Wählerschaft über den wirtschaftsfreundlichen Charakter ihrer Politik zu täuschen versucht, ist längst bekannt. Aber eine SPD-Führung, die sich auf dieses Bündnis einlässt und den weitgehenden Stillstand dann auch noch als Erfolg verkauft, hat die Ziele der Sozialdemokratie schon verraten – und spekuliert ihrerseits darauf, dass das Wahlvolk die vertane Zeit für Reformen verschläft.

Aufgewacht:
Protest und Widerstand

Zeit für die nächste Wende

Was tun? Die Zeichen für Veränderung, das hat sich bis hierher gezeigt, scheinen nicht gut zu stehen: ein Wirtschaftssystem, das dazu neigt, aus Bürgern Konsumenten und aus sozialen Wesen Einzelkämpfer zu machen; eine Politik, die sich diesem System weitgehend anpasst und den notwendigen Umbau verweigert; eine Medienwelt, die die herrschende Meinung im Politikbetrieb allzu oft unterstützt; dazu ein Mangel an echter Opposition im politischen Raum. Dass es nicht einfach ist, die Wende in Angriff zu nehmen, liegt angesichts der Machtverteilung in unserer Gesellschaft auf der Hand.

Aber der Nicht-Versuch ist sozusagen strafbar. Denn die Gefahr, uns um die Ohren zu fliegen, wohnt dem ungezügelten oder unzureichend gebändigten Kapitalismus ebenso inne wie die Gewinne der Profiteure. Wenn wir weiter die Augen verschließen, dann wird das die große Mehrheit von uns am Ende mehr kosten, als wenn wir aufwachen und handeln. Und gleichzeitig werden wir sehen, dass es nicht nur sinnvoll, sondern auch befriedigend sein kann, aufzustehen und sich selbstbestimmt zu bewegen. Wo Chancen für eine Gegenbewegung aus der Gesellschaft liegen könnten und welche Ansätze es bereits gibt, das soll in diesem Kapitel beleuchtet werden.

Es geht dabei auch, aber nicht nur um Protest oder Widerstand gegen bestimmte Inhalte der herrschenden Politik. Es geht, grundsätzlicher gesprochen, um die »Wiedergewinnung des Politischen«. Wir müssen gegen die flächendeckende Ökonomisierung der Lebensverhältnisse – und gegen diejenigen, die davon im Übermaß profitieren – die Idee eines am Gemeinwohl orientierten politischen

Handelns verteidigen und durchsetzen. So vereinzelt und verstreut die Ansätze zu einer Gegenbewegung in unserer Gesellschaft erscheinen – das könnte das große politische Ziel sein, das viele von ihnen eint: Die Sicherung der grundlegenden Bedürfnisse muss der Verfügungsgewalt des Marktes, also des Kapitals und einer Politik, die ihm viel zu oft zu Willen ist, wieder entzogen werden. Schutz vor Armut und Krankheit, Wohnen und Mobilität, saubere Energie und gutes Wasser, Information und Kultur: All das sind Gemeingüter, die in die Hände der Allgemeinheit gehören und über die in demokratischen Prozessen zu entscheiden ist.

Für die Gesellschaft bedeutet das: Wir müssen aufhören, uns in marktkonforme, wachstumsfreundlich konsumierende Produkte wirtschaftlicher Interessen verwandeln zu lassen. Und wir müssen die Politik daran hindern, die Dominanz dieser Interessen zu erhalten beziehungsweise einfach nur zu verwalten. Wenn wir nichts tun, müssen wir uns nicht wundern, wenn wir – die Mehrheit der Bürgerinnen und Bürger – auch für die nächste Krise des Kapitalismus bezahlen. Was wir im Übrigen auch dann schon tun, wenn gerade keine akute Krise herrscht: Der Preis des Systems, den die Mehrheit entrichtet, besteht aus zunehmender Konkurrenz, Stress, Krankheit, unsicheren Arbeitsverhältnissen und Renten, sinkenden oder stagnierenden Realeinkommen, skandalösen Armutsquoten und vielem anderen mehr.

Aufhören, aufwachen, verteidigen, durchsetzen: Das klingt zunächst groß, beängstigend groß. Aber ich möchte hier nicht den totalen Konsumverzicht predigen oder ein asketisches Leben im Dienste der Revolution. Natürlich wäre es naiv zu glauben, dass sich plötzlich die Massen erheben und so lange das Kanzleramt blockieren, bis Angela Merkel es verlässt oder sich an die Spitze der Bewegung stellt. Aber das muss ja auch nicht sein, jedenfalls nicht sofort. Es würde zunächst einmal schon genügen, wenn viele Einzelne aufhörten, sich in die Verhältnisse zu fügen und an den Glauben zu klammern, dass es wenigstens in Deutschland schon gut gehen werde. Es wäre schon ein guter Anfang, wenn viele dem Beispiel derjenigen folgten, die längst aufgewacht sind und sich dem gefährlichen Stillstand entgegenstellen.

Es geht um konkrete Schritte, die klein erscheinen mögen, die aber alle gemeinsam auf lange Sicht dazu beitragen können, eine andere Politik zu erzwingen oder gar selbst zu machen. Eine Politik, die sich vom herrschenden Stillstand in einem Punkt unterscheiden würde: nämlich darin, dass sie die sozialen, ökonomischen und ökologischen Fliehkräfte und Krisenpotenziale unseres Systems zumindest reduziert, statt sie zu ignorieren. Und die uns wieder mehr Raum verschafft für ein selbstbestimmtes Leben ohne ständigen Kampf und permanente Furcht um unseren Wohlstand, indem sie die Sicherheit der Grundbedürfnisse, ohne die Freiheit wenig wert ist, garantiert.

23 Jahre dauerte es nach dem Ende des Zweiten Weltkriegs bis zur Revolte der 68er gegen den autoritären Mief der Wirtschaftswunder-Republik. Sie mündete unter anderem in Willy Brandts »Mehr Demokratie wagen« – und machte auch die Entspannungspolitik des sozialdemokratischen Kanzlers erst möglich. Gut zwanzig Jahre vergingen von da an bis zum nächsten historischen Umbruch: Der autoritäre Sozialismus scheiterte nicht nur an der Unzufriedenheit der hinter der Systemgrenze eingesperrten Bevölkerung. Er scheiterte vor allem auch, weil er der relativ großen Attraktivität des sozialstaatlich gebändigten Kapitalismus nichts entgegenzusetzen hatte, schon gar nicht den persönlichen Freiheiten, die dieser Kapitalismus trotz aller Mängel bot. 25 Jahre sind wiederum seit 1989 vorüber, und erneut zeigt sich: Was als Aufbruch begann – wie die Befreiung vom Nationalsozialismus 1945, die 68er-Bewegung oder eben das Ende des Kalten Krieges und das Zusammenwachsen Europas –, kann in Stillstand und Rückschritt münden, wenn nicht ein neuer Wind des Wandels aufkommt.

Die Bewegungen, die dem schläfrigen Stillstand ein Ende bereiten könnten, werden anders aussehen als diejenigen, die zu früheren historischen Umbrüchen geführt haben; anders also als die Demonstrationen und Happenings der 68er, anders als die Montagsdemonstrationen oder gar die Ausreisewellen in der Endzeit der DDR. Wie genau sie aussehen könnten, zu welchen neuen politischen Formationen sie vielleicht führen werden, das ist nicht zu prognostizieren. Noch ist nämlich kein flächendeckendes Muster zu erkennen, noch wirken die durchaus zahlreichen Orte des widerständigen Engagements wie ganz unterschiedlich geformte Inseln im stillen Ozean des »Weiter so«. Noch weiß niemand, ob und wie sie sich einmal zu einer größeren »Landmasse« verbinden werden. Aber wer auf Veränderung setzt, tut gut daran, auf diesen »Inseln« nach Ansatzpunkten zu suchen. Auf Beispiele möchte ich in diesem Kapitel hinweisen – und dabei geht es immer auch um Potenziale für eine Veränderung der politischen Verhältnisse insgesamt.

Am Anfang steht, einigermaßen ausführlich, die erfolgreiche Initiative zum Erhalt der Freifläche auf dem ehemaligen Flughafen Tempelhof in Berlin. An ihr lassen sich hervorragend einige typische Merkmale von Bürgerbewegungen zeigen: vom punktuellen, vermeintlich »unpolitischen« Anlass über die Konfrontation mit dem politischen System bis hin zum Versuch, den Widerstand gegen ein Projekt bereits mit Schritten zu einer »besseren Praxis« zu verbinden. Im Mai 2014 erschien von mir eine Reportage über die Bürgerinitiative »100 % Tempelhofer Feld«, aus der auch die folgenden Passagen stammen.[1] Mit dem Referendum vom 25. Mai 2014 wurde die Bebauung des Feldes verhindert.[2] Spätestens dieser Erfolg macht Tempelhof zumindest in Teilen zum Muster für erfolgreichen Widerstand.

Tempelhof: Ein Modell

Christian Mörsch hat eine Flugbewegung registriert. Er beobachtet schweigend die Landung, die sich zehn Meter neben der Piste, aber vollkommen reibungslos vollzieht. Erst dann sagt er leise: »Feldlerche.« Wir stehen am Rand der nördlichen Landebahn auf dem Flughafen Berlin-Tempelhof in der Sonne. Auf dem Asphalt radelt ein Radler, ihm entgegen surft ein Surfer, und wir schauen nach vorne auf die ungemähte Wiese, in der von der Feldlerche nichts mehr zu sehen ist. Stattdessen zeigt sich kurz der Fuß einer bäuchlings ruhenden Frau, bevor sie ihn wieder ins hohe Gras fallen lässt. »Noch so eine Anwohnerin, auf die keine Rücksicht genommen werden soll«, sagt Christian Mörsch und meint vielleicht die Frau, wahrscheinlich aber die Lerche: »Die hält sich nicht mal an ihr Schutzgebiet.«

Dem Vogel geht es offenbar auch jenseits des Wiesenstücks ganz gut, das während der Brutzeit der Feldlerchen abgesperrt bleibt. Es liegt ein Stück weiter hinten, zwischen den Pisten. Die Absperrung besteht aus nichts als rot-weißen Bändern, aber niemand, sagen regelmäßige Besucher, missachtet den Schutz der bedrohten Tierchen, die den Flugbetrieb auf dem längst stillgelegten »THF« so tapfer aufrechterhalten.

Wir sind durch das Osttor auf das Flughafengelände gekommen, aus dem »Schiller-Kiez«, wo auch die Bürgerinitiative »100 % Tempelhofer Feld« ein paar Erdgeschossräume gemietet hat. Sie haben viel zu tun, so knapp vor diesem Europawahlsonntag, an dem in Berlin auch über das ehemalige Flughafengelände abgestimmt wird. Aber trotzdem nehmen sich Christian Mörsch und Christoph Witt die Zeit für einen ausgedehnten Spaziergang.

Er ist ein wahrhaft geschichtsbeladener Ort: 1923 startete der reguläre Flugbetrieb. Es war der weltweit erste Verkehrsflughafen mit U-Bahn-Anschluss. Hier entstand, von 1934 bis 1941, ein gigantomanisches Flughafengebäude, das größte Gebäude der Welt, bis die Amerikaner bei Washington ihr Pentagon noch größer bauten. Hier hielten die Nazis Sozialisten und Kommunisten und Zwangsarbeiter gefangen. Hier war der Zielort der Luftbrücke, die West-Berlin während der sowjetischen Blockade 1948/49 versorgte. Hier betrieb die U.S. Army einen Standort und erlaubte daneben schon bald wieder zivilen Luftverkehr. Dann kam der neue Flughafen Tegel. Tempelhof verlor die meisten Flüge, erst in den Neunzigern nahm der Linienverkehr in Tempelhof noch einmal einen letzten Aufschwung.

Aber auch das ist vorbei, 2008 machte der Innenstadt-Flughafen dicht. Wer heute auf dem Gelände in Tempelhof landet, kommt zu Fuß, wenn er keine Feldlerche ist. Und betritt ein Idyll der ganz anderen Art. Die Regierung der Stadt, der Senat, will es zerstören, sagen Christian Mörsch und Christoph Witt und die anderen von der Bürgerinitiative, die den Volksentscheid erzwang. Der Senat nämlich hat für Tempelhof einen »Masterplan«: Es sollen zum Teil Gewerbebauten, vor allem aber 4 700 Wohnungen errichtet werden – aber nur an den »Rändern« des riesigen Areals, sagen die Verantwortlichen, und zu teilweise günstigen Mieten.

»Entwicklung« gegen »Stillstand«, so lautet kurz zusammengefasst die Kampagne des Senats zum Volksentscheid, unterstützt von der Wirtschaft, aber auch von Gewerkschaften, Sportverbänden und natürlich den Koalitionsparteien SPD und CDU. 230 der mehr als 300 Hektar, aus denen die »Tempelhofer Freiheit« besteht, sollten schließlich auch in Zukunft Parkfläche sein, argumentieren die Befürworter des Wohnungsbaus. Selbst die Oppositionsparteien Grüne und Linke sind eigentlich irgendwie fürs Bauen, auch wenn sie inzwischen dazu aufrufen, gegen den Senat zu stimmen, weil der nach ihrer Ansicht nicht das Richtige baut und nicht einmal den Anteil günstiger, geförderter Wohnungen wasserdicht festgeschrieben habe.

Christian Mörsch, Christoph Witt und die anderen von der Initiative wollen überhaupt keinen Beton, sie wollen das ganze Flugfeld retten. Wer dort gewesen ist, kann sie verstehen. Das Tempelhofer Feld stellt eine friedliche Eroberung dar, die die Berliner der Enge ihrer Stadt, dem Lärm und der Dunkelheit der Innenhöfe abgerungen haben. Sie – jedenfalls die Aktiven und ihre Unterstützer und wohl die meisten der jährlich etwa zwei Millionen Besucher – wollen sich das nicht wieder wegnehmen lassen. Auch nicht zum Teil. So ist die Idylle in Tempelhof zum politischen Kampffeld geworden zwischen ganz unterschiedlichen Ideen zur Entwicklung der größten deutschen Stadt. Und zum Schauplatz der Auseinandersetzung um die angemessene Beteiligung von Bürgerinnen und Bürgern.

Gleich hinter dem Osttor stoßen wir auf eine Ansammlung hölzerner Hochbeete, provisorischer Hütten und selbst gebastelter Wasserstellen. Hier pflanzen die Neuköllner jeder Herkunft, die sich dem »Allmende-Kontor« angeschlossen haben, ihre Kräuter und Tomaten, hier sitzen sie in der Sonne oder unter Zeltplanen und schauen auf den Horizont, den man in Berlin sonst nirgendwo sieht, schon gar nicht im dicht besiedelten Neukölln. »Allmende«, die historische Form gemeinschaftlicher Landwirtschaft, hat dem Projekt seinen Namen gegeben, und Christian Mörsch sieht es so: »Der Senat sagt, wir seien für Stillstand und er für Entwicklung. Aber das hier, das ist Entwicklung von unten, in einer Stadt, der oft die Luft zum Atmen fehlt.« Genau hier, wo die Beete stehen, ist das östliche Baufeld für Wohnungen vorgesehen.

Mörsch ist 33 und Politikstudent, aber das hier ist das erste Projekt, »für das ich mich anketten würde, wenn es auf dem Feld etwas zum Anketten gäbe«. Mörsch wohnt in der Nähe, und als das Gelände 2010 geöffnet wurde, hat er sich sofort verliebt in den »Wahnsinn« einer Atmosphäre, die es kein zweites Mal gibt. Tatsächlich atmet der Ort eine Freiheit, wie es sie in verdichteten Großstädten kaum gibt, auch nicht in noch so schön angelegten Parks. Skater und Radler haben ihre Bahnen, Hunde ihre abgegrenzten Auslaufflächen, die Gärtner ihre Gärten und die Griller ihre Grillplätze, und jeder hat auf den gut 300 Hektar genug Raum, ohne sich am anderen zu stoßen.

Dass nun viele Berliner diesen Raum verteidigen, dass sie die »ganze Freiheit« wollen, das hat sich der Senat in gewisser Weise selbst zuzuschreiben. Er hat das Besondere, das er hier nur vorübergehend wachsen lassen will, selbst ermöglicht: Er hat genügend Papierkörbe aufgestellt, für Hunde- und Grill- und Feldlerchenflächen gesorgt. Er hat – durchaus geschätzt auch von den Freunden der »ganzen Freiheit« – den Flughafenzaun stehen lassen, schließt nachts die Tore und sorgt tags für dezente Überwachung.

Als aber die Initiative zum Erhalt des Feldes immer größer wurde, als sie die gut 180 000 Unterschriften für ihr Volksbegehren locker schaffte, da »half« die Politik der Bürgerinitiative noch auf andere Weise. Sie erfand den Vorwurf, die Leute wollten keine Entwicklung in einer Stadt, deren Einwohnerzahl stetig wachse. Und sie musste sich vom Landesrechnungshof unzureichende Kostenberechnungen bei der Landesbibliothek vorwerfen lassen, die ebenfalls auf dem Feld entstehen soll.

Es waren solche Provokationen und Fragwürdigkeiten, die Christoph Witt, 26 und frisch gekürter Master in Literaturwissenschaft, erst zur Bürgerinitiative brachten. Witt dürfte einer derjenigen sein, die Senatssprecher Richard Meng im Auge hat, wenn er sagt:»Ich finde den Volksentscheid gut, gerade auch zum Thema Stadtentwicklung. Aber ich finde es nicht gut, wenn es am Ende um ein pauschales Misstrauen gegen ›die Politiker‹ geht.« Meng kennt das Tempelhofer Feld. Auch er weiß die Weite zu schätzen, die es bietet. Aber auch er – wie sein Regierender Bürgermeister Klaus Wowereit, SPD – versteht nicht, warum die »Randbebauung« und 230 Hektar schön angelegter Park mit Skaterbahnen und künstlichem See die Leute so ärgerlich machen. Michael Müller, der Stadtentwicklungssenator von der SPD, hat es bei seinen Diskussionsveranstaltungen zum Thema etwas unfreundlicher formuliert:»Die Stadt braucht Wohnraum, und man kann nicht immer sagen: Hier jetzt gerade nicht.«

Überhaupt, so Müller, habe es jede Menge Bürgerveranstaltungen und Ideenwettbewerbe gegeben, als der »Masterplan« entstand. »Ja«, antwortet Witt, »aber nicht über das Ob, sondern vielleicht über die Farbe der Parkbank.« Und als wollte er den Verdacht bestätigen, dass echte Beteiligung unerwünscht sei, sagt der Vertreter einer Wohnungsgesellschaft bei einer Podiumsdiskussion:»Im Bauplanungsrecht ist Bürgerbeteiligung festgeschrieben, und wir haben zahlreiche Fachleute befragt. Wenn ich Zahnschmerzen habe, frage ich auch meinen Zahnarzt, was zu tun ist, und nicht meine Nachbarn.«

Christoph Witt lässt die mehr oder weniger unterschwelligen Vorwürfe nicht auf sich sitzen. »Natürlich müssen die Stadtentwicklung und der Wohnbedarf mit dem Wert des Tempelhofer Feldes abgewogen werden.« Aber noch immer verkaufe der Senat bestehende städtische Wohnungen, während in Tempelhof alles neu erschlossen werden müsste, was übrigens die angeblich günstigen Mietpreise fragwürdig erscheinen lasse. Ohnehin sei der Begriff »Randbebauung« ein schlechter Witz: Die Wohnungen wären zusammen am Ende größer als das riesige Flughafengebäude, in dem heute die Polizei und eine Reihe von Firmen residieren.

»Natürlich wollen wir das Feld weiterentwickeln«, sagt Witt. Zwar sehe der Gesetzentwurf der Initiative vor, dass keine festen Bauten entstehen dürfen. Aber Bänke (wenn nicht mit Beton verankert), einzelne Bäume und »fliegende Bauten« wären möglich, Sportplätze im Randbereich ebenso. Und selbst Gastronomie wäre drin, es gibt ja alte Gebäude.

Wir haben den Biergarten erreicht. Er ist geschlossen, und die Behörden haben ein großes Schild aufgestellt: »Die geplante bauliche Weiterentwicklung des gastronomischen Betriebes in der Picknick-Area ist nicht mit dem Gesetzentwurf der Bürgerinitiative 100 % Tempelhof vereinbar. Um dem Ergebnis des Volksentscheids nicht vorwegzugreifen, werden alle notwendigen baulichen Maßnahmen ausgesetzt.«

»Wir nennen das nur die Biergartenlüge«, sagt Christoph Witt, nichts spreche gegen vernünftige Gastronomie hier am nördlichen Rand. »Der Senat macht mit solchen Tricks Wahlkampf.« Das gehe bis hin zum Stimmzettel für den Volksentscheid. Die Koalitionsparteien SPD und CDU haben dem Gesetzentwurf der Bürgerinitiative (»Gesetz zum Erhalt des Tempelhofer Feldes«) einen eigenen entgegengestellt. Er würde zwar die Bebauung festschreiben, kommt aber unter einem Titel daher, der die Absicht verschleiert und dem Entwurf der Initiative auffallend ähnelt: »Gesetz zum Erhalt der

Freifläche des Tempelhofer Feldes.« Senatssprecher Meng sagt: »Wir wollten eine positive Alternative bieten, statt einfach zum Nein gegen die Bürgerinitiative aufzurufen.« Aber Christoph Witt fragt sich, warum sich die Politiker bei solchen Winkelzügen wundern, wenn man ihnen nichts glaubt.

Die Hürde bei der Volksabstimmung ist ohnehin hoch: Nicht nur die Mehrheit der Abstimmenden muss Ja sagen zum Erhalt des ganzen Feldes, es müssen auch mindestens 25 Prozent aller Wahlberechtigten sein, das heißt etwa 630 000 Berlinerinnen und Berliner.

Wenn die Wohnungen und der neue Park gebaut werden sollten, dann würden die Feldlerchen nach Brandenburg umgesiedelt, hat Christian Mörsch gehört. Es ist nicht ganz klar, ob das nur ein Gerücht ist oder nicht. Aber zuzutrauen wäre es den Planern schon, meint er. Immerhin soll es in Brandenburg jede Menge brachliegende Flächen geben. In Schönefeld sogar mit Landebahn. Den Feldlerchen jedenfalls, sagt Mörsch, »geht's hier auf der Wiese besser als auf dem Acker vor der Stadt. Da ist nämlich sowieso nur Monokultur.« Das kann man über das Tempelhofer Feld überhaupt nicht sagen.

Wege des Widerstands

Nun hat die erfolgreiche Initiative »100 % Tempelhofer Feld« weder die Welt noch die Politik insgesamt fundamental verändert, genauso wenig wie die Initiativen, die in diesem Kapitel noch vorgestellt werden sollen. Aber es lassen sich dennoch einige Elemente erkennen, die für viele der modernen Bürgerbewegungen gelten dürften.

Erstens: Wie in Tempelhof, wo es buchstäblich um die Verplanung und Einengung eines Freiraums ging, gehen Protest und Widerstand fast immer vom Konkreten aus und zunächst nicht von einem ideologisch begründeten Impuls zur Veränderung der Gesellschaft insgesamt. Sie sind entweder inhaltlich an ein Thema gebunden (von Armut bis Walfang) oder regional an ein bestimmtes Problem (Flughafenausbau, Autobahnbau, Abschiebungen und vieles mehr). Bewegungen wie »Occupy«, die von vornherein einen allgemeinpolitischen Anspruch erheben, stellen eher Ausnahmen dar.

Zweitens: Wie in Tempelhof, aber auch bei anderen bekannten Beispielen wie Stuttgart 21 oder dem Flughafenausbau in Frankfurt am Main, zielen Protest und Widerstand zunächst punktuell auf die Beseitigung der konkreten Missstände ab, von denen sie ausgelöst wurden. Es geht also erst einmal nicht um die Durchsetzung groß angelegter Gesellschaftsmodelle. Allerdings steckt im Konkreten fast immer auch mehr: Die Tempelhofer Initiative musste sich zum Beispiel dem Konflikt zwischen dem Bedarf an bezahlbarem Wohnraum und dem Erhalt des Freiraums stellen – was sie auch tat.

Drittens: Die Beteiligung an Protest und Widerstand und die Formen, die sie annehmen, sind vom persönlichen »Erlebniswert«

(siehe Seite 38) ebenso stark bestimmt wie vom Gefühl der Verpflichtung auf politische Ziele, in manchen Fällen ist Ersteres sogar ausgeprägter. Der Tempelhofer Aktivist Christian Mörsch zum Beispiel lässt daran keinen Zweifel, als er den von ihm empfundenen Erholungswert der Freifläche als Motiv seines ersten politischen Engagements benennt. Man kann das, wenn man es negativ sehen will, als Ausdruck einer individualisierten Spaßgesellschaft verstehen, die sich sogar in den Formen des Widerstands noch spiegelt. Man kann aber die Motive der Beteiligten auch schlicht akzeptieren und feststellen, dass in ihrem Handeln sehr wohl das Potenzial zur Veränderung der Gesellschaft steckt.[3]

Viertens: Es wäre deshalb falsch, solche punktuellen Initiativen und Bewegungen als unpolitisch zu bezeichnen. Wer das tut, denkt seinerseits unpolitisch und wertet das Engagement damit ab. Denn zum einen formulieren die meisten Beteiligten sehr wohl auch allgemeinpolitische Haltungen und Ideen, die zu ihrer Motivation für den Protest neben dem jeweils konkreten Anlass beigetragen haben. Zum anderen erhalten auch unpolitisch erscheinende Initiativen spätestens dann einen politischen Charakter, wenn sie mit der Politik, gegen deren Entscheidungen sie sich im Konkreten wenden, konfrontiert sind. Der Tempelhofer Aktivist Christoph Witt erzählte zum Beispiel, dass ihn nicht das Feld selbst, sondern die Hochglanz-PR des Berliner Senats zum Widerstand reizte. Und je genauer er sich mit dem Thema befasste, desto besser lernte er die demokratischen Defizite der herrschenden Praxis kennen. So »schleicht« sich in viele Initiativen und in die Köpfe ihrer Mitstreiter eine Widerständigkeit ein, die sich mit dem konkreten Anlass nicht erledigt haben muss.

Fünftens: Protest und Widerstand entfalten sich häufig erst dann, wenn die bürokratischen Planungs- und Entscheidungsprozesse bereits weit gediehen oder abgeschlossen sind. Die Zuständigen erheben deshalb regelmäßig den Vorwurf, die Einwände kämen zu spät und es habe doch längst geregelte Möglichkeiten gegeben, sie vorzubringen. Dieses Argument geht allerdings an der Wirklichkeit vorbei: Dass eine breitere Öffentlichkeit nicht früher auf fragwürdige Planungen stößt, verweist vielmehr auf die Intransparenz der bisherigen Planungs- und Beteiligungsverfahren, vor allem in ihren frühen Stadien. So entstand etwa in Tempelhof der offizielle »Masterplan« bereits 1999, die erste »Ideenwerkstatt« für Bürgerinnen und Bürger folgte 2007. Erst 2010 allerdings, mit der Öffnung des Geländes, hatte die Allgemeinheit überhaupt die Möglichkeit, sich einen authentischen Eindruck zu verschaffen.[4] Auch anderswo, etwa bei Stuttgart 21, erwies sich die Bürgerbeteiligung in früheren Planungsstadien als offensichtlich unzureichend.

Sechstens: Versuche, aus dem Protest heraus eine eigene, bessere Praxis zu entwickeln – zum Beispiel durch den Aufbau genossenschaftlicher Projekte oder durch die Wiedereroberung von Stadträumen –, erhalten offensichtlich eine zunehmende Bedeutung. Auch dafür bietet Tempelhof ein Beispiel mit dem vom Netzwerk »Allmende-Kontor« koordinierten Gemeinschaftsgarten, in dem drei Jahre nach der Gründung im Frühjahr 2011 bereits 900 Gärtnerinnen und Gärtner etwa 300 Hochbeete beackern.[5] Aber auch in anderen Bereichen – wie zum Beispiel Wohnen und alternative Energien – spielen Genossenschaften eine große Rolle. Und das Anlegen von Gartenflächen in den Städten ist so erfolgreich, dass das Thema die etablierte Politik und Wirtschaft längst auf den Plan gerufen hat: Vielerorts entstehen aus der einst eher subversiven Basisbewegung kommunale Projekte, aber auch profitorientierte Unternehmen.[6]

Das ist übrigens ein gutes Beispiel dafür, dass im Erfolg von Bewegungen immer auch die Gefahr steckt, vom bestehenden Wirtschafts- und Gesellschaftssystem einverleibt zu werden. Sie haben die Verhältnisse dann zwar durchaus punktuell verändert, indem etwa die Stadt das Gärtnern an bestimmten Stellen erlaubt. Sie drohen aber dabei ihre ursprünglich subversiven und systemverändernden Anteile – wie zum Beispiel beim »illegalen«, aber selbstorganisierten Bepflanzen von Brachflächen ohne Rücksicht auf offizielle Bebauungspläne und Verwertungsinteressen – durch Anpassung an vorhandene Institutionen zu verlieren. Diese Gefahr spricht keineswegs gegen punktuelle Initiativen und Bewegungen, und sie spricht auch nicht automatisch gegen die These, dass diese Bewegungen ein Potenzial zur Veränderung der politischen Verhältnisse im Ganzen haben. Aber unterschätzen sollte man die Fähigkeit von Politik und Wirtschaft, solche Initiativen zu absorbieren und dadurch »unschädlich« zu machen, nicht. Nur wer dieses Risiko kennt, wird sich gut begründet für einen mehr oder weniger radikalen Umgang damit entscheiden können.[7]

Die folgenden Beispiele für ein Engagement, das die politischen Verhältnisse zumindest punktuell infrage stellt, stehen stellvertretend für viele andere ihrer Art. Gerade angesichts der Schläfrigkeit, die sich weiter Teile der Gesellschaft bemächtigt hat, verdienen diese »Inseln« der Widerständigkeit besondere Beachtung. Und es wird sich zeigen, dass ihre politische Strahlkraft meistens über die konkreten Ziele hinausgeht, die sie sich ursprünglich gesetzt haben. Das Spektrum reicht vom Widerstand gegen bestimmte politische Praktiken und Projekte über den Kampf gegen die Privatisierung von Gemeingütern bis zum Einsatz für ein anderes Wirtschaftssystem; von der Einzelkämpferin bis zur globalen Bewegung.

Der Mut der Einzelnen: Inge Hannemann

»Erwerbsfähige Leistungsberechtigte verletzen ihre Pflichten, wenn sie trotz schriftlicher Belehrung (…) sich weigern, (…) Pflichten zu erfüllen, insbesondere in ausreichendem Umfang Eigenbemühungen nachzuweisen (…). Bei einer Pflichtverletzung nach § 31 mindert sich das Arbeitslosengeld II in einer ersten Stufe um 30 Prozent des für die erwerbsfähige leistungsberechtigte Person nach § 20 maßgebenden Regelbedarfs. Bei der ersten wiederholten Pflichtverletzung nach § 31 mindert sich das Arbeitslosengeld II um 60 Prozent des für die erwerbsfähige leistungsberechtigte Person nach § 20 maßgebenden Regelbedarfs.«[8]

So sieht das »Werkzeug« aus, mit dem Inge Hannemann acht Jahre lang arbeiten musste. Die Paragrafen 31 und 31a im Sozialgesetzbuch II beschreiben in trockener Sprache eine schlichte Tatsache: Wer lange arbeitslos ist und deshalb Hartz IV bekommt und Termine oder Bewerbungen versäumt oder andere vom »Jobcenter« auferlegte »Pflichten« verletzt, dem gesteht dieses Land nicht einmal mehr das absolute Existenzminimum zu. Nicht einmal das, was ein bei Arbeitslosen besonders sparsamer Staat zum Existenzminimum erklärt.

Inge Hannemann war Teil des Systems, und das war sie nicht einmal ungern. Sie arbeitete im Jobcenter Hamburg-Altona, davor in Freiburg. Dort habe sie einen »tollen Standortleiter« gehabt, erzählt Hannemann in einem Video. Er habe den Mitarbeiterinnen Zeit gelassen, sich mit den Arbeitslosen zu beschäftigen. Und dem Erfolg tat das keinen Abbruch, im Gegenteil: »Wir hatten in dem Jahr die zweithöchste Vermittlungsquote.«[9]

In Hamburg-Altona war das, so die Wahrnehmung von Inge Hannemann, ganz anders: »Wenn die mal sagen würden: So, ab sofort arbeiten wir menschlich. Es wird nicht sanktioniert, und wenn, dann nur, wenn der Fall von A bis Z und wieder rückwärts durchgeprüft wurde. Das sind drei Sätze, und die sagen sie nicht.«[10]

Nach acht Jahren in Altona verlor Inge Hannemann die Geduld und schrieb einen offenen Brief an die »sehr geehrte Bundesagentur für Arbeit«, in dem es unter anderem hieß: »Menschenunwürdiges und gedankenloses Handeln, wie es tagtäglich in den Jobcentern geschieht, macht krank. Bedrohungen, Angst vor Sanktionen und die Behandlung als Mensch zweiter, dritter, vierter Klasse durch die Jobcenter führen nicht in Arbeit, sondern in die totale Verweigerung, in ständige Arbeitsunfähigkeitsbescheinigungen, in die Resignation, in die Wut bis zum Suizid. (…) Mir ist bewusst, dass ich mich mit diesen Fragen und dem Artikel weiteren Repressalien durch Ihre Behörde aussetze, vielleicht sogar meinen Arbeitsplatz riskiere. Mir ist aber auch bewusst, dass Menschlichkeit nur entstehen kann, wenn aufgerüttelt wird, wenn sich kritische Stimmen, auch aus den eigenen Reihen, erheben.«[11] Übrigens: Die Kolleginnen und Kollegen, die – nicht selten mit befristeten Verträgen – die Regeln und Anweisungen befolgen müssen, nahm Hannemann von ihrer Kritik ausdrücklich aus.

Was immer die Frau von ihrem Arbeitgeber erwartet haben mag, es wurde auf teils erschreckende Weise übertroffen. Ihr persönlicher Akt der Zivilcourage führte nicht nur zur Freistellung durch die Bundesagentur für Arbeit und zu dem Vorwurf, sie bringe »ihre Kolleginnen und Kollegen in Gefahr, die sich zunehmend Aggressionen von Seiten der Kunden ausgesetzt sehen«[12]. Damit dürfte sie gerechnet haben. Was aber nicht zu erwarten war: Als die Medien auf Inge Hannemann aufmerksam wurden, nachdem sie unter anderem von der *taz* mit dem Panter Preis für Zivilcourage ausgezeichnet worden war, wurde die Mittvierzigerin in kürzester Zeit zur Symbolfigur und zum lebenden Beweis für das Versagen des deutschen »Sozial«-Staats im Umgang mit denen, die ihn am dringendsten brauchen: »Liebe Leserinnen und Leser«, heißt es auf Hannemanns Homepage, »es tut mir in der Seele weh, wenn ich all Ihre Hilferufe lese. Leider ist es mir nicht erlaubt, Rechtsauskünfte zu erteilen oder auch in die Jobcenter zu begleiten. Ich bitte um Verständnis und um Geduld, wenn ich Sie an entsprechende Stellen ›weiter vermittle‹. Mehr darf ich derzeit nicht. Auch bitte ich um Geduld, wenn Antworten meinerseits eine gewisse Zeit brauchen. Sollten Sie das Gefühl haben, dass ich Sie vergessen habe, so bitte ich um ein kurzes Anstupsen Ihrerseits. Derzeit erhalte ich rund 60 bis 80 Hilferufe täglich.«[13] Kaum anzunehmen, dass diese Hilferufe von Menschen kommen, die sich bei den Jobcentern angemessen behandelt fühlen.

Inge Hannemann startete eine Petition an den Bundestag gegen die Sanktionsparagrafen, für die sie mehr als 90 000 Unterstützerinnen und Unterstützer gewann. Und schließlich ließ sie sich auf ein Experiment ein, das die Initiatoren gesellschaftlichen Widerstands nicht allzu häufig wagen: Sie ging selbst in die Politik. Am 25. Mai 2014 wurde sie für die Linkspartei in die Bezirksversammlung Hamburg-Altona gewählt.

Schon im Wahlkampf ließ sich ahnen, dass das nicht leicht werden würde: Aus Medien und Partei kamen hämisch-wohlmeinende Hinweise auf die »Realität« und auf die bescheidenen Ansprüche des Politikbetriebs. »Ihr Wahlkampf ist die Begegnung einer Kämpferin – manche sagen ›Querulantin‹ – mit der politischen Realität«, bemerkte die *Zeit*[14] – wobei unter »Realität« offenbar nicht diejenige Wirklichkeit gemeint war, die Inge Hannemann in den Jobcentern erlebt hat, sondern ein Politikbetrieb, der nur die »Machbarkeit« als Kriterium kennt. Und weiter: »Außerparlamentarisch klingen ihre Forderungen knackig. ›Schluss mit Sanktionen für Hartz-IV-Betroffene‹, damit ist sie bekannt geworden. ›Hartz IV abschaffen‹, das ist ihre griffigste Formel. Sie ist auch für ›30-Stunden-Woche bei vollem Lohnausgleich‹. Ihre liebste Forderung lautet: ›Bedingungsloses Grundeinkommen für alle.‹ Aber in der Bezirkspolitik, sagt anderntags ein Parteigenosse, werde eben nicht das große Rad gedreht. ›Da kann man nicht ein Anti-Hartz-Plakat basteln und fertig‹, sagt der Linke.(…) Schon bevor Inge Hannemann überhaupt gewählt ist, zeigt ihr die Karriere, was auf jeden Rebell irgendwann zukommt: Es ist leichter, Politik anzugreifen, als sie selbst zu machen.«

Das waren die üblichen Fingerzeige des politisch-medialen Mainstreams (den es natürlich auch in der Linkspartei gibt), sich doch bitte schon beim Denken auf das in den bestehenden Verhältnissen Mögliche zu beschränken. Dabei wusste natürlich auch Inge Hannemann, »dass man in der Bezirksversammlung nicht Hartz IV abschafft«, und natürlich war ihr klar, dass »Ernüchterung eintreten« werde.[15] Aber die Probe, ob die Ideale dabei unbeschädigt bleiben können und ob der Politikbetrieb eine Haltung erträgt, die nicht von vornherein der Ideologie des Pragmatismus folgt, hat gerade erst begonnen.

Die neuen Genossen: Von Dorfladen bis Windpark

Im Spätsommer des Jahres 2012 widmete sich die *Frankfurter Allgemeine Zeitung* einem immer stärkeren Trend: »Die Renaissance der Dorfläden«, lautete die Überschrift, und darüber stand die Dachzeile »Rückkehr von Tante Emma«.[16] Mit der »Renaissance« hatten die Titelerfinder der *FAZ* sicher Recht. Seit Jahren ist immer wieder von Initiativen zu lesen, die auf das Verschwinden des Einzelhandels im direkten Wohnumfeld, auf das Monopol der Supermarktketten an den Ausfallstraßen mit Neugründungen in den Dorfzentren reagieren. Nicht ganz richtig ist dagegen die Sache mit der »Tante Emma«, jedenfalls nicht, wenn man die alte Tante als Symbol für die Eigentumsverhältnisse nimmt: Die neuen Dorfläden befinden sich so gut wie nie im Eigentum einzelner Unternehmer, sondern fast immer im kollektiven Besitz der Anwohner und Kunden.

Im Jülicher Stadtteil Barmen, wo die *FAZ*-Reporterin sich umgesehen hatte, war es ein Verein, dessen Mitglieder den Dorfladen betrieben: Für die Gründung im Jahr 2006 brachten 300 Anteilsscheine zu je 250 Euro 75 000 Euro Startkapital, 35 000 Euro nahmen sie als Kredit bei der KfW-Förderbank auf. Gewinn macht der Laden, wo man auch Geld abheben oder ein Auto anmelden kann, nicht. Aber dazu sagte Heinz Frey, Lehrer und ehrenamtlicher Geschäftsführer des Ladens, den schönen Satz: »Der soziale Ertrag ist unser Profit.«[17]

Nun handelt es sich bei einem Gymnasiallehrer, der ein Dorfzentrum wiederbelebt, sicher nicht automatisch um einen Kämpfer gegen den Kapitalismus als solchen. Auch die Dorfläden setzen, wie viele andere Initiativen auch, zuallererst an den konkreten Lebensumständen in der eigenen Wohnumgebung an. Dennoch gilt: Das Potenzial, das im Engagement der Bürgerinnen und Bürger steckt, sollte zwar nicht über-, aber vor allem auch nicht unterschätzt werden. Schließlich knüpfen die meisten Dorfladengründer an ein Modell an, das auch in der Debatte über die Überwindung kapitalistischer Dominanz schon seit langem eine Rolle spielt: die Genossenschaft.

Dieses Modell privater, aber zugleich kollektiver Eigentümerschaft hat durchaus zwei Gesichter. Anfang des 19. Jahrhunderts in England und fünfzig Jahre später auch in Deutschland eingeführt, wurde es schnell zum Gegenstand der Auseinandersetzung zwischen Liberalen einerseits und Sozialisten andererseits: »In Deutschland, wo die industrielle Entwicklung langsamer verlief als in England, wurden Genossenschaften Mitte des 19. Jahrhunderts neu diskutiert, wobei vor allem die Kontroverse zwischen dem Liberalen Herrmann Schulze-Delitzsch und dem Sozialisten Ferdinand Lassalle weite Kreise zog. Während Schulze-Delitzsch die Genossenschaften als Mittel der Sozialreform ansah, in denen die Arbeiterinnen und Arbeiter durch Fleiß, Sparsamkeit und wirtschaftliche Vereinigung ihre soziale Lage verbessern konnten, sah Lassalle sie als ein Gegenmodell zum Kapitalismus. Er wollte die gesamte Wirtschaft auf einen genossenschaftlichen Sozialismus umstellen, wobei er vor allem auf die Hilfe des Staates setzte. Das freie Wahlrecht sollte den Arbeitenden die Macht im Staate sichern, woraufhin dann die Genossenschaften mit Staatskrediten zur herrschenden Produktionsform ausgebaut werden sollten.«[18]

Die Idee, die Wirtschaft durch zunehmende Demokratisierung der Verfügungs- und Entscheidungsgewalt grundlegend zu verändern, ist immer noch hochaktuell. Und ihre Verwirklichung steht bis heute aus. Denn immer wieder sind Ansätze zur Demokratisierung der Wirtschaft der Übermacht kaptalgesteuerter Politik zum Opfer gefallen. »Beim Blick in die Geschichte wirtschaftsdemokratischer Vorstellungen«, schreibt der Politikwissenschaftler Ralf Hoffrogge, »zeigt sich eine Radikalisierung von den ersten Genossenschaftern bis hin zum Rätesozialismus und danach wieder ein langer Abschwung über das sozialdemokratische Konzept der Wirtschaftsdemokratie hin zur bloßen Mitbestimmung«.[19] Und für die Bundesrepublik Deutschland hält er fest: »Die Kombination aus alliierten Vorbehalten, konservativer Hegemonie unter Adenauer und gewerkschaftlicher Abneigung gegen Basisinitiativen führte trotz eines nach 1945 weit verbreiteten Antikapitalismus zu einer minimalen Sozialverfassung, die nur Betriebsräte nach Weimarer Vorbild zuließ.«[20]

Erhalten geblieben ist immerhin die Möglichkeit zur Gründung von Genossenschaften. Ob diejenigen, die sich heute auf diese Weise organisieren, durchweg von der Idee getrieben sind, durch demokratisch organisiertes Wirtschaften das politische System zu verändern, ist nicht entscheidend. Es ist nicht in erster Linie relevant, ob diese allgemeinpolitische Idee zum Beispiel die 178 Mitglieder der Dorfladen-»Bürgergesellschaft« in Ettenbeuren bei Günzburg antreibt, wenn sie jeden Mai zum »Fensterblümlemarkt« laden. Der Autor eines Porträts nannte als ihr Motiv schlicht »Gemeinsinn«[21], mit dem »viel Lebensqualität wohnortnah gesichert und die Zukunftsfähigkeit von Ettenbeuren erhalten« worden sei. Aber sicher ist, dass in Jülich-Barmen, Ettenbeuren und an vielen anderen Orten eine Idee belebt wird, die, wenn sie weiter wächst und zu politischen Organisationsformen findet, weitere Wirksamkeit entfalten kann. Und womöglich hilft, die kapitalbeherrschte Politik zu überwinden.

Wem das allzu optimistisch klingt, der möge den Gedanken auf das umkämpfte Thema Energieversorgung anwenden. Energiegenossenschaften haben in den vergangenen Jahren einen wahren Boom erlebt: So nahm die Zahl jährlicher Neugründungen zwischen 2002 und 2011 von genau einer (2002) auf 160 (2011) zu.[22] Im Jahr 2013 existierten einer Studie zufolge insgesamt 888 Energiegenossenschaften, mit weiterhin steigender Tendenz.[23] Das Spektrum reicht von den Energiewerken Schönau (EWS) im Schwarzwald, die aus einer örtlichen Bürgerinitiative hervorgegangen sind und inzwischen von 3400 Genossinnen und Genossen getragen werden, bis zu kleinen Neugründungen, die mit teils einstelligen Mitgliederzahlen kleinere Solar- oder Kraft-Wärme-Anlagen betreiben.[24] »Über 200000 Menschen engagieren sich in genossenschaftlichen Erneuerbare-Energien-Projekten, von der Energieproduktion und -versorgung über den (Wärme-)Netzbetrieb bis hin zur Vermarktung«, berichtete im Jahr 2014 der Deutsche Genossenschafts- und Raiffeisenverband.[25]

Nein, auch für das Betreiben von Solaranlagen – wie für das Eröffnen von Dorfläden – sind revolutionäre Ambitionen keine zwingende Voraussetzung. Aber noch viel offensichtlicher als in den Läden steckt in den Energiegenossenschaften das Potenzial für politische Veränderungen, so schwer sie angesichts der immer noch marktbeherrschenden Stromkonzerne und einer ihnen gewogenen Politik auch zu erreichen sein mögen. »Triebfeder der Menschen, sich in einer Genossenschaft für ein gemeinsames Ziel zu engagieren, ist zunehmend die Erkenntnis, dass es der Bürger bedarf, um gesellschaftliche Veränderungen zu erreichen«, heißt es im EWS-Geschäftsbericht.[26] Ein Satz, der sich nicht in allzu vielen Jahresbilanzen finden dürfte. Und es verwundert nicht, dass sich Genossenschaften und andere private Energieerzeuger mit mindestens fünfzig Prozent Bürgerbeteiligung inzwischen zusammengeschlossen haben, um in direkter Konfrontation zur Berliner Politik für eine bessere Energiepolitik (siehe das Kapitel »Wenig Wende mit viel Energie«) zu werben: Das Anfang 2014 gegründete Bündnis Bürgerenergie (BBEn) präsentiert sich seitdem mit aktuellen Stellungnahmen und einem Portal im Netz[27], und das Genossenschaftsnetzwerk »Energiewende jetzt« ruft dazu auf, direkten Einfluss auf die eigenen Wahlkreisabgeordneten zu nehmen.[28]

All das hat bekanntlich noch lange nicht zu einer politischen Wende geführt, wie Deutschland sie eigentlich bräuchte. Die Einzelpersonen und Initiativen – ob sie nun gegen Hartz-IV-Schikane kämpfen oder für städtische Freiräume, dörfliche Nahversorgung oder saubere und bezahlbare Energie eintreten – sind dafür immer noch viel zu vereinzelt und in der Regel auch zu klein. Aber sie zeigen, dass es ein Interesse in unserer Gesellschaft gibt, die Befriedigung grundlegender Bedürfnisse von den Märkten und einer auf Marktgesetze zugeschnittenen Politik zurückzuerobern. Und dieses Interesse wächst.

Wem gehört das Wasser?

Der Beweis, dass breite gesellschaftliche Bündnisse zumindest an einzelnen Punkten die Politik beeinflussen können, ist bereits erbracht. Zum Beispiel dort, wo es um das fundamentalste aller Gemeingüter geht: das Wasser.

Seit dem 1. April 2012 gibt es in der Europäischen Union das Instrument der »Europäischen Bürgerinitiative«. EU-Bürger aus mindestens sieben Mitgliedsländern können mit einer Mindestzahl von Unterschriften die EU-Kommission zwingen, sich mit einem Thema zu beschäftigen. Die erste Initiative, der das gelang, war »right2water«: Getragen vor allem von Gewerkschaften des öffentlichen Dienstes, die sich schon lange den Tendenzen zur Privatisierung der Wasserversorgung widersetzen, sowie unter anderem von Umwelt- und Sozialverbänden forderte sie eine gesetzliche Festschreibung des Grundrechts auf gute Wasserversorgung für alle Bürgerinnen und Bürger. Die konkreten Forderungen von »right2water«:

»1. Garantierte Wasserversorgung und sanitäre Grundversorgung für alle BürgerInnen der Europäischen Union. (…) Die Europäische Union muss die einzelstaatliche Umsetzung dieses Menschenrechts durch die Festlegung verbindlicher Ziele für alle Mitgliedstaaten fördern, um eine universelle Geltung zu erreichen.

2. Menschenrechte vor Marktinteressen. Keine Liberalisierung der Wasserversorgung. Wir fordern von der EU einen Umdenkpro-

zess, der anstelle des marktorientierten Modells mit dem Schwerpunkt Wettbewerb ein auf Rechten basierendes Modell mit dem Schwerpunkt öffentliche Dienstleistungen setzt. Wasser (…) muss aus dem Geltungsbereich der Binnenmarktregeln ausgenommen werden.

3. Globaler/universeller Zugang zu Wasser und sanitärer Grundversorgung für alle. (…) Die EU muss Ziele setzen und den universellen (globalen) Zugang zu Wasser und sanitärer Grundversorgung zu einem Bestandteil ihrer Entwicklungspolitik machen. Auf diese Weise kann die EU aktiv das Recht auf den globalen Zugang zu Wasser und sanitärer Grundversorgung fördern.«[29]

Der Erfolg übertraf sowohl die von der EU festgelegte Mindestzahl an Unterschriften (im größten EU-Staat Deutschland sind zum Beispiel 74 250[30] gefordert) als auch die Erwartungen der Organisatoren: 1 884 790 Bürgerinnen und Bürger der EU hatten am Ende unterschrieben, 1 680 000 Unterschriften wurden als gültig anerkannt.

Wiederum gilt: Zur totalen Politikwende führte auch diese Bewegung nicht. Aber »right2water« zeigt, wie es gelingen kann, politische Institutionen Stück für Stück mit dem Widerstand gegen die Privatisierung lebenswichtiger Güter zu konfrontieren. So hatte EU-Binnenmarktkommissar Michel Barnier schon vor dem endgültigen Erfolg der Bürgerinitiative und angesichts spürbaren Protests sein Vorhaben aufgegeben, die Wasserversorgung den Regeln des »freien Binnenmarktes« zu unterwerfen – was Privatisierungen erheblich erleichtert hätte.[31] Und die EU-Kommission war immerhin gezwungen, zu den Forderungen der Initiative Stellung zu nehmen. Wie sie das tat, war allerdings enttäuschend: Garniert mit wortreichen Bekenntnissen zum Wert des Wassers, verwies sie vor allem auf die nationale Zuständigkeit der Mitgliedstaaten und verweigerte die Erarbeitung des geforderten EU-Gesetzes. »Ich bedaure, dass es keinen Gesetzesvorschlag für die Anerkennung des Menschenrechts auf Wasser gibt«, ließ der Vizepräsident der Bürgerinitiative, Jan Willem Goudriaan, verlauten.[32] Und die Initiative gab einen interessanten Hinweis auf kommende Schauplätze der Auseinandersetzung: »Die Kommission hat sich in ihrer Mitteilung (…)

nicht dazu verpflichtet, diese Leistungen von Verhandlungen über Handelsabkommen explizit auszuschließen, zum Beispiel bei den Verhandlungen zwischen EU und USA zu TTIP (Transatlantic Trade and Investment Partnership).«

Ein echter Politikwechsel ist also auch hier nicht erreicht worden. Aber es war ein punktueller Erfolg, und es war nicht der einzige: Als Folge massenhaften Protests hatte nicht nur Kommissar Barnier seinen Rückzieher gemacht. Auch das Land Berlin hatte schon im September 2013 unter dem Druck einer Kampagne und eines Volksentscheids seine Wasserbetriebe rekommunalisiert.[33]

Bewegung kam auch in die deutsche Politik. So beschloss der Bundesrat eine Stellungnahme zur Antwort der EU-Kommission auf die Bürgerinitiative, in der es hieß: »Weiteren Bestrebungen auf EU-Ebene zur Privatisierung öffentlicher Daseinsvorsorgeleistungen ist eine klare Absage zu erteilen; insbesondere darf die EU keinem Abkommen zustimmen, das die in den EU-Vergaberichtlinien gefundenen Kompromisse unterläuft und den Druck zur Privatisierung öffentlicher Daseinsvorsorgeleistungen wie der Wasserversorgung verstärkt. Die hohen deutschen und europäischen Umwelt- und Verbraucherschutzstandards müssen erhalten bleiben.«[34]

Kampf ums Gemeingut: TiSA und TTIP

Pessimisten werden auch diese Stellungnahme des Bundesrates als warme Worte ohne zwingende Konsequenzen abtun – und gemessen an den eigentlich notwendigen Veränderungen haben sie damit auch recht. Aber solche Beschlüsse, letztlich erzwungen von einer kritischen Öffentlichkeit, können von ebendieser kritischen Öffentlichkeit wieder ins Feld geführt werden, wenn es in die nächste Runde im Kampf um Gemeingüter und Daseinsvorsorge geht. Und dass es weitere Runden geben wird, ist klar: Auch Verträge wie das Dienstleistungsabkommen TiSA (»Trade in Services Agreement«) und das Freihandelsabkommen TTIP, über die die schwarz-rote Bundesregierung und die EU mit internationalen Partnern verhandeln, bergen die Gefahr, dass öffentliche Güter leichter privatisiert werden können.[35] Das TiSA-Abkommen, über das die USA, die EU und zwanzig weitere Staaten verhandeln, soll den internationalen Markt für Dienstleistungen liberalisieren, also deregulieren. Das betrifft so unterschiedliche Bereiche wie Finanzen und Gesundheit, die der internationalen Marktkonkurrenz ausgesetzt werden sollen. Und es betrifft – ähnlich wie das zwischen der EU und den USA verhandelte allgemeine Freihandelsabkommen TTIP – die Grundversorgung mit anderen wichtigen Gütern wie Wasser.

Ein Gutachten für die Internationale der Öffentlichen Dienste (PSI) vom April 2014 stellt fest: »Seit 2007 haben Hunderte von deutschen Gemeinden die früher privatisierte Stromversorgung wieder kommunalisiert oder neue eigene Stadtwerke gegründet; weitere zwei Drittel der deutschen Städte und Gemeinden prüfen ähnliche Maßnahmen. Die Unzufriedenheit mit den privaten Stromversorgern im Land ist in erster Linie der schlechten Bilanz bei der Umstellung auf erneuerbare Energien geschuldet. Es gibt wenig Marktanreize, auf grüne Energieoptionen zu setzen, weshalb die Kommunen die Umstellung auf die Erneuerbaren in die eigene Hand nehmen. Kommunalverwaltungen haben außerdem festgestellt, dass monopolistische oder oligopolistische private Energieunternehmen tendenziell die Energiepreise erhöhen, während die Rekommunalisierung zur Senkung der Preise führt. Finnland, Ungarn und das Vereinigte Königreich verfolgen ebenfalls Rekommunalisierungsprojekte. Zu weiteren an diesen Projekten beteiligten Sektoren gehören der öffentliche Verkehr, Abfallentsorgung, Stadtreinigung und Wohnwirtschaft. (…) Die Fähigkeit, auf neue Informationen, sich ändernde Bedingungen oder eine andere öffentliche Meinung zu reagieren, ist eine existenzielle Freiheit demokratischer Regierungen, die dem öffentlichen Interesse nach bestem Wissen und Gewissen dienen wollen. Das TiSA würde die Rekommunalisierung begrenzen und sogar ausschließen, da dieses Abkommen die Regierungen daran hindern würde, öffentliche Monopole oder vergleichbare ›wettbewerbsunfähige‹ Formen der Dienstleistungserbringung zu etablieren oder wiederherzustellen.«[36]

Damit ist genau beschrieben, worum es geht: um die Frage, ob die Befriedigung von Grundbedürfnissen ein Grundrecht ist, das unabhängig von Marktbedingungen von öffentlichen Stellen gewährleistet werden muss, oder ob dieses Grundrecht zur Disposition der Marktgesetze gestellt werden soll – mit der Folge, dass unsere Wasserversorgung, unsere Gesundheit und vieles mehr dem internationalen Konkurrenzkampf um Marktanteile und niedrige Kosten ausgeliefert wird. Wer den Kampf um solche Fragen verschläft, wird in einer anderen Welt aufwachen – und zwar keineswegs in einer besseren. Das betrifft auch die eigenen, scheinbar ganz »unpolitischen« Lebensbedingungen, zum Beispiel Wasserversorgung und Gesundheit. Längst ist eine Reihe von Initiativen entstanden, die verhindern wollen, dass wir das Verscherbeln unserer Versorgung mit dem Notwendigsten an die Meistbietenden aus aller Welt verschlafen. Auf mehreren Online-Plattformen gibt es Petitionen mit dem Ziel, TiSA zu stoppen. Zur Beteiligung genügen einige wenige Klicks.[37]

Bei TTIP ist die öffentliche Aufmerksamkeit wesentlich größer als bei TiSA, wohl deshalb, weil TTIP zum Gegenstand der Debatte über die NSA-Affäre geworden ist.[38] Eine offizielle Petition gegen das Abkommen übertraf das Quorum von 50 000 Unterstützern, das den Bundestag zur Anhörung der Gegner zwingt, und erreichte in den vorgeschriebenen sechzig Tagen 68 332 Online-»Mitzeichner«.[39] Auf der Kampagnen-Plattform »Campact« schlossen sich bis Ende Juni 2014 sogar mehr als eine halbe Million Menschen einem Schreiben an EU-Handelskommissar Karel De Gucht und Parlamentspräsident Martin Schulz an, das den Stopp der TTIP-Verhandlungen forderte.[40]

Bereits Anfang 2014 hatte die EU angekündigt, die Öffentlichkeit zu einem Teil der TTIP-Gespräche zu konsultieren, und dies ausdrücklich mit dem überaus großen öffentlichen Interesse an den Gesprächen begründet.[41] Zugleich setzte sie die Verhandlungen in diesem Bereich – beim umstrittenen Schiedsverfahren für Investoren – aus.[42] Das ist wieder einer der kleinen Erfolge öffentlichen Widerstands. Es mag sich um ein Manöver gehandelt haben, um durch das Ablassen von Druck die Ziele der EU doch noch zu erreichen. Aber es zeigt sich in solchen noch so bescheidenen Etappensiegen eben auch, dass es möglich ist, die herrschende

Politik zum Reagieren zu zwingen. Nichts zu tun und den Dingen unbehelligt ihren Lauf zu lassen ist sicher nicht die bessere Alternative.

Von der Demo ins Internet?

Wie gerade das letzte Beispiel zeigt, haben sich Protest und Widerstand durch die Techniken der digitalisierten Kommunikation verändert, auch ganz neue Formen hat das Internet hervorgebracht. Zwar tragen die »sozialen Medien« nicht gerade aktiv zur Herausbildung einer kritischen Öffentlichkeit bei: Sie greifen unsere Daten ab, um sie zu Werbezwecken zu verwenden, und steuern unsere Kommunikation auf subtile Weise, wie am Beispiel Facebook im ersten Kapitel erläutert (siehe Seite 36 ff. und 56 ff.). Aber das kann eine Nutzung dieser Kommunikationsmittel zur Organisation und Artikulation von Protest – sozusagen gegen die Intentionen ihrer Betreiber – nicht ganz verhindern. Selbst unter den herrschenden Bedingungen haben aktive Nutzer ganz neue Zugänge zum Einfluss auf die Politik entwickelt. »Die sozialen Netzwerke ermöglichen neue Kommunikationsarenen, die individualisierte und massenmediale Kommunikation im Sinne vernetzter Öffentlichkeiten verbinden können.«[43]

Das gilt für formelle Verfahren wie die »Europäische Bürgerinitiative« oder das deutsche Petitionsrecht, die beide inzwischen weitgehend online-basiert funktionieren. Und es gilt für Portale wie Facebook oder Twitter, aber auch für Plattformen wie Campact, openPetition oder change.org, die es sowohl Einzelpersonen als auch Gruppen oder Verbänden ermöglichen, mit Kampagnen zu bestimmten Inhalten sehr schnell eine öffentlichkeitswirksame Zahl von Gleichgesinnten zu mobilisieren. So sagt Maren Müller, die mit einer höchst erfolgreichen Petition[44] gegen den ZDF-Moderator Markus Lanz für Aufsehen sorgte, über das Werkzeug der Petition: »Es gibt meines Wissens kein vergleichbares Instrument, um Protest zu bündeln.«[45]

Allerdings muss man differenzieren: Ohne die inhaltliche Arbeit fachbezogener Organisationen nutzt die beste Plattform so wenig, wie umgekehrt Fachwissen bereits öffentliche Wirkung garantiert. Damit entsteht eine Arbeitsteilung, die auch neue Abhängigkeiten erzeugt. Felix Werdermann, der für die Wochenzeitung *Der Freitag* zum Thema recherchierte, stellte eine »Machtverschiebung« fest, »weg von den auf ein Thema spezialisierten NGOs, hin zu Organisationen wie Campact«[46]. Das kann wiederum zu Einschränkungen führen, zumindest bei einer Plattform wie Campact, die sich die Entscheidung über Inhalte vorbehält: »Campact startet eine Kampagne, wenn sie hohe Erfolgschancen hat. Wenn die Bundesregierung beispielsweise bei einem Thema zerstritten ist, kann der öffentliche Protest den Ausschlag geben«, schreibt Werdermann. »So lassen sich schnell sichtbare Erfolge produzieren, aber gleichzeitig fehlen in der Öffentlichkeit die Forderungen nach Veränderungen.« Vor einer Kampagne werde sogar in einer Stichprobe die Massentauglichkeit geprüft. »Das Ergebnis: Themen wie Bundeswehreinsätze oder Eurokrise werden ignoriert, auch die Asylpolitik wird nur selten angegangen.«

Die vom Web 2.0 hervorgebrachten Protestformen können jedoch trotz allem sehr wirkungsvoll sein. So sah sich die SPD-Spitze genötigt, die »geheimen Verhandlungen« über TTIP, für die die Partei vorher selbst gestimmt hatte, zu kritisieren. Allerdings zeigte der Vorsitzende und Wirtschaftsminister Sigmar Gabriel zugleich, was er von denjenigen hält, die sich rechtzeitig Gedanken über mögliche Folgen gemacht und gegen TTIP Stellung bezogen haben: »470 000 Menschen haben gegen etwas unterschrieben, was es noch gar nicht gibt.«[47] Auf Deutsch: Der Vorsitzende der SPD empfiehlt seinen Kritikern, lieber zu protestieren, wenn es zu spät ist.

Der *taz*-Kommentator Stefan Reinecke konnte süffisant berichten, welche Verunsicherung hinter solchen rhetorischen Kunststücken steckt: »In Hintergrundgesprächen klagen Sozialdemokraten über die Ausschläge der Erregungsdemokratie, die mit Schlagworten wie (…) ›Investorenschutz‹ jede minutiös geplante Wahlkampagne über den Haufen werfen.«[48] Und nicht minder verunsichert wirkte die CDU, der es schon vor den »Internet-Hilfsgruppen« politischer Gegner graute: »Die von Linken, Grünen und ihren Internet-Hilfsgruppen betriebene Kampagne gegen das Handelsabkommen mit den USA verdreht die Tatsachen, untergräbt eine sachliche Diskussion und spielt mit den Ängsten der Menschen«, schrieb der Europaabgeordnete Werner Langen.[49]

Wie kritisch man auch immer die Aussichten von Protest und Widerstand im Netz beurteilt: Dass sie vollkommen ohne Wirkung bleiben, kann niemand behaupten. Hüten sollte man sich allerdings vor der Idee, dass die virtuelle Unterschrift oder auch der schriftliche Austausch im Internet jemals ausreichen werde, um die notwendigen Veränderungen zu erreichen. Es ist zwar schon zum geflügelten Wort geworden, dass Umwälzungen wie die »Arabellion« ohne Facebook und Twitter nicht möglich gewesen wären. In dieser Form sicher nicht, das stimmt. Aber auch das hier ist eine Binsenweisheit: Was in einem früheren Stadium der technologischen Entwicklung möglich gewesen wäre, weiß schlicht niemand. Und festzustehen scheint zudem: Die »alten« Protestmittel von der Presseerklärung bis zur Blockade haben sich keineswegs erledigt.

Der Publizist Arno Widmann hat das in einem großartigen Essay folgendermaßen formuliert: »Nicht die Medien sind die Öffentlichkeit, nicht wir sind es und auch nicht die anderen. Öffentlichkeit ist der Moment, in dem eine Gesellschaft sich selbst erkennt. (…) Protestbewegungen wollen, so formulieren sie es gerne, Öffentlichkeit herstellen. Gegen die Machthaber, die sich einschließen nicht nur in ihren Palästen, sondern auch in ihren Geheimnissen. Die Demonstranten decken die Korruption auf. Noch wichtiger aber ist: Sie zeigen sich dabei. Auf den Plätzen entdecken sie, was sie twitternd ahnten: Sie sind viele. Und sie sind unterschiedlich. Am Smartphone kommt man sich nicht in die Quere. Hier auf dem Platz riecht und stößt man aneinander. Man hat es nicht mehr mit Gedanken, sondern mit Menschen zu tun. Hier findet man, was man nicht gesucht hat. Öffentlichkeit ist unberechenbar.«[50] Aller Erfahrung nach verändert sich die Kommunikation, wenn sie zwischen Menschen stattfindet, die einander nicht in die Augen schauen, nicht gestikulieren, ihre Reaktionen nicht in Echtzeit gegenseitig abschätzen können – erst recht, wenn sie damit rechnen müssen, dass jede ihrer Äußerungen beim Betreiber der Plattform oder beim nächsten Geheimdienst landet oder bei beiden. Das beinhaltet neben den von

Widmann beschriebenen Aspekten noch einen weiteren: Längst nicht alle, aber doch einen Teil der Teilnehmer an Onlinedebatten verleitet die Situation, sich ohne persönlichen Kontakt äußern zu können oder müssen, zum Verzicht auf Rücksichten – die einer gelingenden Kommunikation in der Regel guttun.

Bei der re:publica 2014, dem »Festival der digitalen Gesellschaft«, war dem Thema ein eigener Workshop gewidmet: »Frauen werden niedergemacht, Aktivist_innen glühen aus, manch einer oder eine verstummt und zieht sich aus der Onlinedebatte zurück: In vielen Foren ist das Worst-Case-Szenario tatsächlich schon eingetreten und die Rüpel geben den Ton an«, hieß es in der Ankündigung.[51] Die österreichische Journalistin und Buchautorin Ingrid Brodnig brachte es auf den Punkt: »Das Problem am Internet ist die Unsichtbarkeit. Diese führt dazu, dass viele Menschen Dinge sagen oder tun, die sie nicht tun würden, wenn sie jemandem ins Gesicht sehen würden. Wenn ich mein Gegenüber nicht sehe, dann sehe ich auch nicht die Schmerzen, die ich auslöse.«[52]

Ähnliches kann ich hier aus eigener Erfahrung berichten aus der Zeit, als ich mich selbst als Blogger betätigte. Im letzten Beitrag des Blogs »Hebel macht Mittag«, mit dem das Experiment beendet wurde, schrieb ich: »Es mag Leute geben, die das, was sich hier eingenistet hat, als ›Internet-Kultur‹ bezeichnen. Für mich ist es das Gegenteil von Kultur. Es sei denn, man rechnet Kindergärten zur Kultur, wofür es ja auch Gründe geben mag. Ich habe inzwischen über Jahre versucht – gemeinsam mit vielen unter Ihnen, die mir als sachliche Diskutanten/-innen ans Herz gewachsen sind –, etwas anderes zu betreiben als Hahnenkämpfe, Selbstdarstellungs-Übungen und rabulistische Wort-Scheingefechte. Ich habe (…) erleben dürfen, wie statt Diskussionskultur ein kindisches Gestreite (nebst Rufen nach ›Moderation‹ von denen, die sich gerade nicht als Sieger fühlten) die inhaltlichen Debatten immer wieder überlagert hat. Sie als Mitlesende haben von diesen Spielchen noch nicht mal alles mitbekommen, denn ein Teil, und nicht der angenehmste, verlagerte sich auf Mails an mich persönlich.«[53]

Das spricht überhaupt nicht gegen das Internet als Ort von Diskussion und Protest, und sicher haben die re:publica-Veranstalter

Recht, wenn sie schreiben, »dass die Kommentarsysteme womöglich vielerorts kaputt, aber nicht irreparabel sind«[54]. Aber die Erfahrung zeigt eben auch, dass es ein Irrweg wäre, das Netz als einzig wahren Kommunikationsraum der Zukunft zu überhöhen.

Und zurück zur Demo

Aber zurück zu den Plätzen. Die Notwendigkeit einer physisch präsenten Gegenöffentlichkeit hat noch einen weiteren Grund: Wirksamkeit erreichen politische Bewegungen oft erst dann, wenn sie ihren Protest in die ganz realen öffentlichen Räume der Städte tragen – und diese Räume auch gegen staatliche Widerstände in Anspruch nehmen. Leider ist es nicht selten sogar so, dass erst die Konfrontation mit einer maßlosen Staatsgewalt, die genau dies verhindern will, Aufmerksamkeit und zusätzlichen Zulauf für die Protestbewegung bewirkt – vorausgesetzt, es gelingt den politisch Verantwortlichen nicht, die Demonstranten als gewalttätige Minderheit zu verunglimpfen. Das spricht im Übrigen für den eigentlich selbstverständlichen Aufruf, bei Protestaktionen zwar legitime Mittel wie Sitzblockaden anzuwenden, nicht aber durch Gewalt auch noch Vorwände für eine solche Verunglimpfung zu liefern.

Schauen wir noch einmal auf den Protest gegen Stuttgart 21: So stark und breit getragen der Widerstand auch war – er hätte womöglich nicht zum Sturz der Landesregierung geführt, wenn diese nicht mit brutaler Polizeigewalt gegen Demonstrantinnen und Demonstranten vorgegangen wäre. Es war (neben der Katastrophe von Fukushima) nicht zuletzt auch die Empörung über die Bilder vom Polizeieinsatz am 30. September 2010 im Stuttgarter Schlossgarten, die im März 2011 zur Abwahl der schwarz-gelben Regierung unter Stefan Mappus (CDU) und zur ersten grün-roten Koalition in Deutschland unter Winfried Kretschmann führte.

Die direkte, zumindest symbolische Konfrontation mit der Gegenseite prägte denn auch diejenige Protestbewegung, die in den vergangenen Jahren die stärkste Wirkung in der Öffentlichkeit entfaltete: Occupy. Sie trat ursprünglich unter dem Namen »Occupy

Wall Street« an, und von jenem 17. September 2011 an, als etwa tausend Menschen den New Yorker Zuccotti Park besetzten, keine 300 Meter von der Börse entfernt, war klar: Hier geht es darum, einem Slogan wie »Eine andere Welt ist möglich« (Attac) im wahrsten Sinne des Wortes öffentlichen Raum zu geben. Und zwar im übertragenen wie auch im ganz realen Sinn.

Das Ziel von Occupy war es nicht, für diese oder jene konkrete Forderung an Regierungen, Banken oder Börsen einzutreten (was prompt von allen möglichen Kommentatoren angemahnt wurde). Der Anthropologe, Anarchist, Occupy-Aktivist und Autor David Graeber hat den fundamentalen Ansatz der Bewegung vielmehr so zusammengefasst: »Ein Grund für die viel diskutierte Weigerung, öffentlich Forderungen zu stellen, liegt darin, dass man damit die Legitimität oder zumindest doch die Macht derer anerkennen würde, an die man die Forderungen richtet.«[55] Es sei also, ganz im Sinne einer alten anarchistischen Parole, »um die Schaffung einer neuen im Gehäuse der alten Gesellschaft«[56] gegangen. So wurden laut Graeber die weltweit ungezählten Zeltlager »zu Räumen für Experimente, in denen die Schaffung von Institutionen einer neuen Gesellschaft ausprobiert wurde – nicht nur auf demokratischen Vollversammlungen, sondern auch in Form von Gemeinschaftsküchen und -büchereien, von medizinischen Versorgungs- und von Medienzentren und einer ganzen Reihe weiterer Institutionen, die alle auf der Basis anarchistischer Prinzipien der gegenseitigen Hilfe und der Selbstorganisation funktionierten«[57].

Man mag diese Beschreibung eines Beteiligten für allzu positiv halten, und tatsächlich ist es auf Dauer nicht gelungen, die öffentlichen Räume besetzt zu halten.[58] Aber auch wer sich nicht als Anarchist versteht, kann sich womöglich ermutigt fühlen: Ob lokal und punktuell wie in Tempelhof oder global und fundamental wie bei Occupy mehren sich die Versuche, der herrschenden Politik des »Weiter so« und dem verschlafenen Stillstand in der Gesellschaft schon im Protest konkrete Alternativen entgegenzusetzen – und zwar nicht unbedingt in Form politischer Forderungen, sondern ganz praktisch als vorweggenommene Alternative zum Bestehenden. Das kann als Erkennungsmerkmal (post-)moderner Bewegungen gelten.

Womöglich ist es – in ganz unterschiedlichen Formen – diese Verbindung zwischen persönlicher Lebenswelt und politischer Aktion, die am ehesten Veränderung bewirken kann. Eine solche Verbindung kann den Beteiligten dann auch die Befriedigung verschaffen zu spüren, dass Aufwachen sich lohnt. Der US-amerikanische Romanautor Jonathan Lethem sagt es so: »Egal, wie man über die konkreten politischen Erfolge von Occupy denkt, die Bewegung war allein durch ihre Existenz bedeutend. Sie zeigte, wie lebendig die Sehnsucht nach einer linken Bewegung ist. Ebenso, dass der Kapitalismus Realität ist, dass er einen Namen hat und dass man Widerstand leisten kann.«[59]

Auf den Inseln des Fortschritts

Vom Klicken bis zum Zelten, vom Protestieren bis zum Blockieren: Die Möglichkeiten sind ungemein vielfältig, und sie werden vielfältiger genutzt, als eine große Öffentlichkeit es zur Kenntnis nimmt. Aber kann man deshalb schon behaupten, die Gesellschaft sei aufgestanden und habe sich gegen den herrschenden Stillstand in Bewegung gesetzt? Dürfen wir zuversichtlich hoffen, dass Mogelpackungen beim Mindestlohn, die schreiende Verteilungsungerechtigkeit im reichen Deutschland oder die systematische Auszehrung unserer Sozialsysteme bald auf massiven und massenhaften Widerstand stoßen?

Nein, sicher nicht. Noch immer wirkt der größere Teil der Gesellschaft wie betäubt von täglichen Berichten über machtpolitische Konstellationen, von fragwürdigen Erfolgsmeldungen der Regierung, dem vergleichsweise immer noch hohen Wohlstand vieler und dem täglichen Kampf jedes Einzelnen um die eigenen Angelegenheiten. So erfreulich die hier geschilderten und zahllose andere Beispiele auch sind – sie stellen noch immer Inseln dar im stillen Ozean des »Weiter so«. Sie haben sich noch längst nicht zu einer Landmasse verbunden, auf der sich die Fundamente eines starken, politisch wirksamen und die unterschiedlichen Ansätze einigenden Ideengebäudes errichten ließen.

Was ist zu tun? Es gibt unter denjenigen, die die Sorge über den Zustand der Gesellschaft teilen, viele Konzepte, die auf eine »Demokratisierung der Demokratie« abzielen. Sie reichen von der Absenkung oder gar Abschaffung der Sperrklauseln bei Wahlen über neue Anhörungsverfahren für öffentliche Projekte oder städtische Bürgerhaushalte bis hin zur Stärkung plebiszitärer Elemente wie Bürgerbegehren und Volksentscheide auch auf Bundesebene.[60] Nichts von all diesen Vorschlägen ist falsch, aber die Vorstellung, dem Engagement von unten allein durch Instrumente aufzuhelfen, die die herrschende Politik von oben zur Verfügung stellt, stößt schnell an Grenzen. Wir, die Gesellschaft, werden aufwachen und die Räume für Veränderung selbst erobern müssen.

So wird vor allem der Volksentscheid weit überschätzt, da er fast immer am Ende von Planungsprozessen steht, bei denen gerade im Frühstadium echte Beteiligung wichtig wäre. Zudem ist die Reduzierung politischer Probleme auf »Ja oder Nein«-Fragen oft sehr schwierig und öffnet politischem Missbrauch Tür und Tor, wie sich nicht nur bei der Fragentrickserei des Berliner Senats zum Tempelhofer Feld erwies. Auch die Strategie des grünen baden-württembergischen Ministerpräsidenten zeigt diese Gefahr: Winfried Kretschmann interpretierte das zustimmende Ergebnis des Referendums zu Stuttgart 21, das ausdrücklich die Einhaltung des Kostenrahmens zur Bedingung gemacht hatte, faktisch zu einem Blankoscheck für den Weiterbau um. So konnte er seinen machttaktisch motivierten Abschied von der eigenen Gegnerschaft auch noch mit vermeintlich basisdemokratischen Argumenten verkaufen.[61] Das spricht nicht gegen Volksentscheide. Sie sollten aber nicht allein in den Mittelpunkt der Überlegungen gestellt werden.

Es kommt hinzu, dass selbst gutgemeinte Beteiligungsmodelle ihre Grenze an den sozialen Verhältnissen in unserer Gesellschaft finden: Prozesse zu einer stärkeren Partizipation, schreibt zum Beispiel der Politikwissenschaftler Roland Roth, »setzen zunächst die stark bildungs- und damit schichtabhängige Fähigkeit zur Beteiligung und zeitliche Abkömmlichkeit voraus«[62]. Mit anderen Worten: Ohne eine grundlegend andere Politik, die nicht ganze Schichten von den wichtigsten materiellen Voraussetzungen ausschließt, wird es auch keine wirksame Bürgerbeteiligung geben. Denn Zivilgesellschaft ist »in hohem Maße von Vorleistungen aus den anderen Bereichen abhängig – etwa durch die Garantie der Bürgerrechte, durch ökonomische und soziale Absicherungen.«[63]

Hätte also der Gesetzgeber ein echtes Interesse, zivilgesellschaftliches Engagement zu stärken, dann müsste er zweierlei tun: Er müsste erstens die notwendigen Instrumente zur Verfügung stellen, also Volksbegehren und Volksentscheid auch im Bund, frühe Beteiligung der Bürger und echte Mitentscheidungsrechte in Planungsverfahren statt unverbindlicher Anhörungsrunden; und zweitens hätte der Gesetzgeber die »ökonomischen und sozialen Absicherungen« zu garantieren, ohne die die Demokratisierung der Demokratie immer unvollständig bleiben wird. Beides tut die Politik gerade nicht, auch nicht die große Koalition. Wie bei allen anderen Themen, die in diesem Buch beschrieben wurden, gilt auch in Sachen »Stärkung der Zivilgesellschaft«: Von dem, was die SPD in weitgehendem Gleichklang mit Linken und Grünen im Wahlkampf 2013 forderte – und schon das war nicht übermäßig konkret –, sind allenfalls Spurenelemente übriggeblieben.

Im sozialdemokratischen »Regierungsprogramm« hatte es noch geheißen: »Wir wollen mehr Mitwirkungsrechte der Menschen bei der politischen Willensbildung. Dazu werden wir auch auf Bundesebene Volksinitiativen, Volksbegehren und Volksentscheide einführen. Für die notwendige Mehrheit einer Grundgesetzänderung werden wir bei den anderen Fraktionen werben.«[64] Und etwas später: »Wir wollen (…) unsere klassisch-repräsentative Demokratie um neue und weitergehende Formen der demokratischen Partizipation auf allen politischen Ebenen ergänzen. (…) Selbstverständlich ist für uns als SPD aber auch, dabei jene Menschen mitzunehmen, die mit diesen neuen Möglichkeiten noch nicht vertraut sind.«[65]

Der zarte Hauch von Verbindlichkeit, der noch durch das SPD-Programm wehte, ist dann im Koalitionsvertrag so gut wie verschwunden: »Unser Gemeinwesen ist auf die Zivilgesellschaft und das Engagement der Bürgerinnen und Bürger angewiesen. Ihre Möglichkeiten zum Engagement wollen wir weiter fördern. (…) Wir wollen die Voraussetzungen für ehrenamtliches Engagement verbessern. Die Erfahrungen, die im bürgerschaftlichen Engagement gemacht werden und die Ideen, die dort entstehen, werden wir verstärkt aufnehmen.«[66]

Nur ein konkreter, positiver Punkt steht am Ende des kurzen Kapitels »Bürgerschaftliches Engagement«: Für Initiativen wie Dorfläden oder Energiegenossenschaften »soll eine geeignete Unternehmensform im Genossenschafts- oder Vereinsrecht zur Verfügung stehen, die unangemessenen Aufwand und Bürokratie vermeidet«[67].

Wen wundert es, dass eine Regierung, die eine andere Politik nicht will, auch bei den Instrumenten knausert, mit denen Alternativen durchgesetzt werden könnten?

Es bleibt also dabei: Aufwachen muss die Gesellschaft schon selbst, wenn aus den Inseln des Engagements die oben erwähnte Landmasse werden soll. Es gibt hier und da Ideen, wie das funktionieren könnte: So träumen manche Aktivisten davon, die unterschiedlichen Bewegungen, die für die öffentliche Sicherung von Grundbedürfnissen und gegen die Ver-Marktung von Gemeingütern streiten, zu einer neuen Partei zu verbinden. In Großbritannien ist das zum Beispiel der Filmemacher Ken Loach: »Wir brauchen eine neue Stimme, eine neue Bewegung – eine neue Partei. Es gibt tausend Kampagnen, die wichtige Ziele verfolgen. Sie setzen sich gegen die Schließung von Krankenhäusern ein, unterstützen Obdachlose, engagieren sich gegen die Zerstörung der Umwelt, treten ein für Arme, für Menschenrechte und bürgerliche Freiheiten – die Liste ließe sich endlos fortsetzen. Gewerkschaften vertreten noch immer Millionen abhängig Beschäftigter. All diese Gruppen haben ein gemeinsames Interesse. Man muss sich nur vorstellen, was wir erreichen könnten, wenn wir alle gemeinsam handelten.«[68] Oder auch der aus Kroatien stammende Autor und Aktivist Srećko Horvat, der der internationalen Linken attestierte, »dass es da ein gestalterisches Potenzial und einen Willen zur Macht gibt, der von sich selbst noch nichts weiß, weil sich die Bewegung nicht wirklich aus der Deckung traut«. Und: »Was, wenn die Linke tatsächlich politische Verantwortung übernähme, wenn Occupy Wall Street eine Partei gründen würde? Dann schauen wir mal, was passiert.«[69]

So faszinierend das klingen mag: Diese Stimmen widmen sich dem zweiten Schritt vor dem ersten. Ohne das Fundament einer breiten und zumindest in ihrer Grundausrichtung einigen Bewegung in der Gesellschaft ist eine neue Partei nicht viel mehr als ein weiterer, abgehobener Farbtupfer im bestehenden Gefüge der politischen Institutionen. Und zumindest für Deutschland darf trotz aller positiven Initiativen bezweifelt werden, dass es ein ausreichend starkes »gestalterisches Potenzial« und eine »Bewegung« gibt, die sich nur »nicht aus der Deckung traut«. In dieser Situation sind die Erfolgsaussichten einer neuen Partei sehr begrenzt. Die mühsamen und wenig erfolgreichen Versuche der deutschen Linkspartei, sich zu einer Art politischem Arm der unterschiedlichsten Bürgerengagements zu entwickeln, bestätigen diesen Befund eher, als dass sie ihm widersprächen.

Solange es also eine breite und einige Bewegung (noch) nicht gibt, wird jedem Einzelnen von uns nichts anderes übrigbleiben, als aufzuwachen und zu handeln, getreu dem Zwischenfazit von Jonathan Lethem: »Geblieben ist die Bildung von Zonen, in denen für eine gewisse, oft nur kurze Zeit eine andere Realität möglich erscheint.«[70] Das mag pessimistisch klingen, aber es birgt auch eine Chance. Wenn sich die Initiativen aus der Gesellschaft vermehren und immer besser miteinander verbinden; wenn immer neue Inseln des Widerstands entstehen, besteht Hoffnung, dass sie Stück für Stück die Kraft gewinnen, zusammenzuwachsen und den Tiefschlaf in Deutschland zu beenden. Das gibt jeder einzelnen Aktion, jeder Bürgerinitiative und jedem lauten Einspruch einen Sinn über den konkreten Anlass hinaus.

Wer sich erst einmal so eine Insel geschaffen hat, womöglich gemeinsam mit anderen, wird bald schon merken: Die Lust, mehr Land zu gewinnen, kommt dann ganz von selbst. Und auf einmal fühlt man sich angenehm wach.

Anmerkungen

Verträumt: Wie wir uns in den Schlaf wiegen lassen

1 Ausführlich in Stephan Hebel: *Mutter Blamage*, Frankfurt a.m. 2013, S. 10 ff.

2 Roger Willemsen: *Das Hohe Haus. Ein Jahr im Parlament*, Frankfurt a. M. 2014

3 Interview mit dem *Tagesspiegel*, *Tagesspiegel online*, 16.3.2014, http://www.tagesspiegel.de/politik/roger-willemsen-im-interview-die-kanzlerin-chlorofor miert-das-land/9660382.html, abgerufen am 18.6.2014

4 Tina Hildebrandt: »Jetzt will sie auch noch geliebt werden«, *Die Zeit*, 29.8.2013, S. 9

5 Christoph Butterwegge: »Aufstand der Armen?«, in: *Der Freitag online*, 28.9.2013, http://www.freitag.de/autoren/der-freitag/aufstand-der-armen, abgerufen am 10.6.2014

6 Ebd.

7 In der Selbstdarstellung der Stiftung heißt es eindeutig: »In ihrer Projektarbeit folgt die Bertelsmann Stiftung der Überzeugung des Stifters Reinhard Mohn, dass die Prinzipien unternehmerischen Handelns zum Aufbau einer zukunftsfähigen Gesellschaft beitragen können.« http://www.bertelsmann-stiftung.de/cps/rde/xchg/SID-345D8921-04273AE9/bst/hs.xsl/2083.htm, abgerufen am 10.6.2014

8 Robert Vehrkamp und Dominik Hierlemann: »Ziemlich unpolitische Freunde – wer in Deutschland warum nicht mehr wählt«, in: *Einwurf, ein Policy Brief der Bertelsmann Stiftung*, 1/2013, S. 2 f.

9 A.a.O., S. 3

10 Ebd.

11 OECD-Wirtschaftsberichte: »Deutschland 2014«, OECD Publishing, http://dx.doi.org/10.1787/eco-surveys-deu-2014-de, abgerufen am 13.7.2014, S. 33 f.

12 A.a.O., S. 35

13 A.a.O., S. 38

14 Bertelsmann Stiftung, a.a.O., S. 3 f.

15 A.a.O., S. 8

16 So ergab zum Beispiel die Umfrage der Forschungsgruppe Wahlen für das ZDF-»Politbarometer« vom 9. Mai 2014, dass 73 Prozent die Arbeit der Bundesregierung als »eher gut« bewerten und nur 22 Prozent als »eher schlecht«. Forschungsgruppe Wahlen, http://www.forschungsgruppe.de/Umfragen/Politbarometer/Langzeitentwicklung_-_Themen_im_Ueberblick/Politik_II/#ZufOpp, abgerufen am 4.6.2014

17 Frank Schirrmacher: *Ego. Das Spiel des Lebens*, München 2013, S. 9

18 A.a.O., S. 15 f.

19 Als erster und prominentester Widersacher Fromms darf Theodor W. Adorno gelten, der sich wegen unterschiedlicher Auffassungen zur Psychoanalyse mit

Fromm überwarf. Siehe dazu Jochen Fahrenberg und John M. Steiner:»Adorno und die autoritäre Persönlichkeit«, in: *Kölner Zeitschrift für Soziologie und Sozialpsychologie*, Jg. 56, 2004, online unter http://www.jochen-fahrenberg.de/uploads/media/Adorno_und_die_Autoritaere_Persoenlichkeit.pdf, abgerufen am 9.6.2014, S. 2, und den Wikipedia-Artikel »Theodor W. Adorno«, http://de.wikipedia.org/wiki/Theodor_W._Adorno, abgerufen am 9.6.2014, hier vor allem die Anmerkungen über Adornos Verhältnis zur Lehre von Sigmund Freud

20 Siehe Erich Fromm, »Politik und Psychoanalyse«, in: Gesamtausgabe, Band I: *Analytische Sozialpsychologie*, München 1999, S. 32. Fromm schreibt:»Handelt es sich um psychische Vorgänge – nicht im Individuum, sondern – innerhalb der Gesellschaft, so (...) ist die Aufgabe, die gemeinsamen, gesellschaftlich relevanten, seelischen Haltungen aus dem gemeinsamen Lebensschicksal der zu untersuchenden Gruppe zu verstehen.«

21 A.a.O., S. 34

22 Erich Fromm: »Über Methode und Aufgabe einer Analytischen Sozialpsychologie«, a.a.O., S. 42

23 A.a.O., S. 54

24 Erich Fromm: »Über psychoanalytische Charakterkunde und ihre Anwendung zum Verständnis der Kultur«, a.a.O., S. 211

25 Helmut Johach: »,Haben oder Sein‹ in Zeiten der Krise. Zur Aktualität Erich Fromms«, in: *Begegnung & Gespräch – Ökumenische Beiträge zu Erziehung und Unterricht* (Heft II/2010), online unter http://opus4.kobv.de/opus4-Fromm/frontdoor/index/index/docId/12961, abgerufen am 9.6.2014, S. 3

26 Erich Fromm: »Die Furcht vor der Freiheit«, a.a.O., S. 382 f.

27 Rainer Funk: *Erich Fromm*, Hamburg 1983, S. 84

28 Thomas Gebauer: »Jenseits der Hilfe. Von der Wohltätigkeit zur Solidarität«, in: *Blätter für deutsche und internationale Politik*, Heft 4/2014, S. 74

29 In Reagans letztem Amtsjahr 1988, als der Spitzensteuersatz auf 28 Prozent sank, wurden die niedrigsten Einkommen, die bis dahin ganz befreit gewesen waren, mit einem Steuersatz von 15 Prozent belastet. Siehe dazu die Grafik bei Wikipedia: http://de.wikipedia.org/wiki/Einkommensteuer_%28Vereinigte_Staaten%29#mediaviewer/Datei:Historical_Mariginal_Tax_Rate_for_High est_and_Lowest_Income_Earners.jpg, abgerufen am 4.6.2014

30 Beispiele hierfür liefert bis heute Bundespräsident Joachim Gauck, siehe S. 111 ff.

31 »Aufbruch ins 21. Jahrhundert«, Berliner Rede vom 26. April 1997, http://www.bundespraesident.de/SharedDocs/Reden/DE/Roman-Herzog/Reden/1997/04/19970426_Rede.html, abgerufen am 6.6.2014. Alle folgenden Zitate von Herzog stammen aus dieser Rede.

32 Thomas Gebauer, a.a.O.

33 Rainer Funk: *Ich und Wir. Psychoanalyse des postmodernen Menschen*, München 2005, S. 27

34 Sebastian Wellendorf: »›Ich bin King‹ – Egoismus in der Jugendkultur«, Westdeutscher Rundfunk, 17.12.2013, http://www.wdr5.de/sendungen/scala/jugendkultur100.html, abgerufen am 4.6.2014

35 Ebd.

36 »Eliten sind Teil des Problems«, Interview in der *Frankfurter Rundschau*, 4.6.2012, online unter http://www.fr-online.de/politik/konfliktforscher-eliten-sind-teil-des-problems,1472596,16292364,item,2.html, abgerufen am 13.7.2014

37 Alfred Krovoza: »Ein Krisenpanorama – das Subjekt der Psychoanalyse und die ›Neuschöpfung‹ von Welt«, in: *psychosozial*, Heft III (2012), S. 15

38 Ebd.

39 Rainer Funk: *Ich und Wir*, a.a.O., S. 105

40 Medien wie Facebook, Twitter und WhatsApp scheinen auf den ersten Blick aus

der Reihe der »Anbieter von Wirklichkeiten« herauszufallen, da sie ja Plattformen für die aktive Kommunikation ihrer Nutzer bieten. Allerdings handelt es sich schon bei diesen Kommunikationsräumen selbst um von den Konzernen konstruierte Wirklichkeiten, indem sie die Kommunikation durch vorgegebene Strukturen weitgehend prägen und zugleich abschöpfen, um das Kommunikations- und Konsumverhalten dann wiederum durch gezielte »Angebote« zu steuern.

41 Rainer Funk: *Ich und Wir*, a.a.O., S. 109

42 A.a.O., S. 115.

43 Philip Mirowski: »Das neoliberale Selbst«, *Frankfurter Allgemeine Sonntagszeitung*, 15.9.2013, S. 51, online unter http://www.faz.net/aktuell/feuilleton/debatten/ueberwachung/identitaetsmanagement-das-neoliberale-selbst-12574151.html?printPagedArticle=true#pageIndex_2, abgerufen am 17.6.2014. Bei dem Text handelt es sich um einen von Michael Bischoff übersetzten Auszug aus Mirowskis Buch *Never Let a Serious Crisis Go to Waste – How Neoliberalism Survived the Financial Meltdown*, erschienen 2013 bei Verso. Auch die folgenden Zitate von Mirowski entstammen diesem Text.

44 Rainer Funk, a.a.O., S. 85

45 A.a.O., S. 211

46 A.a.O., S. 236

47 Siehe zum Beispiel »Rechtsruck in Frankreich und Dänemark: Populisten werden stärkste Kraft«, *Focus online*, 26.5.2014, http://www.focus.de/politik/deutschland/europawahl-2014/eu-parlamentswahl-so-hat-der-rest-europas-gewaehlt_id_3871557.html, abgerufen am 13.7.2014

48 Alfred Krovoza: »Ein Krisenpanorama«, a.a.O.

49 Heiner Keupp: »Individualisierung: Erosion oder Kitt des Sozialen?« Vortrag bei der Tagung »Riskante Tabuisierungen« an der Hochschule für Soziale Arbeit in Basel am 22.1.2010, http://www.ipp-muenchen.de/texte/keupp_2010_basel_text.pdf, abgerufen am 9.6.2014, S. 7f.

50 Erich Fromm: »Über psychoanalytische Charakterkunde«, a.a.O.

51 Jürgen Habermas: *Strukturwandel der Öffentlichkeit*, Darmstadt/Neuwied 1979 (1962), S. 107

52 Siehe zum Beispiel Jürgen Osterhammel: »Das 19. Jahrhundert«, Informationen zur politischen Bildung, 8.8.2012, https://www.bpb.de/izpb/142137/1880-bis-1914?p=all, abgerufen am 12.6.2014

53 Jürgen Habermas, a.a.O., S. 203

54 Ebd.

55 Chris Hedges: *Empire of Illusion: The End of Literacy and the Triumph of Spectacle*, New York 2010

56 Chris Hedges: »Addicted to Nonsense«, truthdig.com, 30.11.2009, http://www.truthdig.com/report/item/addicted_to_nonsense_20091129, abgerufen am 11.6.2014. Übersetzung durch den Autor

57 Siehe hierzu die Begründung der Jury für die Wahl von »Gutmensch« zu einem der »Unworte des Jahres« 2011: »Mit dem Ausdruck *Gutmensch* wird insbesondere in Internet-Foren das ethische Ideal der ›guten Menschen‹ in hämischer Weise aufgegriffen, um Andersdenkende pauschal und ohne Ansehung ihrer Argumente zu diffamieren und als naiv abzuqualifizieren. Ähnlich wie der meist ebenfalls in diffamierender Absicht gebrauchte Ausdruck *Wutbürger* widerspricht der abwertend verwendete Ausdruck *Gutmensch* Grundprinzipien der Demokratie, zu denen die notwendige Orientierung politischen Handelns an ethischen Prinzipien und das Ideal der Aushandlung gemeinsamer gesellschaftlicher Wertorientierungen in rationale Diskussionen gehören.« http://www.unwortdesjahres.net/index.php?id=35, abgerufen am 13.6.2014

58 Jürgen Habermas, a.a.O., S. 204f.

59 Markus Decker: »Wagenknecht lenkt ein«, *Frankfurter Rundschau online,* 30.1.2014, http://www.fr-online.de/politik/europapolitik-der-linken-wagen knecht-lenkt-ein,1472596,26039200.html, abgerufen am 16.6.2014

60 Leserbrief von Uwe Lowin, Osterode am Harz, in der *Frankfurter Rundschau* vom 7.2.2014, S. 20

61 Hans-Jürgen Arlt, Wolfgang Storz: »*Bild* und Wulff – Ziemlich beste Partner. Fallstudie über eine einseitig aufgelöste Geschäftsbeziehung«, herausgegeben von der Otto Brenner Stiftung, Frankfurt/Main 2012, S. 15. Online findet sich die Studie unter https://www.otto-brenner-stiftung.de/fileadmin/user_data/ stiftung/Aktuelles/AH71/AH71_Wulff_WEB.pdf, abgerufen am 13.6.2014

62 A.a.O., S. 20

63 Ebd.

64 Ebd.

65 Ebd.

66 Diese treffende Formulierung wählten die Medienwissenschaftsstudenten Alexander Karl und Kati Trinkner, als sie ein Interview mit dem damaligen stellvertretenden *Bild*-Chef Nikolaus Blome führten: »Wulff hat nicht geglaubt, dass wir das drucken«, abgedruckt in der Zeitschrift *Journalist*, Heft 2/2013, S. 37. Dass Blome Ende 2013 auf direktem Weg von *Bild* zum *Spiegel* wechselte, erstaunt vor diesem Hintergrund kaum noch.

67 https://krautreporter.de/das-magazin

68 Heribert Prantl: »Sind Zeitungen systemrelevant?«, Eröffnungsrede beim Jahrestreffen des »netzwerk recherche« am 5.6.2009, http://www.netzwerkre cherche.de/Reden/Heribert-Prantl-2009/, abgerufen am 13.6.2014. Alle Prantl-Zitate stammen aus diesem Vortrag.

69 Hans-Jürgen Arlt, Wolfgang Storz: »Missbrauchte Politik. *Bild* und *BamS* im Bundestagswahlkampf 2013«, eine Studie der Otto Brenner Stiftung, Frankfurt am Main 2014, online unter http://www.otto-brenner-stiftung.de/fileadmin/ user_data/shop/dokumente/obs_arbeitshefte/AH78_missbrPolitik_WEB.pdf, abgerufen am 13.6.2014

70 Claudia Tieschky: »Ines ist traurig«, *Süddeutsche Zeitung online,* 8.6.2014, http://www.sueddeutsche.de/medien/otto-brenner-stiftung-ueber-bild-ines-ist-traurig-1.1989198, abgerufen am 13.6.2014

71 Jürgen Habermas, a.a.O., S. 224 f.

72 Jürgen Habermas: »Medien, Märkte und Konsumenten«, *Süddeutsche Zeitung,* 16.5.2007

73 Katharina Riehl: »Bitte aufrichten«, *Süddeutsche Zeitung*, 4.7.2011, S. 17

74 Ulrich Sarcinelli: »Medien und Demokratie. Demokratie in Deutschland 2011 – Ein Report der Friedrich-Ebert-Stiftung«, http://www.demokratie-deutsch land-2011.de/common/pdf/Medien_und_Demokratie.pdf, abgerufen am 14.6.2014, S. 5

75 A.a.O., S. 6

76 A.a.O., S. 16. Die Studie von Leif Kramp und Stephan Weichert wurde 2008 unter dem Titel »Journalismus in der Berliner Republik – Wer prägt die politische Agenda in der Bundeshauptstadt?« vom netzwerk recherche herausgegeben. Online unter http://www.netzwerkrecherche.de/docs/NR-Studie-Hauptstadt journalismus.pdf, abgerufen am 14.6.2014

77 Markus Feldenkirchen: »Die Anti-Kampa«, *Der Spiegel*, 10.6.2013, S. 24

78 Ebd.

79 Ebd.

80 Florian Gathmann: »SPD fehlt das Schröder-Gen«, *Spiegel Online*, 6.4.2014, http://www.spiegel.de/politik/deutschland/spd-und-gerhard-schroeder-der-altkanzler-feiert-70-geburtstag-a-962855.html, abgerufen am 15.6.2014

81 Ebd.

82 Christian Bommarius: »Der Fall Hoeneß und die nordische Diskussion«, *Berliner Zeitung online*, 17.3.2014, http://www.berliner-zeitung.de/medien/-der-fall-hoeness-und-die-nordische-diskussion,10809188,26577132.html, abgerufen am 15.6.2014

83 Alle Zitate in diesem Absatz aus: Majid Sattar: »Die Korrekturen des kleinen Partners«, *FAZ*, 22.5.2014, S. 3

84 Giovanni di Lorenzo: »Steinbrücks letzte Patrone«, *Die Zeit*, 29.8.2013, S. 1, online unter http://www.zeit.de/2013/36/wahl-spd-peer-steinbrueck, abgerufen am 15.6.2014

85 Nach Feststellungen der Deutschen Rentenversicherung, http://www.deut sche-rentenversicherung.de/Allgemein/de/Inhalt/5_Services/01_kontakt_ und_beratung/02_beratung/07_lexikon/Functions/Lexikon. html?lv2=243476&lv3=234928, abgerufen am 15.6.2014

86 Julian Reichelt: »Bild-Analyse: Putin will sich an der Nato rächen«, *Bild.de*, 30.4.2014, http://www.bild.de/politik/ausland/wladimir-putin/rache-nato-bild-analyse-35768180.bild.html, abgerufen am 17.6.2014

87 Christian Thiels: »Wir haben nichts, um Putin zu drohen«, tagesschau.de, 23.3.2014, http://www.tagesschau.de/ausland/nato472.html, abgerufen am 17.6.2014

88 Albrecht von Lucke: »Zurück in die Gräben«, *Der Freitag*, 3.4.2014, S. 1, online unter https://www.freitag.de/autoren/der-freitag/zurueck-in-die-graeben, abgerufen am 17.6.2014

89 Bernd Ulrich: »Wie Putin spaltet«, *Die Zeit*, 10.4.2014, S. 1 f., online unter http://www.zeit.de/2014/16/russlanddebatte-krimkrise-putin, abgerufen am 17.6.2014

90 Sascha Lobo: »Die digitale Kränkung des Menschen«, *Frankfurter Allgemeine Sonntagszeitung*, 12.1.2014, S. 37, online unter http://www.faz.net/aktuell/feuilleton/debatten/abschied-von-der-utopie-die-digitale-kraenkung-des-menschen-12747258.html, abgerufen am 16.6.2014

91 Ebd.

92 Ebd.

93 Juli Zeh u.a.: »Deutschland ist ein Überwachungsstaat«, *Frankfurter Allgemeine Zeitung online*, 25.7.2013, http://www.faz.net/aktuell/feuilleton/buecher/of-fener-brief-an-angela-merkel-deutschland-ist-ein-ueberwachungsstaat-123 04732.html, abgerufen am 18.7.2014

94 Günter Grass: »Ich möchte als Kuckuck wiedergeboren werden«, Interview mit dem *Focus*, 30.6.2014, online unter http://www.focus.de/kultur/medien/kul tur-ich-moechte-als-kuckuck-wiedergeboren-werden_id_3954027.html, abge-rufen am 18.7.2014

95 Sascha Lobo, a.a.O.

96 Jürgen Habermas: »Im Sog der Gedanken«, *Frankfurter Rundschau*, 14.6.2014, S. 26, online unter http://www.fr-online.de/kultur/juergen-habermas-im-sog-der-gedanken,1472786,27478968.html, abgerufen am 16.6.2014

97 Ebd.

Verschlafen: Vom Ende der Alternative

1 »Deutschlands Zukunft gestalten. Koalitionsvertrag zwischen CDU, CSU und SPD«, vom 14. Dezember 2013, https://www.cdu.de/sites/default/files/me dia/dokumente/koalitionsvertrag.pdf, abgerufen am 4.3.2014

2 Siehe zum Beispiel »Angela Merkel: ›Deutschland geht es gut‹«, Zusammenfas-sung eines Interviews mit der *Super Illu* auf der Homepage der CDU, 12.9.2013,

http://www.cdu.de/artikel/angela-merkel-deutschland-geht-es-gut. Hier findet sich auch die klare Absage an eine entschiedene Reformpolitik: »Ganz grundlegend neue Sozial- und Wirtschaftsreformen brauchen wir nicht.«

3 »Das Wir entscheidet. Das Regierungsprogramm 2013-2017«, verabschiedet vom SPD-Bundesparteitag am 14. April 2013 in Augsburg, http://www.spd.de/ linkableblob/96686/data/20130415_regierungsprogramm_2013_2017.pdf, S. 8 f., abgerufen am 28.2.2014

4 Statistisches Bundesamt: »Verdienste und Arbeitskosten«, https://www.desta tis.de/DE/Publikationen/Thematisch/VerdiensteArbeitskosten/Reallohn Netto/ReallohnindexPDF_5623209.pdf?__blob=publicationFile, abgerufen am 18.7.2014, S. 5

5 »Vermögensverteilung«, DIW-Wochenbericht 9/2014 vom 26.2.2014, http:// www.diw.de/documents/publikationen/73/diw_01.c.438708.de/14-9.pdf, abgerufen am 30.5.2014, S. 156

6 A.a.O., S. 153

7 A.a.O., S. 157 f.

8 »Das Wir entscheidet«, a.a.O., S. 6 f.

9 Ausführlich beschrieben in Stephan Hebel: *Mutter Blamage. Warum die Nation Angela Merkel und ihre Politik nicht braucht*, Frankfurt am Main 2013

10 »Das Wir entscheidet«, a.a.O., S. 7

11 Ebd.

12 So halten unter anderem der Deutsche Gewerkschaftsbund und der Paritätische Gesamtverband den Regelsatz von 391 Euro (2014) für viel zu niedrig. Siehe zum Beispiel »Hartz-IV-Regelsätze: Arbeitslose bleiben abgehängt«, Presseerklärung des Deutschen Gewerkschaftsbundes vom 4.9.2013, http://www.dgb. de/themen/++co++056f1436-1547-11e3-b801-00188b4dc422, abgerufen am 5.3.2014, und »Hartz-IV-Regelsätze steigen um 2,3 Prozent«, *Frankfurter Rundschau online*, http://www.fr-online.de/politik/hartz-iv-regelsaetze-stei gen-um-2-3-prozent,1472596,24199426.html, abgerufen am 5.3.2013

13 »Das Wir entscheidet«, a.a.O., S. 72

14 Albrecht Müller auf den »Nachdenkseiten« vom 24.9.2013, http://www.nach denkseiten.de/?p=18758, abgerufen am 2.3.2014

15 Ebd.

16 CDU/CSU 311 Sitze, SPD 193, Linke 64, Grüne 63. Das ergibt 320 Mandate für Rot-Rot-Grün, also einen Vorsprung von neun Stimmen gegenüber der Union

17 Grundgesetz für die Bundesrepublik Deutschland, http://www.bundestag.de/ bundestag/aufgaben/rechtsgrundlagen/grundgesetz/gg_06.html, abgerufen am 2.3.2014

18 »Gabriel wirbt für Koalitionsvertrag«, *Stuttgarter Zeitung online*, 23.11.2013, http://www.stuttgarter-zeitung.de/inhalt.spd-basis-stimmt-ab-gabriel-wirbt-fuer-koalitionsvertrag.c7df7662-f1aa-466e-ac3a-c903b84fadb1.html, abgerufen am 4.3.2014

19 »Deutschlands Zukunft gestalten. Unsere Handschrift im Koalitionsvertrag«, Broschüre zum Mitgliedervotum, http://www.spd.de/linkableblob/112916/ data/20131127_unsere_handschrift_koa-vertrag_mini_broschuere.pdf, abgerufen am 2.3.2014

20 Wie unbegründet diese Auffassung ist, wird im folgenden Kapitel ausführlich erläutert, siehe Seite 125 ff.

21 »Ich kenne meinen Laden«, *Süddeutsche Zeitung online*, 29.11.2013, http:// www.sueddeutsche.de/politik/spd-chef-gabriel-zum-zdf-interview-wir-sind-keine-kalten-fische-1.1831102-2, abgerufen am 3.3.2014

22 Olaf Scholz: »Auf dem Weg zur mehrheitsfähigen Sozialdemokratie«, *Berliner Republik*, Heft 6/2013, online unter http://www.b-republik.de/archiv/auf-

dem-weg-zur-mehrheitsfaehigen-sozialdemokratie?aut=48, abgerufen am 8.3.2014. Auch die folgenden Scholz-Zitate stammen aus diesem Text.

23 »Die SPD hat es sich immer schwer gemacht«, Interview in der *Frankfurter Rundschau*, 23.5.2013, online unter http://www.fr-online.de/politik/bahr-zum-jubilaeum---spd-hat-es-sich-immer-schwer-gemacht-,1472596,22835208. html, abgerufen am 2.6.2014

24 Ebd.

25 »Verlässlich gestalten – Perspektiven eröffnen. Koalitionsvertrag zwischen CDU Hessen und Bündnis 90/Die Grünen Hessen für die Legislaturperiode 2014 bis 2019«, Zeile 3142 bis 3147. http://www.gruene-hessen.de/partei/files/2013/12/Koa-Vertrag-gesamt.pdf, abgerufen am 3.3.2014

26 »Hessen will den Wechsel. Regierungsprogramm Bündnis 90/Die Grünen Hessen für die Landtagswahl 2013«, S. 76, http://www.gruene-hessen.de/wahl/wahlprogramm/praeambel-hessen-will-den-wechsel/, abgerufen am 3.3.2014

27 A.a.O., Zeile 3149 f.

28 »Al-Wazir erwartet längere Lärmpausen in einem Jahr«, *Wiesbadener Kurier online*, 25.2.2014, http://www.wiesbadener-kurier.de/politik/hessen/al-wazir-erwartet-laengere-laermpausen-in-einem-jahr_13906563.htm, abgerufen am 5.3.2014.

29 »Dann erklärt der Parteichef, was Chancen auf Umsetzung habe: ein gesetzlicher Mindestlohn von 8,50 in Deutschland etwa. Und die abschlagsfreie Rente mit 63. (…) Und er fragt mit gesenkter Stimme: Soll man all dies – wenn es zum Koalitionsvertrag gehört – wirklich ablehnen? Nur, weil die SPD die Koalition mit der Union fürchtet? ›Ich finde sehr verständlich, dass die SPD keine Lust hat, mit der CDU zu regieren. Aber die Lust, die Dinge zu verbessern in Deutschland für die Menschen, sollte sie schon beibehalten‹, endet Gabriel.« In: »Gabriel wirbt für Koalitionsvertrag«, *Stuttgarter Zeitung online*, a.a.O.

30 So berichtete etwa die hessische Zeitung *Main-Spitze*: »Klar ist aber auch, dass sich die Grünen entfernt haben von ihrer Forderung nach einem Politikwechsel in Hessen. Dafür habe man gekämpft. ›Es hat schlicht keine Mehrheit dafür gegeben‹, so Al-Wazir. Deshalb fühle man sich nun dem Versuch verpflichtet, möglichst viele Inhalte umzusetzen. (…) In den Sondierungsgesprächen habe sich gezeigt, dass SPD und CDU ähnliche Positionen haben. Würde es zu einer großen Koalition kommen, würde sich am Flughafen gar nichts ändern.« Olaf Cuntz: »Kleiner Parteitag: Große Mehrheit für schwarz-grüne Koalitionsverhandlungen in Hessen«, *Main-Spitze online*, 23.11.2013, http://www.main-spitze.de/politik/hessen/kleiner-parteitag-grosse-mehrheit-fuer-schwarz-gruene-koalitionsverhandlungen-in-hessen_13645576.htm, abgerufen am 4.3.2014

31 Gregor Mantz, Eva Quadbeck: »Schwarz-Grün – Modell für den Bund«, *Rheinische Post online*, 19.12.2013, http://www.rp-online.de/politik/schwarz-gruen-modell-fuer-den-bund-aid-1.3898353, abgerufen am 30.5.2014

32 »Grünen-Chef wirft Schwarz-Rot undurchsichtige Politik vor«, *Rheinische Post online*, 30.11.2013, http://www.rp-online.de/politik/gruenen-chef-wirft-schwarz-rot-kurzsichtige-politik-vor-aid-1.3854693, abgerufen am 30.5.2014

33 »Zeit für den grünen Wandel. Bundestagswahlprogramm«, beschlossen auf der Bundesdelegiertenkonferenz vom 26.-28.4.2013 in Berlin, http://www.gruene.de/fileadmin/user_upload/Dokumente/Gruenes-Bundestagswahlprogramm-2013.pdf, abgerufen am 30.5.2014, S.17

34 A.a.O., S. 82 f.

35 Cem Özdemir: »Die Vermögensabgabe ist hinfällig«, *Hamburger Abendblatt online*, 14.5.2014, http://www.abendblatt.de/politik/deutschland/article127981527/Cem-Oezdemir-Die-Vermoegensabgabe-ist-hinfaellig.html, abgerufen am 30.5.2014

36 So bemüht sich zum Beispiel die »Parlamentarische Linke« in der SPD um einen rot-rot-grünen Austausch unter Bundestagsabgeordneten. Siehe dazu zum Beispiel Mechthild Küpper: »Vielleicht ist die Linkspartei ja doch nicht so schlimm«, *FAZ.net*, 27.2.2014, http://www.faz.net/aktuell/politik/inland/rot-rot-gruene-annaeherungsversuche-vielleicht-ist-die-linkspartei-ja-doch-nicht-so-schlimm-12822317.html, abgerufen am 24.3.2014. Eine wichtige Rolle für den inhaltlichen Austausch spielt unter anderem das von Andrea Ypsilanti initiierte »Institut Solidarische Moderne«, zu finden unter www.solidarische-moderne. de. Ein Treffen von Sigmar Gabriel mit der Linken-Spitze im Juni 2014 hatte allenfalls symbolischen Charakter. Wenig später schloss Gabriel Rot-Rot-Grün erneut aus, siehe »Die Lage der Energiewende ist prekär«, *Focus online*, 30.6.2014, http://www.focus.de/magazin/archiv/politik-die-lage-der-energiewende-ist-prekaer_id_3953901.html, abgerufen am 29.7.2014

37 »Wir müssen unsere Angriffe richtig verteilen«, Interview mit Gregor Gysi, n-tv. de, 18.10.2013, http://www.n-tv.de/politik/Wir-muessen-unsere-Angriffe-richtig-verteilen-article11562121.html, abgerufen am 11.3.2013

38 Rede beim Parteitag in Hamburg am 15.2.2014, http://www.die-linke.de/partei/organe/parteitage/europaparteitag-2014/reden/gregor-gysi/, abgerufen am 11.3.2014

39 Zitat aus Julian Heißler: »Von der Zukunft abgewandt«, *Der Freitag*, 19.6.2014, S. 4

40 Das Video der Sitzung findet sich unter http://dbtg.tv/fvid/3082078, abgerufen am 12.3.2014

41 Deutscher Bundestag, Protokoll der Plenarsitzung vom 29.1.2014, http://dipbt. bundestag.de/doc/btp/18/18010.pdf, S. 562, abgerufen am 18.7.2014

42 Ebd.

43 Zu den Inhalten siehe die S. Seiten 125 ff.

44 Protokoll vom 29.1.2014, a.a.O., S. 571

45 Malte Daniljuk: »Die Linke: Die unsichtbare Oppositionsführerin«, Telepolis, 28.1.2014, http://www.heise.de/tp/artikel/40/40847/1.html, abgerufen am 13.3.2014.

46 »Am Stammtisch der *Bild*-Zeitung«, *Spiegel online*, 9.9.2013, http://www.spiegel.de/kultur/gesellschaft/a-921253.html, abgerufen am 16.3.2014

47 Elisabeth Niejahr: »Sie wollen nur spielen«, *Die Zeit*, 20.2.2014, online unter http://www.zeit.de/2014/09/die-linke-partei-opposition, abgerufen am 1.6.2014

48 »Dann habe ich noch Dieter Dehm kennengelernt, Musikproduzent und Dichter vieler Schlager. Wie Wilde gehört er zum Parteivorstand. Die Begegnung werde ich so schnell nicht vergessen. Wir treffen uns zum Kaffeetrinken, ich stelle mich zu ihm an einen kleinen Tisch und frage, ob ich störe. Er verabschiedet schnell einen Kollegen und wendet sich mir zu: ›Macht nichts, ich rede sowieso lieber mit Frauen.‹ Dann tischt er einen Witz auf: ›Kennen Sie den Unterschied zwischen Onanieren und Geschlechtsverkehr?‹ Leider fällt mir spontan dazu nichts ein. ›Beim Geschlechtsverkehr lernt man mehr Leute kennen‹, löst er das Rätsel.« Nur am Rande sei bemerkt, dass Dehm mit Vornamen »Diether« heißt und nicht wie in dem *Zeit*-Text »Dieter«.

49 Matthias Geyer: »Der Kassierer«, *Der Spiegel*, 27.1.2014, S. 50 ff., online unter http://www.spiegel.de/spiegel/print/d-124719305.html, abgerufen am 13.3.2014

50 Malte Daniljuk, a.a.O.

51 »Leitantrag des Parteivorstandes zum Parteitag am 15./16. Februar 2014«, verabschiedet am 6.12.2013, http://www.die-linke.de/fileadmin/download/parteitage/hamburg2014/leitantrag_parteivorstand/131209_leitantrag_parteivorstand_europawahlprogramm_neu.pdf, abgerufen am 16.3.2014

52 So zum Beispiel im »ZDF-Politbarometer« der Forschungsgruppe Wahlen im Januar 2014: 54 Prozent bewerteten die Gesamtlage, sogar 63 Prozent die eigene Situation positiv – beides waren die höchsten Werte seit vielen Jahren. Siehe »Politbarometer Januar II 2014«, http://www.forschungsgruppe.de/Umfragen/Politbarometer/Ar chiv/Politbarometer_2014/Januar_II_2014/, abgerufen am 16.3.2014

53 Siehe Theodor W. Adorno: *Minima Moralia*, Frankfurt am Main 1997, Seite 43. Adorno bezieht den berühmten Satz »Es gibt kein richtiges Leben im falschen« auf das Dilemma des privaten Eigentums, das einerseits fragwürdig geworden sei, während man andererseits unter den bestehenden Verhältnissen »dennoch Eigentum haben muß, wenn man nicht in jene Abhängigkeit und Not geraten will, die dem blinden Fortbestand des Besitzverhältnisses zugute kommt«. Heute wird die Sentenz meist allgemeiner auf den Widerspruch zwischen »falschen« politischen Verhältnissen und der Notwendigkeit eines Lebens innerhalb dieser Verhältnisse angewendet. Wo sie allerdings benutzt wird, um aus diesem Widerspruch einen Rückzug in resignativen oder auch revolutionären Fundamentalismus und die vermeintliche Aussichtslosigkeit konkreten (politischen) Handelns abzuleiten, wird Adorno sicher falsch verstanden.

54 »Europa geht anders. Sozial, friedlich, demokratisch«, Beschluss des Hamburger Parteitags vom 15. Februar 2014, http://www.die-linke.de/partei/organe/parteitage/europaparteitag-2014/europa-geht-anders-sozial-friedlich-demokratisch/, abgerufen am 16.3.2014

55 Ebd.

56 Ebd.

57 Markus Decker: »Sahra Wagenknecht irritiert«, *Frankfurter Rundschau online*, 1.7.2013, http://www.fr-online.de/politik/die-linke-sahra-wagenknecht-irritiert,1472596,23561784.html, abgerufen am 16.3.2014

58 Siehe dazu Stephan Hebel: »Die Linke spielt die nationale Karte«, *Frankfurter Rundschau online*, 1.7.2013, http://www.fr-online.de/meinung/kommentar-zu-sahra-wagenknecht-die-linke-spielt-die-nationale-karte,1472602,23562708.html, abgerufen am 16.3.2014

59 Siehe zum Beispiel Louisa Schneider: »Die Kornkammer Europas«, *FAZ.net*, 10.3.2014, http://www.faz.net/aktuell/wissen/ukraine-die-kornkammer-europas-12838136.html, abgerufen am 20.3.2014

60 »EU-Kommission unterstützt die Ukraine«, Presseerklärung vom 5.3.2014, http://europa.eu/rapid/press-release_MEMO-14-159_de.htm, abgerufen am 19.7.2014

61 »Letter of Intent« vom 22.4.2014, https://www.imf.org/external/np/loi/2014/ukr/042214.pdf, abgerufen am 19.7.2014, S. 12

62 Siehe zum Beispiel Marlies Uken: »IWF-Kur für die Ukraine«, *Zeit online*, 19.3.2014, http://www.zeit.de/wirtschaft/2014-03/ukraine-eu-iwf-kredite, abgerufen am 23.3.2014

63 Siehe zum Beispiel: »Nato will Waffen an Ukraine liefern«, N24 online, 3.6.2014, http://www.n24.de/n24/Nachrichten/Politik/d/4849798/nato-will-waffen-an-die-ukraine-liefern.html, abgerufen am 21.6.2014

64 Rede im Bundestag am 20.3.2014, http://dip21.bundestag.de/dip21/btp/18/18023.pdf, S. 1761, abgerufen am 21.3.2014

65 Ebd.

66 Siehe zum Beispiel Thomas Gutschker: »Die Ukraine gehört in die Nato«, *FAZ online*, 15.3.2014, http://www.faz.net/aktuell/politik/krim-krise-die-ukraine-gehoert-in-die-nato-12848515.html, abgerufen am 1.6.2014

67 Siehe zum Beispiel »Steinmeier lehnt Nato-Beitritt der Ukraine ab«, *Spiegel online*, 1.4.2014, http://www.spiegel.de/politik/deutschland/ukraine-steinmeier-gegen-nato-beitritt-a-961900.html, abgerufen am 1.6.2014

68 »Deutsche Ukraine-Politik ist ein Desaster«, Interview auf n-tv.de, 13.3.2014, http://www.n-tv.de/politik/Deutsche-Ukraine-Politik-ist-ein-Desaster-ar ticle12448881.html, abgerufen am 21.3.2014

69 So berichtete selbst die parteinahe Zeitung *Neues Deutschland* nach einer klärenden Fraktionssitzung: »Doch nicht alle Streitpunkte sind ausgeräumt. So meinte Parteivize Sahra Wagenknecht am Mittwoch, man müsse das Ergebnis des Referendums auf der Krim akzeptieren. Gysi ging auf diese Frage in seiner Rede erst gar nicht ein. Stattdessen sagte er, dass eine mögliche Abtrennung der Krim völkerrechtswidrig sei.« Fabian Lambeck: »Keine Krim-Krise bei der Linkspartei«, *Neues Deutschland online*, 14.3.2014, http://www.neues-deutschland. de/artikel/926888.keine-krim-krise-bei-der-linkspartei.html?sstr=liebich, abgerufen am 23.3.2014

70 Rede auf dem Parteitag in Dresden am 13.11.2009, http://www.sigmar-gabriel.de/ spd-webapp/servlet/elementblob/454601/content, S. 5 f., abgerufen am 24.3.2014

71 Siehe dazu zum Beispiel Matthias Meisner: »Linke reagiert mit Ehrenkodex auf Streit um Kipping«, *Tagesspiegel online*, 13.6.2014, http://www.tagesspiegel. de/politik/nach-no-go-papier-linke-reagiert-mit-ehrenkodex-auf-streit-um-kipping/10039040.html, abgerufen am 21.6.2014

72 Homepage von Sevim Dağdelen, http://www.sevimdagdelen.de/de/ar ticle/3633.gegen_die_verharmlosung_von_neofaschisten.html, abgerufen am 21.6.2014

73 Zitiert nach: »Linken-Spitze distanziert sich von Bundestagsabgeordneter«, *Zeit online*, 5.6.2014, http://www.zeit.de/politik/deutschland/2014-06/dagdelen-linke-distanzierung, abgerufen am 21.6.2014

74 Julian Heißler: »Von der Zukunft abgewandt«, a.a.O.

75 Matthias Meisner: »Wie Gregor Gysi sich um eine rot-rote Annäherung bemüht«, *Tagesspiegel online*, 28.2.2014, http://www.tagesspiegel.de/politik/ projekt-2017-wie-gregor-gysi-sich-um-eine-rot-rote-annaeherung-bemu eht/9554336.html, abgerufen am 23.3.2014. Allerdings sorgte auch hier die Ukraine-Krise für einen Rückschlag: Die »Netzwerker« der SPD nahmen eine Einladung an Gregor Gysi im März 2014 zurück. Siehe dazu zum Beispiel André Bochow: »Rot-Rot-Grün in der Abkühlphase«, *Märkische Oderzeitung online*, 18.3.2014, http://www.moz.de/nachrichten/deutschland/artikel-ansicht/ dg/0/1/1258448/, abgerufen am 23.3.2014

76 Albrecht Müller: *Der falsche Präsident*, Frankfurt a. M. 2012

77 Als Gauck elf Jahre alt war, verschleppten die Sowjets 1951 seinen Vater und sperrten ihn wegen angeblicher Spionage und »antisowjetischer Hetze« in sibirische Lagerhaft, aus der er erst 1955 zurückkehrte. Siehe zum Beispiel »Apostel der Freiheit«, *Der Spiegel*, 19.3.2012, http://www.spiegel.de/spiegel/print/ d-84430179.html, abgerufen am 5.3.2014

78 Siehe dazu Stephan Hebel: »Ein Antiautoritärer«, *Frankfurter Rundschau online*, 23.2.2012, http://www.fr-online.de/gauck-folgt-wulff/gauck-als-bundespra esident-ein-antiautoritaerer,11460760,11695900.html, abgerufen am 4.3.2014

79 »Warum überlassen wir den Stolz den Bekloppten?«, *Süddeutsche Zeitung online*, 20.2.2012, http://www.sueddeutsche.de/politik/interview-mit-joachim-gauck-warum-ueberlassen-wir-den-stolz-den-bekloppten-1.1006716, abgerufen am 5.3.2014

80 Ebd.

81 Rede nach der Vereidigung zum Bundespräsidenten im Deutschen Bundestag, 23.3.2012, http://www.bundespraesident.de/SharedDocs/Reden/DE/Joachim -Gauck/Reden/2012/03/120323-Vereidigung-des-Bundespraesidenten.html, abgerufen am 5.3.2014

82 Ebd.

83 Jakob Augstein: »Im Zweifel links: Der Einmischer«, *Spiegel online*, 9.7.2012, http://www.spiegel.de/politik/deutschland/bundespraesident-gauck-mischt-sich-in-die-politik-ein-a-843327.html, abgerufen am 5.3.2014

84 Interview mit der *Zeit*, 31. Mai 2012, online hier: http://www.bundespraesident.de/SharedDocs/Reden/DE/Joachim-Gauck/Interviews/2012/05/120531-Zeit-Interview.html, abgerufen am 6.3.2014. Siehe dazu Stephan Hebel: »Gauck in der Falle«, *Frankfurter Rundschau online*, 4.6.2012, http://www.fr-online.de/kultur/islam-muslime-gauck-gauck-in-der-falle,147 2786,16299874.html, abgerufen am 6.3.2014: »Gaucks Satz ›Die Muslime, die hier leben, gehören zu Deutschland‹ verstößt natürlich nicht an sich gegen das Ideal von Freiheit und Gleichheit. Doch die Falle, in die er jetzt lief, besteht in der Relativierung der Freiheit: Er trennt ›die Muslime‹, denen er die Zugehörigkeit zugesteht, von ›dem Islam‹, ihrer Religion. (…) Wulff bewegte sich auf einer anderen Ebene. Ihm ging es um die kulturelle Beschaffenheit der Gesellschaft. Er sagte nicht ›Die Christen gehören zu Deutschland, die Juden gehören zu Deutschland und die Muslime gehören auch zu Deutschland‹, sondern: ›Das Christentum gehört zweifelsfrei zu Deutschland. Das Judentum gehört zweifelsfrei zu Deutschland. Das ist unsere christlich-jüdische Geschichte. Aber der Islam gehört inzwischen auch zu Deutschland.‹ Dieser Satz holte den Islam aus dem Hinterhof. Er gestand ihm zu, was wir auch anderen Bekenntnissen zugestehen: Präsenz und Prägewirkung im öffentlichen Raum. Er beschrieb damit mehr als die Toleranz gegenüber individuellen Vorlieben in Glaubensfragen. Er beschrieb Zuwanderung in ihren politischen Folgen, vor allem: Er akzeptierte sie. Erst durch Anerkennung ihrer gemeinsamen Glaubens-Identität vermittelte er den Muslimen das Gefühl individueller Akzeptanz. Das Bekenntnis, Muslime (als Individuen) gehörten zu Deutschland, ist demgegenüber so folgenlos wie richtig, es sei denn, es entspränge einem radikalen Säkularismus. Der aber müsste alle Bekenntnisse, auch das christliche und das jüdische, zur Privatsache erklären und etwa von steuerlichen Privilegien entbinden. Das hat Pfarrer Gauck eher nicht gemeint. Seine Worte schließen speziell den Islam aus den Räumen der Gleichberechtigung wieder aus, die Wulff ihm eröffnet hat.«

85 So der Titel seiner Kolumne auf *Spiegel online*

86 Augstein, a.a.O. Das Zitat zu Angela Merkel stammt aus einem Interview mit dem ZDF vom 8.7.2012, http://www.bundespraesident.de/SharedDocs/Reden/DE/Joachim-Gauck/Interviews/2012/07/120708-ZDF.html, abgerufen am 6.3.2014

87 Augstein, a.a.O.

88 »Festveranstaltung zum 60. Jubiläum des Walter Eucken Instituts« am 16. Januar 2014, http://www.bundespraesident.de/SharedDocs/Reden/DE/Joachim-Gauck/Reden/2014/01/140116-Walter-Eucken_Institut.html, abgerufen am 6.3.2014. Dort finden sich auch die folgenden Zitate aus der Rede.

89 Rede zur »Eröffnung der 50. Münchner Sicherheitskonferenz« am 31. Januar 2014, http://www.bundespraesident.de/SharedDocs/Reden/DE/Joachim-Gauck/Reden/2014/01/140131-Muenchner-Sicherheitskonferenz.html, abgerufen am 6.3.2014. Dort auch alle folgenden Zitate aus der Rede.

90 Rede zur »Verleihung des Transatlantic Partnership Award« in Berlin am 28. Januar 2014, http://www.bundespraesident.de/SharedDocs/Reden/DE/Joachim-Gauck/Reden/2014/01/140128-Am-Cham-Verleihung.html. Mehr zum transatlantischen Freihandelsabkommen auf den Seiten 197 ff.

91 »Rede im Bundestag: Steinmeier wirbt für aktive Außenpolitik«, *Spiegel online*, 29.1.2014, http://www.spiegel.de/politik/deutschland/steinmeier-wirbt-fuer-aktive-aussenpolitik-a-946262.html, abgerufen am 7.3.2014

92 Siehe ebd. Es verwundert nicht, dass die Verteidigungsministerin wenig später auch der Aufrüstung der Bundeswehr mit »bewaffnungsfähigen« Drohnen das Wort redete. Siehe ihre Rede im Deutschen Bundestag, Protokoll der Sitzung vom 2.7.2014, http://dip21.bundestag.de/dip21/btp/18/18045.pdf, Seiten 4054 f. › abgerufen am 19.7.2014

93 Rede zur »Eröffnung der 50. Münchner Sicherheitskonferenz« am 31. Januar 2014, http://www.bundespraesident.de/SharedDocs/Reden/DE/Joachim-Gauck/Reden/2014/01/140131-Muenchner-Sicherheitskonferenz.html. Hier auch alle weiteren Zitate aus der Rede.

94 »Wir brauchen ein Konzept von der Freiheit Europas«, Interview im Deutschlandfunk am 27.6.2014, http://www.deutschlandfunk.de/100-jahre-attentat-von-sarajewo-wir-brauchen-ein-konzept.694.de.html?dram:article_id=290243, abgerufen am 19.7.2014

95 »Fördern und fordern in Athen«, Tagesschau.de, 9.1.2014, abgerufen am 7.3.2014. Mehr zur Europapolitik im folgenden Kapitel, Seiten 130 ff.

96 »Rede im Akropolis-Museum in Athen« am 6.3.2014, http://www.bundespra esident.de/SharedDocs/Reden/DE/Joachim-Gauck/Reden/2014/03/140306-Akropolis-Museum-Athen.html, abgerufen am 7.3.2014

97 http://www.spiegel.de/politik/ausland/gauck-macht-griechen-mut-zu-weite ren-reformen-a-957150.html, abgerufen am 7.3.2014

98 http://www.sueddeutsche.de/politik/bundespraesident-gauck-in-griechen land-gekommen-um-mut-zu-machen-1.1906369, abgerufen am 7.3.2014

99 http://www.focus.de/politik/ausland/bundespraesident-staatsbesuch-in-zei ten-der-krise-gauck-in-griechenland_id_3663690.html, abgerufen am 7.3.2014

100 http://www.fr-online.de/politik/gauck-macht-griechen-mut-zu-weiteren-re formen,1472596,26473572.html, abgerufen am 7.3.2014

101 Rede im Akropolis-Museum, a.a.O.

102 »Weihnachtsansprache 2013«, http://www.bundespraesident.de/SharedDocs/ Reden/DE/Joachim-Gauck/Reden/2013/12/131225-Weihnachtsanspra che-2013.html, abgerufen am 7.3.2013

103 Rede beim Berliner Symposium für Flüchtlingsschutz am 30.6.2014, http:// www.bundespraesident.de/SharedDocs/Reden/DE/Joachim-Gauck/ Reden/2014/06/140630-Fluechtlingsschutz.html;jsessionid=6414CDB1FA86 6BE49D0DE1A4315C6137.2_cid285, abgerufen am 20.7.2014

104 »Einbürgerungsfeier anlässlich 65 Jahre Grundgesetz«, 22.5.2014 im Schloss Bellevue, http://www.bundespraesident.de/SharedDocs/Reden/DE/Joachim-Gauck/Reden/2014/05/140522-Einbuergerung-Integration.html, abgerufen am 31.5.2014

105 Ebd.

106 Siehe Stephan Hebel, *Mutter Blamage*, a.a.O., S. 10 ff.

Verschnarcht: Politik des Stillstands

1 Merkel: »Große Koalition, um große Aufgaben zu meistern«, Beitrag auf der Homepage der CDU, 27.11.2013, http://www.cdu.de/artikel/merkel-grosse-koalition-um-grosse-aufgaben-zu-meistern, abgerufen am 3.4.2014

2 Ausführlich dazu Stephan Hebel: *Mutter Blamage*, a.a.O.

3 Siehe zum Beispiel: »Deutsche wollen Mindestlohn und höhere Spitzensteuer«, *Spiegel online*, 18.10.2013, http://www.spiegel.de/politik/deutschland/koaliti onsgespraeche-deutsche-fuer-mindestlohn-und-hoehere-spitzensteuer -a-928587.html, abgerufen am 8.7.2014

4 »Wir werden Steuern sogar erhöhen müssen. Nicht alle Steuern für alle, aber einige Steuern für wenige. Denn in unserem Land gibt es eine neue soziale

Frage: Wie kommen wir wieder zu einer fairen Verteilung der Lasten für unser Gemeinwohl? Nie waren wenige Menschen in Deutschland wohlhabender, und nie haben sie geringere Beiträge zum Gemeinwohl tragen müssen. Noch nie war die Schere zwischen arm und reich so groß wie in diesen Zeiten. Noch nie mussten Vermögende der Gesellschaft, die ihnen den Reichtum ermöglicht hat, so wenig zurückgeben wie heute. Das muss sich ändern.« Aus: »Das Wir entscheidet. Regierungsprogramm 2013 bis 2017«, a.a.O., S. 12

5 Marie Katharina Wagner: »Deutschland blüht«, *Frankfurter Allgemeine Sonntagszeitung*, 1.6.2014

6 Arbeitsgruppe Alternative Wirtschaftspolitik: *Memorandum 2014. Kein Aufbruch – Wirtschaftspolitik auf alten Pfaden*, Köln 2014, S. 20 f.

7 Ebd.

8 Silke Wettach/Malte Fischer: »Kampfansage der Schulden-Schlendriane«, *Wirtschaftswoche online*, 1.7.2014, http://www.wiwo.de/politik/europa/euro-stabilitaetspakt-kampfansage-der-schulden-schlendriane/10113326.html, abgerufen am 1.7.2014. Dass die Südstaaten pauschal als »Schlendriane« diffamiert werden, statt auf die komplexen Ursachen ihrer Verschuldung einzugehen, gehört zum täglichen Geschäft dieser »kritischen« Medien.

9 Ebd.

10 »Merkel moderiert Gabriels Vorstoß ab«, *Zeit online*, 18.6.2014, http://www.zeit.de/wirtschaft/2014-06/eu-stabilitaetspakt-merkel-gabriel-krisenstaaten, abgerufen am 1.7.2014

11 Siehe Michael Stabenow: »EU-Parlament wählt mit großer Mehrheit Juncker«, *FAZ online*, 15.7.2014, http://www.faz.net/aktuell/politik/europaeische-union/kommissionspraesident-eu-parlament-waehlt-mit-grosser-mehrheit-juncker-13046611.html, abgerufen am 20.7.2014

12 Arbeitsgruppe Alternative Wirtschaftspolitik, a.a.O., S. 115 f.

13 Simone Peter: »EU braucht Investitionen«, *Die Welt online*, 30.6.2014, http://www.welt.de/print/die_welt/debatte/article129601146/EU-braucht-Investitionen.html, abgerufen am 1.7.2014

14 »Haben die Konzerne die Schwellenländer überschätzt?«, *Die Welt online*, 30.6.2014, http://www.welt.de/wirtschaft/article129595791/Haben-die-Konzerne-die-Schwellenlaender-ueberschaetzt.html, abgerufen am 1.7.2014

15 Ebd.

16 Arbeitsgruppe Alternative Wirtschaftspolitik, a.a.O., S. 17

17 Siehe dazu zum Beispiel: »Investoren reißen sich um griechische Anleihen«, *Zeit online*, 10.4.2014, http://www.zeit.de/wirtschaft/2014-04/griechenland-staatsanleihe-emission-kapitalmarkt, abgerufen am 1.7.2014

18 Rudolf Hickel: »Zu Tode gerettet«, *Frankfurter Rundschau*, 7.7.2014, online unter http://www.fr-online.de/meinung/gastbeirag-zu-tode-gerettet,1472602,27730506.html, abgerufen am 8.7.2014

19 Ebd.

20 Ebd.

21 »So forderte der Internationale Währungsfonds (IWF) in seinem jüngsten Deutschland-Gutachten zusätzliche Investitionsausgaben in Höhe von 0,5 Prozent der Wirtschaftsleistung. Dies (…) würde zu einem dauerhaften Anstieg der Wirtschaftsleistung führen, von der auch die gesamte Euro-Zone profitieren könnte.« Stephan Kaufmann: »Europa fährt auf Verschleiß«, *Frankfurter Rundschau*, 22.5.2014, S. 16

22 »Das Wir entscheidet«, a.a.O., S. 67

23 Siehe Bundesministerium der Finanzen: »Grenzbelastung nach Tarifen 1958 bis 2014«, https://www.bmf-steuerrechner.de/uebersicht_ekst/tarifhist_grenzb_gt.pdf, abgerufen am 19.5.2014. Hier und im Folgenden werden der Einfachheit halber jeweils die Tabellen für Ledige herangezogen.

24 Ebd.

25 Um Missverständnissen vorzubeugen, muss hier an die oft unterschlagene Definition der Spitzen- beziehungsweise Grenzsteuersätze erinnert werden: Jeder Steuerzahler zahlt auf die ersten 8354 Euro seines Jahreseinkommens (das ist das gesetzlich definierte Existenzminimum) keinen Cent Steuern. Erst für Einkünfte, die darüber liegen, sind Steuern zu entrichten, beginnend mit dem Eingangssatz von 14 Prozent. Das gilt natürlich auch am oberen Ende: Den Spitzen- oder Grenzsteuersatz von heute 42 Prozent zahlt niemand auf sein gesamtes Einkommen. Er gilt nur für den Teil der Einkünfte, die über 120000 Euro hinausgehen. Wer 120000 Euro im Jahr versteuert, zahlt auf sein gesamtes Einkommen insgesamt 42161 Euro steuern, das sind 35,1 Prozent. Nur der Teil eines Einkommen, der zwischen 120000 und gut 250000 Euro liegt, wird mit 42 Prozent belastet, darüber hinaus gilt seit 2007 die »Reichensteuer« von 45 Prozent. Siehe dazu Bundesministerium der Finanzen: Einkommensteuerbelastung nach Tarifen 1958 bis 2014, https://www.bmf-steuerrechner.de/ueber sicht_ekst/tarifhist_estbel_gt.pdf, abgerufen am 19.5.2014, und Wikipedia: Reichensteuer, http://de.wikipedia.org/wiki/Reichensteuer, abgerufen am 19.5.2014

26 Eine ausführlichere und leicht verständliche Begriffserklärung findet sich bei Wikipedia im Artikel »Kalte Progression«: http://de.wikipedia.org/wiki/Kalte_ Progression, abgerufen am 29.4.2014. Anschauliche Beispiele liefert Martin Hock: »So trifft Sie die ›kalte Progression‹«, *FAZ online*, 28.4.2014, http://www. faz.net/aktuell/finanzen/meine-finanzen/steuern-sparen/nachrichten/ein kommensteuer-so-trifft-sie-die-kalte-progression-12913906.html, abgerufen am 29.4.2014

27 »Steuereinnahmen so hoch wie nie«, *Süddeutsche Zeitung online*, 31.3.2014, http://www.sueddeutsche.de/wirtschaft/steuereinnahmen-deutsche-zahlen- so-viele-steuern-wie-nie-1.1876425, abgerufen am 29.4.2014

28 Katja Rietzler, Dieter Teichmann, Achim Truger: »IMK-Steuerschätzung 2014- 2018«, IMK-Report 93, April 2014, http://www.boeckler.de/pdf/p_imk_re port_93_2014.pdf, abgerufen am 29.4.2014, S. 2 ff.

29 A.a.O., S. 10

30 A.a.O., S. 11

31 Protokoll der Sitzung vom 9.4.2014, http://dip21.bundestag.de/dip21/ btp/18/18029.pdf, S. 2335, abgerufen am 22.4.2014

32 Protokoll vom 9.4.2014, a.a.O., S. 2339

33 »Oppermann hebt seine Hände schon zum Beifall. Dann bremst er gerade noch rechtzeitig erschrocken ab: Genau diese Steuererhöhungen hatte seine Partei im Wahlkampf gefordert«, berichtete die *Frankfurter Rundschau*. Karl Doemens: »Raus aus der Gefahrenzone«, *Frankfurter Rundschau online*, 11.4.2014, http:// www.fr-online.de/politik/thomas-oppermann-raus-aus-der-gefahren zone,1472596,26818904.html, abgerufen am 22.4.2014

34 https://www.facebook.com/sigmar.gabriel/posts/774390132593711, abgeru fen am 29.4.2014

35 Allerdings verschwand das Thema »kalte Progression« so schnell wieder aus der politischen Debatte, wie es dort aufgetaucht war.

36 Die Kosten ihres »Rentenpakets« (Mütterrente, Rente mit 63 bei 45 Beitragsjah ren, Verbesserungen bei der Erwerbsminderungsrente) für die Jahre 2014 bis 2030 bezifferte die Bundesregierung auf knapp 160 Milliarden Euro. Siehe den Gesetzentwurf vom 25.3.2014, Bundestags-Drucksache 18/909, http://dip21. bundestag.de/dip21/btd/18/009/1800909.pdf, abgerufen am 26.5.2014, S. 3. Zur Finanzierung war bereits zum Jahreswechsel auf die geplante Senkung der Rentenbeiträge von 18,9 auf 18,3 Prozent verzichtet worden. A.a.O., S. 17

37 Hier blockierte allerdings die Union noch Monate später, indem sie Veränderungen des Entwurfes verlangte. Offensichtlich mit dem Ziel, den Ländern enge Vorgaben zu machen, um in möglichst wenigen Gebieten die Mieterhöhungen zu begrenzen. Siehe dazu zum Beispiel das Interview mit dem CDU-Abgeordneten Jan-Marco Luczak:»Mietpreisbremse wirkt nur kurzfristig«, Deutschlandfunk, 10.7.2014, http://www.deutschlandfunk.de/wohnungsbau-mietpreis bremse-wirkt-nur-kurzfristig.694.de.html?dram:article_id=291346, abgerufen am 10.7.2014. Wie weit der allseits für notwendig erachtete Wohnungsneubau gefördert und ob dabei ein Schwergewicht auf Sozialwohnungen gelegt werden wird, stand gut ein halbes Jahr nach dem Start der großen Koalition noch in den Sternen. Die zuständige Bauministerin Barbara Hendricks (SPD) gründete erst einmal einen neuen Diskussionszirkel. Siehe »Hendricks fordert jährlich 250.000 neue Wohnungen«, *Handelsblatt online*, 10.7.2014, http://www.handelsblatt. com/politik/deutschland/bundesbauministerin-hendricks-fordert-jaehrlich-250-000-neue-wohnungen/10179872.html, abgerufen am 10.7.2014

38 Daniela Vates:»Große Koalition feiert 100 Tage«, *Kölner Stadt-Anzeiger online*, 26.3.2014, http://www.ksta.de/politik/-jubilaeum-mit-wermutstropfen-grosse -koalition-feiert-100-tage,15187246,26659928.html, abgerufen am 3.4.2014

39 »Das Wir entscheidet«, a.a.O., S. 72

40 Zu den Themen, die die SPD im Wahlprogramm aussparte, gehörte zum Beispiel die problematische Teilprivatisierung der Altersvorsorge (»Riester«). Davon, diese Entscheidung ganz oder wenigstens teilweise zu revidieren, war nicht die Rede.

41 Siehe zum Schweizer Rentenmodell zum Beispiel Timot Szent-Ivanyi:»Deutschland blickt mit Neid auf die Schweiz«, *Frankfurter Rundschau online*, 4.9.2012, http://www.fr-online.de/arbeit---soziales/rente-deutschland-blickt-mit-neid-auf-die-schweiz,1473632,17045838.html, abgerufen am 22.6.2014

42 Bundeszentrale für politische Bildung:»Sozialversicherungspflichtig Beschäftigte«, 1.7.2013, http://www.bpb.de/nachschlagen/zahlen-und-fakten/sozi ale-situation-in-deutschland/61702/sozialversicherungspflichtig-beschaef tigte, abgerufen am 4.4.2014

43 Statistisches Bundesamt: Statistisches Jahrbuch 2013, Seite 339, https://www. destatis.de/DE/Publikationen/StatistischesJahrbuch/Arbeitsmarkt.pdf?__ blob=publicationFile, abgerufen am 4.4.2014

44 Im Westen steigerte sich der Anteil der sozialversicherungspflichtig Beschäftigten zwischen 2005 und 2012 von 66,7 auf 68,9 Prozent, im Osten von 69,3 auf 72,1 Prozent. Die Zahlen aus den frühen neunziger Jahren wurden also zumindest bis dahin nicht wieder erreicht. Siehe Bundeszentrale für politische Bildung, a.a.O.

45 Thorsten Kalina und Claudia Weinkopf:»Niedriglohnbeschäftigung 2010«, IAQ-Report 2012/01, http://www.iaq.uni-due.de/iaq-report/2012/report2012 -01.pdf, abgerufen am 10.4.2014, S. 6

46 Ebd., S. 5

47 Ferdinand Fichtner, Simon Junker, Carsten Schwäbe:»Die Einkommensverteilung: Eine wichtige Größe für die Konjunkturprognose«, *DIW-Wochenbericht* 22.2012, http://www.diw.de/documents/publikationen/73/diw_01.c.401472. de/12-22-1.pdf, S. 4

48 »Lebenslagen in Deutschland – der vierte Armuts- und Reichtumsbericht der Bundesregierung«, Stand: März 2013, http://www.bmas.de/SharedDocs/ Downloads/DE/PDF-Publikationen-DinA4/a334-4-armuts-reichtumsbe richt-2013.pdf;jsessionid=26E73DB1A69AC2D4429F2C0C724350DB?__ blob=publicationFile, S. 334, abgerufen am 22.6.2014

49 Ebd.

50 Die Beitragsbemessungsgrenzen betragen für das Jahr 2014 in der gesetzlichen Rentenversicherung 5950 Euro in West- und 5000 Euro in Ostdeutschland. Die einheitliche Grenze in der gesetzlichen Krankenversicherung liegt bei 4050 Euro im Monat (siehe hierzu die Homepage der Bundesregierung, Information vom 29.11.2013, http://www.bundesregierung.de/ContentArchiv/DE/Ar chiv17/Artikel/2013/10/2013-10-16-rechengroessen-sozialversicherung.html, abgerufen am 17.4.2014). Wer also zum Beispiel 10000 Euro im Monat verdient, zahlt nur so viel Rentenbeitrag, als läge sein Einkommen bei 5950 Euro (West-deutschland), selbst wenn sich sein Gehalt im Lauf des Jahres erhöht.

51 Im Jahr 2012 erzielten die Sozialversicherungen wegen der »positiven Lohn- und Beschäftigungsentwicklung« ein Plus von 15,8 Milliarden Euro. Siehe dazu: »Alle Sozialversicherungen im Plus«, tagesschau.de, 12.4.2013, http://www.tagesschau.de/inland/sozialversicherung110.html, abgerufen am 17.4.2014. Schon damals prognostizierte die Deutsche Bundesbank allerdings wegen der schlechteren konjunkturellen Lage sowie der Senkung von Beiträgen und Bundeszuschüssen ein Schrumpfen des Überschusses, das dann auch ein-trat. Statistisches Bundesamt:»Sozialversicherung im Jahr 2013 mit 4,6 Milliar-den Euro Überschuss«, Pressemitteilung vom 10.4.2014, https://www.destatis. de/DE/PresseService/Presse/Pressemitteilungen/2014/04/PD14_133_71135. html, abgerufen am 17.4.2014. Für die Jahre bis 2018 rechnet die Bundesregie-rung mit Defiziten und einem Abschmelzen der vorhandenen Rücklagen. Siehe »Sozialkassen steuern wieder auf Minus zu«, *Focus online*, 8.4.2014, http:// www.focus.de/finanzen/news/wirtschaftsticker/stabilitaetsprogramm-sozial kassen-steuern-wieder-auf-minus-zu_id_3753169.html, abgerufen am 17.4.2014.

52 Zitiert nach Eva Roth: »Gerhard Schröder lag falsch«, *Frankfurter Rundschau online*, 25.7.2013, http://www.fr-online.de/arbeit---soziales/neue-studie-zum-niedriglohnsektor-gerhard-schroeder-lag-falsch,1473632,23826060.html, ab-gerufen am 10.4.2014

53 Thomas Rhein: »Deutsche Geringverdiener im europäischen Vergleich«, IAB-Kurzbericht 15/2013, http://doku.iab.de/kurzber/2013/kb1513.pdf, abgerufen am 10.4.2014, S. 3. Leicht unterschiedliche Angaben zum Anteil des Nied-riglohnsektors erklären sich teils aus unterschiedlichen Stichtagen, teils auch aus abweichenden Berechnungsmethoden. Allerdings sind sich alle Studien ei-nig, dass dieser Anteil zwischen einem Viertel und einem Fünftel liegt.

54 A.a.O., S. 9

55 So stellte der Paritätische Wohlfahrtsverband, in dem zahlreiche sozialpoliti-sche Organisationen zusammenarbeiten, in seiner Stellungnahme zum Koaliti-onsvertrag fest:»Zu einer notwendigen Neubemessung der Regelsätze, der Wie-dereinführung einmaliger Leistungen und zusätzlichen Leistungen für regelmäßig wiederkehrende, aber nicht typische Bedarfe in der Grundsiche-rung findet sich im gesamten Koalitionsvertrag nichts.« Siehe »Zusammenfas-sung und Bewertung der Koalitionsvereinbarung zwischen CDU/CSU und SPD vom 27.11.2013«, http://www.bag-sb.de/uploads/tx_inhalt/Paritaet_Bewer-tung.pdf, abgerufen am 31.5.2014, S. 22. Der Verband hält eine Erhöhung des Regelsatzes von 391 auf mindestens 464 Euro für notwendig, »um die Men-schen wirksam vor Armut zu schützen«. Presseerklärung vom 23.4.2014, http://www.der-paritaetische.de/pressebereich/artikel/news/hartz-iv-re form-paritaetischer-kritisiert-reformvorschlaege-als-menschenfern/?layout= mtmmajxsxfbgged&cHash=5f02d9d2c8f5d2f4e6070d7a53dd377c, abgerufen am 31.5.2014

56 Zum Jahresende 2013 belief sich die Zahl auf 1,87 Millionen Personen. Siehe zum Beispiel Bundesagentur für Arbeit:»Monatsbericht April 2014«, http://sta tistik.arbeitsagentur.de/Statischer-Content/Arbeitsmarktberichte/Monatsbe

richt-Arbeits-Ausbildungsmarkt-Deutschland/Monatsberichte/Generische-Pu blikationen/Monatsbericht-201404.pdf, abgerufen am 25.5.2014, S. 23

57 Siehe Seite 143 f.

58 »Das Wir entscheidet«, a.a.O., Seite 81

59 Die neue »Rente mit 63« soll mit der Zeit, parallel zur Erhöhung des gesetzlichen Rentenalters auf 67 Jahre, zur »Rente mit 65« werden. Auch so bleibt allerdings der »Vorsprung« von zwei Jahren für die Begünstigten erhalten.

60 Paritätischer Gesamtverband, a.a.O., S. 4

61 »Deutschlands Zukunft gestalten«, Koalitionsvertrag vom 14.12.2013, https://www.cdu.de/sites/default/files/media/dokumente/koalitionsvertrag.pdf, S. 52, abgerufen am 16.5.2014

62 Koalitionsvertrag, a.a.O.

63 So hieß es zum Beispiel in einer Stellungnahme des »Sozialverbands Deutschland« (SoVD) vom April 2012: »Um den massiven Einbruch bei den Zahlbeträgen der Erwerbsminderungsrenten zu beseitigen, müssen die systemwidrigen Abschläge wieder abgeschafft werden. Ferner muss die Zurechnungszeit schneller und um drei Jahre auf das 63. Lebensjahr angehoben werden.« Stellungnahme vom 10.4.2012, http://www.sovd.de/fileadmin/downloads/pdf/stellungnahmen/2012-04-11-SoVD_Stellungnahme_zum_RV-Lebensleistungs anerkennungsgesetz.pdf, S. 8 f., abgerufen am 16.5.2014

64 Wer also drei Jahre vor dem gesetzlichen Rentenalter in Ruhestand geht – das ist die gesetzliche Obergrenze –, erhält lebenslang 10,8 Prozent weniger Rente.

65 Stefan Thissen: »Zurechnungszeit: Bonus für Frührentner«, Stand: 12.5.2012, https://www.ihre-vorsorge.de/kompakt/grafiken-der-woche/bonus-fuer-fru ehrentner.html, abgerufen am 16.5.2014

66 Entwurf eines Gesetzes zur Anerkennung der Lebensleistung in der Rentenversicherung (RV-Lebensleistungsanerkennungsgesetz), Stand: 22.3.2012, S. 27, nachzulesen auf http://www.sozialpolitik-aktuell.de/tl_files/sozialpolitik-ak tuell/_Kontrovers/Rente67/Referentenentwurf%2022-3-2012%20RV-Lebens leistungsanerkennungsgesetz.pdf, abgerufen am 16.5.2014

67 Siehe zum Beispiel »Viele Selbständige verdienen nicht einmal den Mindestlohn«, Zeit online, 7.1.2014, http://www.zeit.de/wirtschaft/2014-01/infogra fik-einkommen-selbststaendige, abgerufen am 18.5.2014. Den dortigen Angaben zufolge kamen die untersten zehn Prozent der selbständigen Einkommensbezieher auf gerade einmal 500 Euro netto im Monat, halb so viel wie das untere Zehntel der Angestellte – bei Vollzeitarbeit.

68 Marc Amlinger, Reinhard Bispinck und Thorsten Schulten: »Niedriglohnsektor: Jeder Dritte ohne Mindestlohn?«, WSI Report 12/Januar 2014, S. 2

69 Siehe https://www.mindestlohn.de/hintergrund/lexikon/armutslohn/, abgerufen am 22.6.2014

70 Ebd.

71 Siehe zum Beispiel Deutsches Institut für Wirtschaftsforschung: »Niedriglohn«, http://www.diw.de/de/diw_01.c.433582.de/presse/diw_glossar/niedriglohn.html, abgerufen am 23.7.2014

72 Statistisches Bundesamt: Presseerklärung vom 10.9.2012, https://www.desta tis.de/DE/PresseService/Presse/Pressekonferenzen/2012/niedriglohn/pm_ niedriglohn_PDF.pdf?__blob=publicationFile, abgerufen am 22.6.2014

73 »Der Mindestlohn kommt«, Flugblatt des SPD-Parteivorstands vom 28.4.2014, http://www.spd.de/scalableImageBlob/118552/data/20140403_fb_mindest lohn-data.pdf, abgerufen am 18.5.2014

74 Koalitionsvertrag, a.a.O., S. 49

75 Ebd.

76 Arnold Bug: »Ausnahmen von einem gesetzlichen Mindestlohn für einzelne Arbeitnehmergruppen aus verfassungsrechtlicher Sicht«, Wissenschaftliche Dienste des Deutschen Bundestages, WD 6-3000-002/14 vom 13.1.2014, S. 10

77 Deutscher Bundestag: »Beschlussempfehlung und Bericht des Ausschusses für Arbeit und Soziales«, 2.7.2014, http://dip21.bundestag.de/dip21/btd/18/020/1802010.pdf, abgerufen am 4.7.2014, S. 6

78 Siehe zum Beispiel »Der gesetzliche Mindestlohn und die Übergangsregelungen«, MDR online, 3.7.2014, http://www.mdr.de/nachrichten/hintergrund-mindestlohn100.html, abgerufen am 4.7.2014

79 Amlinger u.a., a.a.O., S. 3

80 Bug, a.a.O., S. 11

81 Ulrich Preis, Daniel Ulber: »Die Verfassungsmäßigkeit des allgemeinen gesetzlichen Mindestlohns«, Gutachten für die Hans-Böckler-Stiftung, Mai 2014, http://www.boeckler.de/pdf/gf_gutachten_preis_2014_04.pdf, abgerufen am 18.5.2014, S. 14

82 »Linke will gegen Altersgrenzen beim Mindestlohn klagen«, *Neue Osnabrücker Zeitung online*, 24.3.2014, http://www.noz.de/deutschland-welt/politik/artikel/461420/linke-will-gegen-altersgrenzen-beim-mindestlohn-klagen-1, abgerufen am 24.7.2014

83 Preis/Ulber, a.a.O., S. 15

84 Siehe dazu den Paragrafen 22 im Gesetzentwurf der Bundesregierung, http://www.bmas.de/SharedDocs/Downloads/DE/PDF-Pressemitteilungen/2014/2013-04-02-gesetzentwurf-tarifpaket-mindestlohn.pdf?__blob=publicationFile, abgerufen am 31.5.2014, S. 16

85 Siehe dazu den ursprünglichen Paragrafen 22 im Gesetzentwurf der Bundesregierung, http://www.bmas.de/SharedDocs/Downloads/DE/PDF-Pressemitteilungen/2014/2013-04-02-gesetzentwurf-tarifpaket-mindestlohn.pdf?__blob=publicationFile, abgerufen am 31.5.2014, S. 16

86 Siehe Beschlussempfehlung, a.a.O., S. 5

87 »SPD rügt Gewerkschaften im Mindestlohn-Streit«, *Spiegel online*, 30.6.2014, http://www.spiegel.de/politik/deutschland/mindestlohn-spd-weist-kritik-der-gewerkschaften-zurueck-a-978184.html, abgerufen am 24.7.2014

88 Stefan Sauer: »Mindestlohn für alle? Von wegen«, *Frankfurter Rundschau*, 18.7.2014

89 »Das Wir entscheidet«, a.a.O., S. 73

90 Siehe zum Beispiel Sabine Rieser: »Kassen schulden Beitragssenkungen«, *Deutsches Ärzteblatt*, 11.3.2005, S. A 629

91 Koalitionsvertrag, a.a.O., S. 59

92 Claus Peter Kosfeld: »Alles bleibt etwas anders«, *Das Parlament*, 12.5.2014, online unter http://www.das-parlament.de/2014/20-21/Innenpolitik/50933064.html, abgerufen am 24.5.2014

93 Deutscher Bundestag, Protokoll der Sitzung vom 9.5.2014, S. 2867f., http://dipbt.bundestag.de/doc/btp/18/18034.pdf, abgerufen am 24.5.2014

94 A.a.O., S. 2868

95 A.a.O., S. 2870

96 A.a.O., S. 2873

97 »Pflegereform kommt am 28. Mai ins Kabinett«, *Rheinische Post online*, 21.5.2014, http://www.rp-online.de/politik/deutschland/pflegereform-kommt-am-28-mai-ins-kabinett-aid-1.4256960, abgerufen am 25.5.2014. Eine gute Übersicht dazu findet sich auch hier: »Gröhe startet Testlauf für die Pflegereform«, *Spiegel online*, 8.4.2014, http://www.spiegel.de/gesundheit/diagnose/pflegereform-groehe-plant-mehr-pflegestufen-a-963289.html, abgerufen am 24.5.2014

98 »Die zehntägige Auszeit für Angehörige, die kurzfristig Zeit für die Organisation einer neuen Pflegesituation benötigen, werden wir aufbauend auf der geltenden gesetzlichen Regelung mit einer Lohnersatzleistung analog Kinderkrankengeld koppeln.« Koalitionsvertrag, a.a.O., S. 60.

99 Kinderlose zahlen zusätzlich zu ihrem Arbeitnehmerbeitrag (dann 1,175 Prozent) einen Zuschlag von 0,25 Prozent. Siehe zum Beispiel die anschauliche Tabelle in: »CDU-Minister Gröhe macht Milliarden für Pflege locker«, nordbayern.de, 28.5.2014, http://www.nordbayern.de/ressorts/schlagzeilen/cdu-minister-gro he-macht-milliarden-fur-pflege-locker-1.3675348, abgerufen am 29.5.2014

100 Paritätische Forschungsstelle: »Modellrechnungen zur Unterfinanzierung der ambulanten Pflege in der Sozialen Pflegeversicherung 1998 bis 2013«, http://www.paritaet-hessen.org/fileadmin/redaktion/Texte/News/Expertise_Unter finanzierung-ambulante_Pflege.pdf, abgerufen am 29.5.2014, S.6 ff.

101 A.a.O., S. 2

102 Timot Szent-Ivanyi: »Mehr Geld für die Pflege«, Berliner Zeitung online, 17.2.2014, http://www.berliner-zeitung.de/wirtschaft/gesundheit-mehr-geld-fuer-die-pflege,10808230,26229708.html, abgerufen am 26.5.2014. Dieser Text bezog sich noch auf eine damals diskutierte Erhöhung um nur drei Prozent. Aber auch die dann beschlossenen vier Prozent gleichen fünf Prozent Inflation natürlich nicht aus.

103 »Das Wir entscheidet«, a.a.O, S. 73

104 Pressemitteilung vom 12.5.2014, http://www.linksfraktion.de/pressemittei lungen/pflege-darf-keine-fliessbandarbeit/, abgerufen am 25.5.2014

105 »Das Wir entscheidet«, a.a.O., S. 36

106 Siehe Umweltinstitut München: »Wird Strom zum Luxusgut?«, http://www.umweltinstitut.org/themen/energie-und-klima/energiewende/wird-strom-zum-luxusgut.html, abgerufen am 29.6.2014

107 Ebd.

108 Siehe Umweltinstitut München e.V.: »Informationen zur EEG-Umlage«, Stand Februar 2014, http://www.umweltinstitut.org/themen/energie-und-klima/energiewende/informationen-zur-eeg-umlage.html, abgerufen am 29.6.2014

109 Siehe dazu Stephan Hebel: Mutter Blamage, a.a.O., S. 90 f.

110 Ebd.

111 Verband der Industriellen Energie- und Kraftwirtschaft: »VIK-Strompreisindex Juni 2014«, http://vik.de/tl_files/downloads/public/strompreisindex/VIK_In dex_Daten_Version1.pdf, abgerufen am 29.6.2014

112 Das sind fünfzehn Branchen, unter anderem in der Metallherstellung und in der Chemieindustrie. Die Liste findet sich unter http://www.dehst.de/SPK/Shared Docs/Downloads/Rechtsgrundlagen/Beihilfeleitlinien-KOM.pdf;jsessionid=D 9D56BE7E65123C860FD76C406E213B4.2_cid284?__blob=publicationFile, abgerufen am 30.6.2014

113 Olav Hohmeyer: »EEG Reloaded 2014«, Zentrum für Nachhaltige Energiesysteme der Universität Flensburg, Mai 2014, http://iim.uni-flensburg.de/fileadmin/ms3/inst/iim/content/download/3_Studium_und_Lehre/EUM_Master/EEG_Reloaded_2014_online_version.pdf, abgerufen am 29.6.2014, S. 31 ff.

114 Siehe Wolfgang Pomrehn: »Steinbrück: Stromsteuer senken und die teuersten Tarife kappen«, Telepolis, 17.8.2013, http://www.heise.de/tp/news/Stein brueck-Stromsteuer-senken-und-die-teuersten-Tarife-kappen-2030047.html, abgerufen am 29.6.2014

115 »Der grüne Energiefahrplan«, Grüne.de, 8.8.2013, http://www.gruene.de/the men/energiewende/der-gruene-energiefahrplan.html, abgerufen am 29.6.2014

116 Die Liste findet sich unter http://dipbt.bundestag.de/doc/btd/18/018/1801891.pdf, abgerufen am 30.6.2014, S. 131 ff.

117 Deutscher Bundestag, Protokoll der Sitzung vom 27.6.2014, http://dipbt.bun destag.de/doc/btp/18/18044.pdf, abgerufen am 30..6.2014, S. 3932

118 A.a.O., S. 3934

119 »Ausschreibungen machen Energiewende teurer«, Energiewende jetzt, 28.5.2014, http://www.energiegenossenschaften-gruenden.de/news.html?&c Hash=76d7b7f66a08754e065f24d18de37c78&tx_ttnews[tt_news]=206, abgerufen am 29.6.2014

120 Eva Hauser u.a.: »Bewertung von Ausschreibungsverfahren als Finanzierungsmodell für Anlagen erneuerbarer Energienutzung«, Studie im Auftrag des Bundesverbandes Erneuerbare Energien, Institut für ZukunftsEnergieSysteme, 19.5.2014, http://www.zfk.de/fileadmin/Redaktion/Bilddatenbank/2014/05 _14/IZES2014-05-20BEE_EE-Ausschreibungen_Endbericht.pdf, abgerufen am 29.6.2014, S. 1

121 Ebd., S. 4

122 Kathrin Hoffmann: »Ausschreibungsmodell ab 2017 – Konsequenzen für den Ausbau der Erneuerbaren«, windwaerts.de, 27.5.2014, http://www.windwa erts.de/de/blog/detail/ausschreibungsmodell-ab-2017-konsequenzen-fuer-den-ausbau-der-erneuerbaren.html, abgerufen am 29.6.2014

123 Frank-Thomas Wenzel: »Ökostrom-Gesetz verabschiedet«, *Frankfurter Rundschau online*, 27.6.2014, online unter http://www.fr-online.de/energie/eeg-re form-oekostrom-gesetz-verabschiedet,1473634,27632470.html, abgerufen am 29.6.2014

124 »Da ist bis jetzt nichts gewesen«, *Frankfurter Rundschau online*, 16.5.2014, http://www.fr-online.de/politik/grosse-koalition--da-ist-bis-jetzt-nichts-gewe sen-,1472596,27153020.html, abgerufen am 24.5.2014

Aufgewacht: Protest und Widerstand

1 Stephan Hebel: »Die ganze Freiheit«, *Frankfurter Rundschau*, 24.5.2014, S. 24 f., online unter http://www.fr-online.de/politik/flughafen-berlin-tempelhof-die-ganze-freiheit,1472596,27224246.html, abgerufen am 18.6.2014

2 Siehe zum Beispiel: »Noch mehr Berliner gegen Bebauung«, *Berliner Zeitung online*, 4.6.2014, http://www.berliner-zeitung.de/tempelhofer-feld/endgueltiges -ergebnis-volksentscheid-noch-mehr-berliner-gegen-bebauung,227 86336,27344934.html, abgerufen am 19.6.2014

3 Zu den »emanzipativen Impulsen« in der postmodernen Gesellschaft siehe ebenfalls die Hinweise auf Seite 39 f.

4 Siehe dazu die offizielle Website des gescheiterten Projekts: http://www.tem pelhoferfreiheit.de/nc/planung-und-entwicklung/planungsgeschichte /?page=1, abgerufen am 20.6.2014

5 Homepage des »Allmende-Kontors«, http://www.allmende-kontor.de/index. php/gemeinschaftsgarten, abgerufen am 19.6.2014

6 Einen guten Überblick dazu bietet Constantin Wißmann: »Urban Gardening – Stadtluft macht Blei«. Der Artikel aus dem Wirtschaftsmagazin *enorm* wurde im Netz auf *Spiegel online* verbreitet: *Spiegel online*, 31.5.2014, http://www.spie gel.de/wirtschaft/urban-gardening-die-versorgung-der-staedte-neu-organisie ren-a-970305.html, abgerufen am 19.6.2014

7 Ein – leider unreflektiertes – Beispiel liefert der bereits zitierte Artikel »Stadtluft macht Blei« (a.a.O.), der unter anderem über das hochoffizielle »Urban Garde- ning« der Stadt Andernach berichtet: »Bestückt mit Nutzpflanzen, erfüllen die Grünflächen gleich mehrere Aufgaben: Die größere Pflanzenvielfalt bewahrt die Biodiversität. Der Bürger bekommt vorgeführt, wie Kartoffeln und Radies- chen wachsen. Und eine soziale Komponente haben die öffentlichen Gemüse-

beete auch: Langzeitarbeitslose pflegen das essbare Grün in Andernach.« Zu welchen Bedingungen und zu welchem Lohn die Langzeitarbeitslosen gärtnern, fragt der Autor nicht. Dabei wäre hier zu fragen, wie damit umzugehen ist, dass der politische Erfolg einer Bürgerbewegung auf die bestehenden (sozialen) Verhältnisse trifft, in diesem Fall den fragwürdigen Umgang mit Arbeitslosen.

8 Sozialgesetzbuch II, Paragrafen 31 und 31a, http://www.gesetze-im-internet. de/bundesrecht/sgb_2/gesamt.pdf, S. 32 f., abgerufen am 20.6.2014

9 Das Video findet sich unter http://vimeo.com/71603296, abgerufen am 20.6.2014

10 Ebd.

11 Inge Hannemann: »Und die Bundesagentur für Arbeit schaut zu!«, »altona bloggt«, 19.2.2013, http://altonabloggt.com/2013/02/19/und-die-bundes-agentur-fur-arbeit-schaut-zu/, abgerufen am 20.6.2014

12 Zitiert nach »altonabloggt«, 14.6.2013, http://altonabloggt.com/2013/06/14/ bundesagentur-fur-arbeit-diffamiert-inge-hannemann/, abgerufen am 23.6.2014

13 http://www.ingehannemann.de/, abgerufen am 23.6.2014

14 Charlotte Parnack: »Hartz-IV-Rebellin im Wahlkampf«, Zeit online, 24.5.2014, http://www.zeit.de/2014/21/inge-hannemann-bezirkswahlen-hamburg/kom plettansicht, abgerufen am 23.6.2014

15 Ebd.

16 Britta Beeger: »Die Renaissance der Dorfläden«, FAZ online, 26.9.2012, http:// www.faz.net/aktuell/wirtschaft/unternehmen/rueckkehr-von-tante-emma-die-renaissance-der-dorflaeden-11903714.html?printPagedArticle=true#page Index_2, abgerufen am 24.6.2014

17 Ebd.

18 Ralf Hoffrogge: »Vom Sozialismus zur Wirtschaftsdemokratie?«, in: Marcel Bois, Bernd Hüttner (Hg.): Beiträge zur Geschichte einer pluralen Linken, Heft 3, Rosa Luxemburg Stiftung, Berlin 2011, online unter http://www.rosalux.de/fi leadmin/rls_uploads/pdfs/rls_papers/Papers_Beitr_zur_Gesch_3_web.pdf, abgerufen am 24.6.2014, S. 93

19 A.a.O., S. 101

20 A.a.O., S. 100

21 Der Text findet sich auf der Website des »Dorfladen-Netzwerks«, http://dorfla den-netzwerk.de/bayern/ettenbeuren/, abgerufen am 24.6.2014

22 Richard Volz: »Bedeutung und Potenziale von Energiegenossenschaften«, in: Informationen zur Raumentwicklung, Heft 9/10 2012, http://www.bbsr.bund. de/BBSR/DE/Veroeffentlichungen/IzR/2012/9_10/Inhalt/DL_Volz.pdf?__ blob=publicationFile&v=3, abgerufen am 24.6.2014

23 Siehe dazu den Geschäftsbericht 2013 der »Netzkauf EWS eG«, die die Energie-werke Schönau betreibt, http://www.ews-schoenau.de/fileadmin/content/do cuments/EWS/Genossenschaft/Netzkauf_Geschaeftsbericht_2013.pdf, abge-rufen am 24.6.2014, S. 7 f.

24 Volz, a.a.O., S. 517

25 http://www.genossenschaften.de/bundesgesch-ftsstelle-energiegenossen-schaften, abgerufen am 24.6.2014

26 EWS-Geschäftsbericht, a.a.O., S. 7

27 http://www.buendnis-buergerenergie.de/, abgerufen am 24.6.2014

28 »Aufruf: Verteidigen Sie die Bürgerenergie«, http://www.energiegenossen schaften-gruenden.de/news.html?&cHash=4bbc4ca7781e4bc49e5e16177692 23cb&tx_ttnews[tt_news]=202, abgerufen am 24.6.2014

29 right2water: »Hintergrundinformationen zur Europäischen Bürgerinitiative«, http://www.right2water.eu/sites/water/files/imce/ECI%20background%20 note%20-%20Final%20DE.pdf, abgerufen am 24.7.2014

30 Näheres zum Verfahren in der EU-Verordnung zur Europäischen Bürgerinitiative, http://eur-lex.europa.eu/LexUriServ/LexUriServ.do?uri=OJ:L:2011:065 :0001:0022:DE:PDF, abgerufen am 25.6.2014

31 Siehe dazu zum Beispiel Peter Riesbeck: »Barnier zieht Wasserpläne zurück«, *Berliner Zeitung online*, 21.6.2013, http://www.berliner-zeitung.de/wirtschaft/ wasserversorgung-in-der-eu-barnier-zieht-wasserplaene-zurueck, 10808230,23482434.html, abgerufen am 25.6.2014

32 »Antwort der Kommission auf die erste Europäische Bürgerinitiative ist wenig ambitioniert«, Pressemitteilung vom 19.3.2014, http://www.right2water.eu/ de/node/477, abgerufen am 25.6.2014

33 Siehe dazu Jan Thomsen: »Berlin kauft Wasser zurück«, *Berliner Zeitung online*, 10.9.2013, http://www.berliner-zeitung.de/berlin/berliner-wasserbetriebe-bwb-berlin-kauft-wasser-zurueck,10809148,24268444.html, abgerufen am 25.6.2014

34 Beschluss des Bundesrates vom 23.5.2014, http://www.bundesrat.de/Shared Docs/drucksachen/2014/0101-0200/111-14 %28B %29.pdf?__blob=publi cationFile&v=1, abgerufen am 25.6.2014

35 Siehe dazu: »Europa und Amerika verhandeln über Trinkwasser«, *Frankfurter Allgemeine Zeitung online*, 19.6.2014, http://www.faz.net/aktuell/wirtschaft/ wirtschaftspolitik/tisa-europa-und-amerika-verhandeln-ueber-trinkwas ser-12998175.html, abgerufen am 25.6.2014

36 Scott Sinclair/Hadrian Mertins-Kirkwood: »TiSA contra öffentliche Dienste«, PSI-Spezial, 28.4.2014, http://www.world-psi.org/sites/default/files/docu ments/research/de_tisapaper_final_web.pdf, abgerufen am 26.6.2014

37 Siehe zum Beispiel bei Change.org (http://www.change.org/de/Petitionen/ deutscher-bundestag-tisa-abkommen-stoppen) oder bei OpenPetition.de (https://www.openpetition.de/petition/online/stoppt-tisa), beide abgerufen am 24.7.2014

38 Die Opposition im Bundestag forderte, die TTIP-Verhandlungen zu stoppen, bis die USA ein »No-Spy-Abkommen« mit Deutschland schließen. So zum Beispiel Linken-Fraktionschef Gregor Gysi: »Frau Bundeskanzlerin, Sie waren in Washington. Sie haben mit Obama und anderen gesprochen. Sie sind ohne ein No-Spy-Abkommen zurückgekommen. Ich sage Ihnen: Sie verhalten sich diesbezüglich gegenüber der US-Administration duckmäuserisch. Sie begründen mir das mit der Freundschaft. Ich sage Ihnen: Duckmäusertum erzielt Verachtung, aber keine Freundschaft. Wenn man eine Freundschaft will, muss man sich als Erstes Respekt erarbeiten. Ich sage Ihnen auch, wie man das machen kann. Ich würde dem Präsidenten Obama an Ihrer Stelle sagen: Wenn Sie kein No-Spy-Abkommen machen, dann werde ich die Diplomaten in der britischen und in der US-Botschaft, die Spionage betreiben, jeweils zur Persona non grata erklären. (…) Ich würde ihm ebenfalls sagen: Wir können auch die TTIP-Verhandlungen aussetzen. Was glauben Sie, was Ihnen das für einen Respekt einbringen würde.« Protokoll der Sitzung vom 25.6.2014, http://www.bundestag.de/do kumente/protokolle/vorlaeufig/18042/285110, abgerufen am 26.6.2014

39 Deutscher Bundestag, https://epetitionen.bundestag.de/petitionen/_2014/ _01/_27/Petition_48994/forum/Beitrag_290968.$$$.batchsize.10.tab.1.html, abgerufen am 26.6.2014

40 https://www.campact.de/ttip/appell/teilnehmen/, abgerufen am 26.6.2014

41 Presseerklärung vom 21.1.2014, http://europa.eu/rapid/press-release_IP-14-56_de.htm, abgerufen am 26.6.2014

42 Siehe Friedhelm Greis: »EU setzt Gespräche über Abkommen mit USA teilweise aus«, golem.de, 21.1.2014, http://www.golem.de/news/ttip-eu-setzt-gespraeche-ueber-abkommen-mit-usa-teilweise-aus-1401-104051.html, abgerufen am 26.6.2014

43 Sarcinelli, a.a.O., S. 35

44 https://www.openpetition.de/petition/online/raus-mit-markus-lanz-aus-mei ner-rundfunkgebuehr, abgerufen am 26.6.2014. Die Talk-Sendung, in der Mar kus Lanz die Linkspartei-Politikerin Sahra Wagenknecht außerordentlich feind selig und unprofessionell angegangen war, findet sich hier: https://www.you tube.com/watch?v=pZdxHPWVm9M, abgerufen am 26.6.2014

45 »Kritik von unten«, Interview mit der Wochenzeitung *Der Freitag*, 17.4.2014, https: //www.freitag.de/autoren/mdell/kritik-von-unten, abgerufen am 24.7.2014

46 Felix Werdermann: »Die Mitmachmacht«, *Der Freitag*, 9.1.2014, online unter https://www.freitag.de/autoren/felix-werdermann/die-mitmachmacht, abge rufen am 26.6.2014

47 Malte Kreutzfeldt: »Gabriel greift TTIP-Kritiker an«, *taz online*, 5.5.2014, http:// www.taz.de/!137915/, abgerufen am 26.6.2014

48 Stefan Reinecke: »Dafür und dagegen«, *taz online*, 21.5.2014, http://www.taz. de/!138941/, abgerufen am 26.6.2014

49 Pressemitteilung vom 12.5.2014, http://www.cdu-csu-ep.de/presse/9818-wer ner-langen-evp-cdu-gruene-und-linke-versuchen-mit-luegen-waehler-zu-ge winnen.html, abgerufen am 26.6.2014

50 Arno Widmann: »Plätze als Teilchenbeschleuniger«, *Frankfurter Rundschau*, 6.5.2014, online unter http://www.fr-online.de/kultur/plaetze-der-geschichte-pla etze-als-teilchenbeschleuniger,1472786,27041766.html, abgerufen am 26.6.2014

51 Konferenzprogramm der re:publica 2014, http://re-publica.de/session/bro ken-comment-culture-lets-fix-it, abgerufen am 27.6.2014

52 Anna-Mareike Krause: »Kommentare wie Kotzeimer«, tagesschau.de, 8.5.2014, http://www.tagesschau.de/inland/republica144.html, abgerufen am 27.6.2014

53 Stephan Hebel: »Hebel macht Schluss«, in »Hebel macht Mittag«, 14.8.2011, http://hebel.frblog.de/, abgerufen am 27.6.2014

54 re:publica, a.a.O.

55 David Graeber: *Direkte Aktion*, Hamburg 2013, S. 11

56 A.a.O., S. 10

57 A.a.O., S. 12

58 Immerhin hat sich in Europa, mit Schwerpunkt in Deutschland, aus Occupy die »Blockupy«-Bewegung entwickelt, die sich gezielt gegen die Verantwortlichen für die europäischen Spardiktate richtet.

59 »Linke Melancholie«, Interview mit der Wochenzeitung *Der Freitag*, 20.2.2014, S. 16

60 Gute Übersichten und konkrete Vorschläge bieten zum Beispiel Roland Roth: *Bürgermacht* und Claus Leggewie: *Mut statt Wut*, beide erschienen in der edi tion Körber-Stiftung, Hamburg 2011.

61 Stephan Hebel: *Mutter Blamage*, a.a.O., S. 127 f.

62 Roland Roth, a.a.O., S. 244

63 Ebd.

64 »Das Wir entscheidet«, a.a.O., S. 97

65 Ebd.

66 Koalitionsvertrag, a.a.O., S. 78

67 Ebd.

68 Ken Loach: »Teil des Problems«, *Der Freitag online*, 23.4.2014, https://www. freitag.de/autoren/the-guardian/teil-des-problems, abgerufen am 27.6.2014

69 Interview mit der Wochenzeitung *Der Freitag*, 30.4.2014, online unter https:// www.freitag.de/autoren/der-freitag/occupy-ist-lifestyle, abgerufen am 30.6.2014

70 Jonathan Lethem, a.a.O.

160 Seiten
ISBN 978-3-86489-079-6
€ 13,99
Auch als eBook erhältlich

DER MENSCH – NUR EINE RESSOURCE?

Kinderbetreuung, Krankenhäuser, Pflegeheime –
nicht einmal hier macht das neoliberale Wirtschaftsdenken halt.
Ulrich Schneider fordert einen radikalen Wechsel und
Rahmenbedingungen, die soziale Arbeit wieder möglich machen.

DAS BUCH IST EINE ALARMIERENDE BESCHREIBUNG DER
SOZIALPOLITISCHEN ENTWICKLUNG UNSERES LANDES.
Norbert Blüm

224 Seiten
ISBN 978-3-86489-053-6
€ 17,99
Auch als eBook erhältlich

»Pflichtlektüre für Denker«
Frankfurter Rundschau

»Unvorstellbare Zahlen«
Der Freitag

»Ein extrem wichtiges Buch«
NDR Info

»Jens Berger könnte mit seinem neuen Buch locker für
ebenso viel Aufregung sorgen wie der Ökonom Thomas
Piketty«
Nürnberger Nachrichten